大　師　名　作　坊

MasterPiece 9

不朽

米蘭・昆德拉⊙著

王振孫・鄭克魯⊙譯

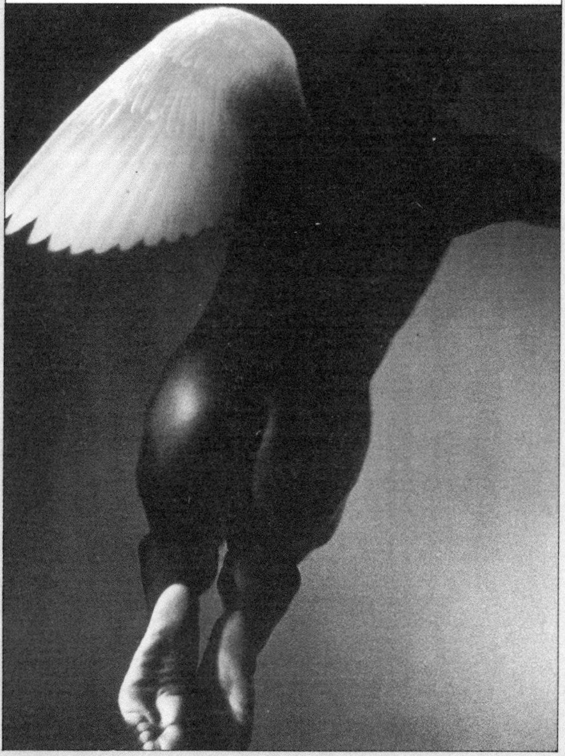

ISBN 957-13-0278-3

目次

第一部 臉

1

這位太太大概有六十歲，或者六十五歲。我平臥在一把朝著游泳池的躺椅裏望著她。這是一個設在一座現代化大樓頂層的體育俱樂部的游泳池。人們可以通過一扇扇巨大的玻璃窗看到整個巴黎。我在等待阿弗納琉斯(Avenarius)教授。我經常約他在這兒會面，討論一些事情；可是阿弗納琉斯教授沒有來，我就看著這位太太。游泳池裏祇有她一個人，水一直浸到她的腰部。她注視著站在她上方，替她上游泳課的穿著厚運動衫的年輕的游泳教師。她按照教師的口令，靠在池邊做深呼吸。她做得很認眞，很賣力；她從水下發出的聲音就跟一輛老式蒸汽機車一樣（這種富有詩意的聲音，今天已經聽不到了；對一些從來沒有聽到過這種聲音的人，我只能用在游泳池畔作深呼吸的老婦人的喘息聲作比較）。我看她看得出神了。她那種使人忍俊不禁的滑稽腔調使我著了迷（那種滑稽腔調，游泳教師也看到了，因爲我似乎覺得他的嘴角一直在微微牽動），可是這時候有人對我說話，分散了我的注意力。過了一會兒，我正想重新觀察她時，她的游泳課已經結束了。她穿著游泳衣沿著池邊往前走去，在超過游泳教師四、五米遠時，她回頭向他微微一笑，並做了一個手勢。我的心突然收縮了一下；這種微笑，這種手勢，只有二十歲的妙齡女郎纔有！她的手輕輕地那麼一揮，姿態優雅，使人賞心悅目；就像她出於好玩，把一隻彩色皮球扔向她的情郎一樣。這個微笑和這個手勢充滿著魅力，可是她的臉龐和身軀已經不再能吸引人了。這是一個淹沒在已經衰老的軀體裏的富有魅力的手勢。可是作爲一個女人，即使她應該知道自己青春已過，不再像從前那樣楚楚動人，在這種時刻，她也忘乎所以了。我們身上有一部分東西始終生活在時間之外；也許我們只有在某些特定時刻——大部分是沒有年齡的時刻——纔會意識到自己的年齡。無論如何，在她回首一笑，向游泳教師（他已經忍不住噗嗤一聲笑了出來）做手勢的當兒，她已經完全記不得自己有多大年紀了。虧得她做了這個手勢，在一剎那間，她那種不從屬於時間的魅力的本質顯現出來了，把我迷住了。我心裏異常激動；這時候我腦子裏突然冒出了阿涅絲（Agnès）這個名字。阿涅絲！可是我從來不認識叫這個名字的女人。

2

我躺在床上，似睡非睡地沉浸在溫柔的夢鄉之中。六點鐘，一聽到輕輕的鬧鐘聲，我的手便向放在我枕邊的小收音機伸去，撳下了按鈕。播出的是晨間新聞，可是聽不清播音員在講些什麼，我又進入了矇矓狀態，我好像在夢境中聽到有人在說話。這是睡眠中最美的階段，一天中最舒服的時刻。靠了這架收音機，我慢慢地品味著這種持續不斷的半醒半睡的假寐狀態，這種使人飄飄欲仙的沉醉境界，這種唯一能使我忘卻降生在這個世界上的遺憾的意念。我是不是在做夢，或者我眞的在歌劇院裏，面對著兩個穿著騎士服裝在歌唱氣象的演員？他們怎麼不歌唱愛情呢？後來我懂得了這跟節目主持人有關。他們停止歌唱，相互開起玩笑來了。「今天很熱，是高溫天氣，有雷陣雨。」其中一個說；另一個嗲聲嗲氣地插嘴說：「這是不可能的！」前面一個用同樣的語氣回答說：「肯定是這樣，貝爾納(Bernard)，對不起，這是沒有辦法的事情。勇敢些吧！」貝爾納縱聲大笑地宣稱：「這是對我們罪惡的懲罰。」另一個說：「貝爾納，我爲什麼要爲你的罪惡受過呢？」這時候貝爾納笑得更加厲害了，爲了告訴聽衆這是什麼罪惡；我知道這是怎麼回事，只有一件事也許是我們大家內心希望得到的：但願全世界都把我們看作是道德敗壞的罪人！但願我們的罪惡可以和大雨、雷雨、暴風雨相比！今天每個法國人在頭頂上撐開雨傘時，都會想到貝爾納的曖昧的笑聲，並對他羨慕不已。我旋動旋鈕，希望能在重新入睡時，有一些比較出乎意料的形像陪伴著我。相鄰的電臺裏有一個女人的聲音在預報今天天氣很熱、高溫、有雷陣雨；我很高興在我們法國有那麼許多電臺，而所有這些電臺都在同一時刻播放同樣的事情。一致性和自由的完美結合，人類還能希望有更美好的東西嗎？於是我又旋回到剛才貝爾納列數他的罪惡的電臺，可是在那個波段上有一個男人的聲音在爲雷諾(Renault)公司一種最新產品唱頌歌。我再旋動旋鈕：幾個女人在吹噓削價出售的貂皮大衣。我又旋回到貝爾納的電臺；聽完對雷諾公司的頌歌的最後節拍以後，又聽到了貝爾納的聲音。他模仿剛才結束的那種旋律，用他悅耳的聲音告訴我們，有一本海明威❶(Hemingway)的傳記剛剛出版，這已經是第一百二十七本關於他的傳記了，不過這一本的確非常重要，因爲這件傳記論證了海明威一生中沒有講過一句眞話，他誇大了自己在戰爭中受傷的次數；他裝作是一個勾引女

❶海明威(1899-1961)：美國作家，主要作品有《戰地春夢》，《戰地鐘聲》，《老人與海》等。獲一九五四年諾貝爾文學獎。

人的能手，可是有人證明，在一九四四年八月，後來從一九五九年七月起，他是個十足的陽萎患者。「不可能，」另一個帶笑的聲音說；接著貝爾納又撒嬌似的回答：「這是眞的……」接著，我們又置身在一場歌劇之中，甚至連陽萎的海明威也和我們在一起；隨後有一個非常嚴肅的聲音提到了一件最近幾星期以來轟動全法國的案子：在一次小手術中，由於痲醉出了問題，導致一個女病人的死亡。因此，負責保護「消費者」的組織——它就是這樣稱呼我們的——建議以後要把所有外科手術的治療過程都拍攝下來，並把膠卷存檔。據這個「保護消費者」的組織說，這也許是保證一個死於手術刀下的法國人能伸冤雪恨的惟一辦法。隨後我又睡著了。

我醒來時已經快八點半了；我想像起阿湼絲來了：她像我一樣躺在一張大床上，床上右半邊空著。誰是她的丈夫？看來他星期六一大清早便出去了，所以只剩下阿湼絲一個人舒舒服服地躺在床上，在夢境邊緣徘徊。

隨後她起身了，床對面有一臺放在高脚架上的電視機。她把襯衣往它扔去，電視屏上蓋上了一層白色的織物。我第一次看到她赤身裸體：阿湼絲，我這本小說的主人公，她站在床邊，她長得很美，我目不轉睛地看著她。臨了，她好像感覺到了我的眼光，逃到隔壁房間裏去穿衣服了。

誰是阿湼絲？

就像夏娃(Ève)出自於亞當(Adam)的一根肋骨，維納斯(Vénus)誕生於大海中的浪花一樣，阿湼絲出現於一位六十歲的老太太的一個手勢之中。我在游泳池邊上看到這位老太太在向她的游泳教師揮手告別，她的相貌在我的腦海中已經模糊不清了，可是她那個手勢卻在我心中喚醒了一種不可遏制的、難於理解的懷舊情緒，在這種情緒中產生了這個我把她叫作阿涅絲的人物。

可是男人呢，這部小說的另外一個人物，不是還沒有作爲一個唯一的、難於模仿的人確定下來嗎？從某甲身上觀察到的手勢，這個手勢和他合成一體，構成了她的特點，變成了她特有的魅力；怎麼可能這個手勢同時又是某乙的本質，又是我對他的全部的想像的本質呢？這件事值得思索。

如果在我們這個行星上已經存在過八百億人，那麼要是說他們之中每個人都有自己與衆不同的各種手勢，那是不太可能的。從數學上來說，這是難以想像的。任何人都不會懷疑，在這個世界上，手勢的數目要大大少於人數。這就給我們帶來了一個令人感到不太舒服的結論：手勢比個人更加個性化。用諺語的形式講，就是「人多手勢少」。

我在第一章裏談起那個穿游泳衣的太太時曾經講過，「在一刹那間，她那種不從屬於時間的魅力的本質顯現出來了，把我迷住了。」是的，我當時是這麼想的；可是我搞錯了，手勢根本顯現不了這位太太的本質，還不如說這位太太使我發現了一種手勢的魅力。因爲我們不能把一種姿勢看作是某個個人的屬性，也不能看作是他的創造（任何人都創造不出一種全新的非其莫屬的獨特的姿勢），甚至也不能看作是他的工具；事實恰恰相反：是手勢在使用我們，我們是它們的工具，是它們的傀儡，是它們的替身。

阿涅絲穿好衣服以後準備出門。她在前廳裏站停一下聽了聽，隔壁房間有輕微的響聲，說明她的女兒剛剛起身，她不想遇到她的女兒，便加快步子走出了公寓。走進電梯以後，她按了按去底層的按鈕：電梯非但沒有下降，反而像一個患小兒舞蹈病（danse de Saint-Guy）的人那樣痙攣地抖動起來。這座電梯的怪脾氣她不是第一次領教了。有時候她想下去，電梯卻上升了；有時候門打不開，她被關在電梯裏達半小時之久。就好像這座電梯想和她攀談，就好像它是一頭不能講話的動物，想用一些粗野的動作告訴她一些重要的事情。她已經向女門房抱怨過好多次了，可是女門房看到電梯在搭載別的房客時都行駛正常，只有在搭載阿涅絲時纔出現故障，因此把這看作是阿涅絲的私人瑣事，根本就沒有放在心上。阿涅絲不得不走出電梯，徒步走下樓去。她剛一走出電梯，電梯便恢復正常，也跟著下降了。

星期六是最艱苦的日子。她的丈夫保羅(Paul)在七點以前已經出門，中午和他一個男朋友一起吃飯，她卻要利用這個休息日完成一大堆比她的辦公室工作累得多的事情：到郵局去，還要排半小時隊；到超級市場去採購，和女售貨員拌嘴，沒完沒了地在收款處前等候；打電話給管道維修工，對他說好話，請他在下午一點整來家，以免整天待在家裏等他。她還要在兩件急事中間設法抽空去洗一次三溫暖，這在她一星期其他日子是永遠也不會有時間的。傍晚以前，她還要擺弄一番吸塵器和抹布，因爲每星期五來的女傭人工作越來越馬虎了。

而且這個星期六和其他的星期六還有所不同，這天恰好是她父親去世五週年，她腦海中呈現出一幕景像：她父親坐著，俯身在一堆撕碎的照片前面，阿涅絲的妹妹叫道：「你爲什麼撕我媽媽的照片？」阿涅絲幫她父親說話，兩姐妹馬上更大吵起來。

阿涅絲跨上了她停靠在樓前的汽車。

3

雲梯把她送到了一座現代化大樓的頂層，俱樂部就在那兒，還有健身房、游泳池、噴出渦流的小池子、三溫暖浴室；可以俯瞰整個巴黎。在衣帽間裏，有幾隻高音喇叭正在播放搖滾舞曲。十年以前，在阿涅絲加入這個俱樂部時，會員不多，氣氛很平靜，後來年復一年，俱樂部越辦越興旺：玻璃、燈光、人造植物、高音喇叭、音樂，越來越多，常客也越來越多。根據俱樂部負責人的決定，在健身房四周牆上全都按裝上了大鏡子以後的那一天，人數好像一下子又猛增了一倍。

阿涅絲打開她的壁櫥，開始脫衣服。有兩個女人在近處閒談。其中一個講話緩慢，聲音柔和，就像一個次女低音歌手一樣，她在抱怨她的丈夫把什麼東西都往地上扔：他的書籍，他的襪子，甚至他的煙斗和火柴。另外一個是女高音，講話速度要比另一個快兩倍，她那種每句話結束時都要提高八度音的法國腔就像一隻生氣的母鷄在「咕噠咕噠」叫。「唷，你眞叫我憋氣！你眞叫我痛心！這是不可能的！他不能這樣幹！這是不可能的！你是在自己家裏！你有你的權利！」另一位好像被夾在一位她所敬畏的女朋友和一位她所愛的丈夫之間，被他們雙方拉來扯去，她神色憂鬱地解釋道：「有什麼辦法呢？他就是這樣的人，始終是這樣，老是把東西往地上扔。」「那麼，叫他別再扔了！你是在自己家裏！你有你的權利！換了我，我肯定不答應！」

阿涅絲不參加這類談話，她從來不講保羅的壞話，雖然她知道她這樣不發表意見會引起其他婦女的反感。

她回頭朝那個尖嗓子的少女看看：這是一個淡黃頭髮的年輕姑娘，漂亮得像天使一般。

「不行，這是沒有問題的！你有你的權利！別讓他這麼幹！」這位天使接著說，這時候阿涅絲發現她的腦袋在講話時總是在短促而迅速地搖動，而她的肩膀和眉毛總是往上一聳一聳的，就好像她一想到竟然有人漠視她的女朋友的人權而感到既驚奇又憤怒，阿涅絲很熟悉這種姿勢：她的女兒布麗吉特(Brigitte)搖頭時的姿態和她一模一樣。

脫去衣服以後，阿涅絲鎖上壁櫥，通過一扇雙扉門走進一個鋪著方磚的大廳，大廳的一邊是一排淋浴用的蓮蓬頭，另一邊是三溫暖浴室的玻璃門。一些女人就肩並肩地擠坐在幾條長木凳上。有幾個女人身上圍著一塊特製的薄薄的尼龍布，這塊包緊在她們身上（或者只包住她們身上的某一部分，大多是肚子和臀部）的尼龍布使她們汗流浹背，並使她們產生了身材變得苗條的希望。

阿涅絲往上走到還有空位子的最高一排長凳前坐了下來，她背靠牆壁，閉上眼睛。嘈雜的音樂聲傳不到這裏，可是這麼許多女人七嘴八舌的喧鬧聲同樣響得叫人受不了。這時候走進來一個大家不認識的少女，她一進門便發號施令；她要大家再擠一擠，把取暖設備旁邊的位子讓出來，隨後她彎身下去提起水桶，把水澆在爐子上，隨著一陣輕微的嘶嘶聲，灼熱的水蒸汽一直沖上天花板，一個坐在阿涅絲身旁的女人用雙手捂住臉蛋，難受得連面孔也變色了。陌生女人發現了這個情況，高聲說道：「我喜歡燙人的水蒸汽！這纔是洗三溫暖！」她穩穩地坐在兩個赤裸的身體之間，開始談起了昨天的電視節目：一位著名的生物學家不久前出版了他的回憶錄。「他眞是太棒了！」她說。

另外有一個女人附和她說：「當然囉！他是多麼謙虛啊！」

陌生女人接口說：「謙虛？您不知道這個人有多麼傲慢嗎？不過我喜歡他的驕傲勁兒。我最喜歡驕傲的人！」這時她轉過頭來對阿涅絲說：「您也許覺得他很謙虛吧？」

阿涅絲說她沒有看這檔電視節目；因爲她的回答暗中含有不敢苟同的意思，陌生女人的眼睛緊緊地盯著她，一面語氣堅定地又說了一遍：「我受不了謙虛！謙虛就是虛僞！」

阿涅絲聳聳肩膀，陌生少女接著說：「在三溫暖浴室裏，一定要熱得發燙！我渾身出汗。可是洗過三溫暖以後，一定要冷水洗浴，我最喜歡冷水淋浴！我在家裏也總是用冷水淋浴，我最恨洗熱水澡！」

她很快便透不過氣來了，以致在再次說明她有多麼憎恨謙虛以後，她便站起來，走出去了。

阿涅絲在童年時，有一次和她的父親一起散步，她問她的父親是不是相信上帝，父親回答她說：「我相信造物主的電子計算機。」這個回答是多麼奇怪，因此她牢記在心。不僅僅「電子計算機」這個詞兒很新鮮，「造物主」這個詞兒同樣很古怪。因爲父親從來不說「上帝」二字，而總是說「造物主」，就好像他要把上帝的能耐限止在他的惟一的創造力的範圍以內。造物主的電子計算機；可是一個人怎麼能和一架機器相通呢？於是她問她的父親是不是有時也做做祈禱。她父親說：「我也祈禱，就像愛迪生❷(Edison)在燈泡燒壞時祈禱一樣。」

❷愛迪生(1847–1931)：美國發明家，一生共獲得一千三百次專利權。

於是阿涅絲想：造物主在電子計算機裏放了一塊有明細程序的小磁盤，隨後祂就離開了。上帝在創造了世界以後，便把它留給了被祂遺棄的人，聽憑他們處置；這些人在求助於上帝時，墜入了一片毫無反響的空白之中：這不是什麼新的想法。可是，被我們祖先的上帝遺棄是一回事，被宇宙電子計算機的神聖的發明者拋棄又是另一回事。在他的位子上還有一個即使他不在仍在運行的、其他人無法改變的程序在起作用。編制電子計算機的程序並不是規劃未來的細節，也並不意味一切都由上天注定。譬如說，程序並未規定一八一五年要發生滑鐵盧戰役，也沒有注定法國人要遭敗績，只是規定了人有侵略的本性，有人就有戰爭，技術進步將使戰爭日益殘酷。從造物主的觀點看，所有其他一切都是無足輕重的，只不過是總程序中的一些簡單的變化和轉換；而總程序對未來的預測毫無關係，只不過規定了可能性的範圍；在這些範圍以內，它完全讓偶然性來起作用。

也可以說，人的情況與此相同。任何一個阿涅絲，任何一個保羅都沒有被編進電子計算機的程序，只不過是一個「人」的原型。這個「人」是從一大批毫無個人本質的原始模型的普通的派生物的樣品中抽出來的，就跟雷諾汽車廠生產出來的一輛汽車一樣。從本體論來看，這輛汽車的本質，應該到這輛汽車以外去尋找，到設計師的檔案中去尋找。這一輛汽車和那一輛汽車之間的區別，僅僅在於一批汽車中的一個號碼。作爲一個「人」，號碼就是臉，是偶然和獨特的線條的滙合物。不論是性格，靈魂，還是大家所說的「我」，都不能從這個滙合物中顯示出來。臉只不過是一個樣品的號碼。

阿涅絲想起了剛才那個宣稱痛恨熱水澡的陌生女人。她來這兒告訴所有在場的女人：1.她喜歡出汗；2.

她非常喜歡驕傲的人；3.她蔑視謙虛的人；4.她喜歡冷水淋浴；5.她對洗熱水澡深惡痛絕。她用這五根線條勾勒出了她自己的形像，她用這五條定義說明了她的特性，並把她自己呈現在大庭廣衆之中。她不是謙虛地（總之，她曾說過她蔑視謙虛）、而是像一個女戰士那樣把自己呈現在大家面前的。她使用了一些帶有感情色彩的動詞：我熱愛，我蔑視，我痛恨；就好像她已經下定決心要寸步不讓地保衛她的自畫像上的五根線條，保衛說明她特性的五條定義。

「這種激情是從哪兒來的呢？」阿涅絲在問自己。她想：我們這些人一被打發到這個世界上來以後，首先必須和這個偶然性的巧合，和這些由上天的電子計算機安排的意外事件成爲一體：別再爲這個東西（在鏡子中對著我們的這個東西）恰巧是我們之中的「我」而感到驚奇吧。如果我們不相信我們的臉顯示了我們之中的我，如果我們沒有這種最初和最基本的幻覺，我們也許就不能繼續生活下去，或者至少不能繼續認眞地活下去。使我們和我們自己成爲一體還不夠，還必須滿懷激情地和生與死結成一體；因爲如果要使我們不在我們自己眼裏顯得像是一個人類原型的不同的變種，而像是一些具有獨特的、不可互換的本質的人，這是必須具有的惟一的條件。這就是爲什麼這個年輕的陌生女人不但感到需要描繪她的肖像，還感到需要同時向所有的人顯示這張肖像包含有某種完全是獨有的和不可代替的東西，爲了這些東西，值得她進行鬥爭、甚至獻出生命的原因。

在悶熱的蒸汽浴室裏待了一刻鐘以後，阿涅絲站起來走去跳進了冰冷的水池裏浸了浸，隨後走進休息室，躺在其他女人中間，這些女人在休息室裏也沒有停止嘮叨。

一個問題在她腦子裏盤旋：人死了以後，電子計算機如何事先編制好他的存在方式的程序？

可能有兩種情況。如果造物主的電子計算機的活動範圍僅僅限於我們這個行星，如果我們的一切都取決於祂，而且只取決於祂，那麼我們在死後所能期待的祇能是我們在活著時已經認識到的東西的一個變種；我們只能遇到一些相類似的景像和相類似的創造物。死後我們將是孤單的還是將成爲群體中的一個呢？唉，孤單的可能性微乎其微；我們在活著的時候就很少有孤單的時候，何況在死後呢！死人比活人不知要多多少倍！根據最好的設想，人死後的處境就像此時的阿涅絲置身於休息室裏一樣：到處都可以聽到婦女們的沒完沒了的絮叨。永生就像無盡的喧鬧一樣：說句實話，我們還可以想像得更糟糕些；可是只要一想到必須永遠無休止地聽這些女人嘮叨下去，阿涅絲就已經有足夠的理由要不顧一切地活下去，盡可能延遲死亡的到來。

可是還有另外一個可能性存在：在人間的電子計算機上面，還有一些等級更高的電子計算機。這樣的話，人死後的情況就並不一定會像我們活著時一樣，一個人可以理所當然地懷著一種模糊的希望走向死亡。這時候阿涅絲看到了一幕最近以來她經常在想像的景像：在家裏，她和保羅一起接待一個陌生人的來訪。這個人和藹可親，給人好感，他坐在他們前面的一把扶手椅裏和他們交談。保羅受到了這個非常討人喜歡的來訪者的魅力的影響，顯得很活潑，很雄辯，很友好，並去拿來了存放家庭生活照片的照相簿。來客翻看著這些照片，有幾張照片使他顯得有點兒困惑。譬如在看到一張阿涅絲和布麗吉特一起在艾菲爾鐵塔(la Tour Eiffel)下照的那張照片時，他問：「這是什麼？」

「您認不出來嗎？這是阿涅絲！」保羅回答，「這是我們的女兒布麗吉特！」

「我當然認得出，」客人說，「我想問這是什麼建築物。」

保羅驚奇地看著他說：「這當然是艾菲爾鐵塔囉！」

「噢！太好了，」來訪者說，「那麼這就是那座著名的鐵塔！」他講這句話時的語調，就像您把您的祖父的畫像指給他看時，他對您大聲說：「原來就是他，這位老祖父我經常聽人講起，我終於看到他了，我眞高興！」

保羅有點兒不知所措，阿涅絲倒不怎麼樣。她知道他是什麼人。她知道他爲什麼到這兒來，會向他們提些什麼問題。就是爲了這個緣故她纔感到自己有點兒坐立不安，她想方設法要把她丈夫支開，讓自己一個人和他待在一起！可是她還沒有想出辦法來。

4

她的父親是五年前去世的，她的母親是六年前亡故的。那時候，父親早已有病，大家都以爲他快要死了；母親卻非常健康，生氣勃勃，看上去肯定將來是個快快活活的長壽的寡婦。因此當母親突然歸西時，父親倒感到有點兒不好意思，就好像他怕別人埋怨他怎麼不早死。所謂的別人就是她母親家裏的親屬。父親家裏的親屬除了一個定居在德國的遠房表姐外，全都分散在世界各地，這些親屬阿涅絲一個也不認識。母親方面的親屬正相反，全都住在同一個城市裏：姐妹，兄弟，堂表兄弟，堂表姐妹，還有一大群姪子外甥和姪女外甥女。外祖父是個樸實的山區農民，他自己節衣縮食作出了犧牲，讓他所有的孩子都受了教育，並攀上了高親。

起初，沒有任何人懷疑母親不愛父親；這並不奇怪，因爲父親是個美男子，三十歲時已經是大學教授了，這個職業當時還是受人尊敬的。她不僅僅是因爲有了一個值得羨慕的丈夫而高興，使她更感到得意的是，她可以把他當作一件禮物一樣奉獻給她的家庭，由於農村中的家庭一般都和睦相處的古老傳統，她和她家裏的親戚關係都非常好。可是因爲父親不善交際，平時很少講話（沒有人知道他這是因爲生性靦腆呢，還是心裏在想別的事情；也就是說，沒有人知道他這種沉默寡言是出於謙遜呢，還是對任何事都漠不關心），所以母親的奉獻給她家庭帶去的是侷促不安，而不是喜出望外。

隨著光陰的流逝，這對夫妻衰老了，母親和她親戚的關係越來越密切；特別是因爲父親永遠把自己關在自己的工作室裏，母親卻發瘋般地想跟人講話，她一連幾小時地和她的妹妹，她的兄弟，她的堂表姐妹或者她的姪女外甥女通電話，越來越關心他們的事情。現在她的母親死了，阿湼絲看到她的一生好像是在兜圈子：在離開了她原先的生活環境以後，她勇敢地闖入了一個完全不同的世界，隨後她又重新朝她的出發點走去。她和父親以及兩個女兒住在一座帶花園的別墅裏，一年有幾次（聖誕節和各人的生日），她邀請她的親戚來別墅參加節日宴會，她的企圖是在父親死後把她的妹妹和她的外甥女接來和她同住。大家都早已知道父親快要死了，所以對他的關心格外周到，就像對待一個不久人世的人一樣。

想不到母親先死了，父親倒還活著。葬禮以後半個月，阿湼絲和她的妹妹洛拉(Laura)去看他，發現他正坐在客廳的桌子面前，俯身對著一堆撕碎的照片。洛拉把這些碎照片抓了起來，一面叫道：「你爲什麼撕我媽媽的照片呢？」

阿涅絲也彎下腰去看這堆碎片：不，這不單單是母親的照片，更多的是父親自己的照片；不過有幾張是母親和他的合影，也有幾張是母親一個人照的。父親被他兩個女兒突然撞見，他默不作聲，連一句解釋的話也沒有。「別再嚷嚷了！」阿涅絲咕噥著說，可是洛拉不聽她的。父親站起來，走到隔壁房間裏去了；於是倆姐妹又像往常那樣吵了起來。第二天，洛拉去了巴黎，阿涅絲留在別墅裏；這時候父親才告訴阿涅絲，他在市中心找到一個公寓，決定要把這幢房子賣掉。這又是一件使人吃驚的事情，因爲在所有人的眼裏，父親是個很遲鈍的人，他已經把所有的日常瑣事推給母親去幹了。別人以爲他如果沒有她就活不下去，這不僅僅是因爲他沒有任何生活經驗，還因爲他從來也不知道該幹些什麼纔好，他的意志好像也早已被母親磨滅了。現在母親剛死沒有幾天，他便突然毫不猶豫地決定搬家，從這件事中，阿涅絲懂得了他這是在實現他已考慮了很久的事情，他完全知道自己想幹些什麼。尤其是他像大家一樣，沒有預見到母親會死在他前面，所以這件事就更加有趣了。如果他曾經想到過要在老城裏買下一個公寓，那肯定只是他的一個夢想，而並沒有什麼具體的計畫。他和母親在他們的別墅裏生活，一起在花園裏散步；他接待母親的姐妹和她的姪女外甥女，裝作在聽她們講話，可是在所有這些時間裏面，他卻在幻想：他一個人生活在他的獨身者的小公寓之中；在母親死了以後，他只是搬進了他想像中早已住在那兒的地方。

阿涅絲第一次感到她父親有點兒神秘莫測。他爲什麼要撕毀照片？爲什麼他想他的小公寓想了那麼久？爲什麼他不忠實地滿足母親希望自己的妹妹和外甥女住到別墅裏來的心願？這樣做也許更實際一些：她們會照顧他，肯定會比他遲早要花錢請來的護士照顧得盡心盡力。阿湼絲問父親爲什麼要搬家，他的回答很簡單：「你要我一個人待在一座這麼大的房子裏幹什麼？」她甚至沒有暗示他去把母親的妹妹和外甥女請來，顯而易見他是不樂意這樣做的。這又使阿湼絲想到了她父親也是在兜圈子。母親通過婚姻，從家庭走向家庭；而父親通過婚姻，從孤獨走向孤獨。

父親的不治之症早在母親去世前幾年便開始有跡象了。那時候阿湼絲請了半個月假去陪他。可是她原來的打算落空了，因爲母親從來不讓他們父女倆單獨相處。有一天，大學裏的同事來望父親；他們向父親提出了各種各樣的問題，可是回答的始終是母親，阿湼絲忍不住說道：「我求你了，讓爸爸說吧！」母親很生氣，說：「你沒有看見他在生病嗎？」在這半個月快結束的幾天裏，父親覺得精神稍許好些，阿湼絲和他一起散了兩次步；可是在第三次散步時，母親又跟著他們一起來了。

母親死了一年以後，父親突然病危。阿湼絲去看他，和他一起待了三天；第四天，他死了。在這樣的條件下單獨陪伴她的父親是她夢寐以求的，這是她僅有的三天。她心裏想，他們兩人的感情是很深的，可是沒有時間相互了解，因爲缺少單獨相處的機會。只有在八歲到十二歲之間的一段時間裏，她才有可能經常和他待在一起，因爲母親要照管小洛拉；他們在田野裏溜躂了很久很久，他回答了她無數的問題。就是在那時候，他對她談起了天上的電子計算機，還有很多很多其他的事情。這些談話，現在只記得一些零星的片段了，就像一些摔破的碎片；在她成年以後，她想把這些碎片粘補起來。

死亡結束了他們兩人的親密相處。舉行葬禮時，母親的親屬全來了；可是因爲母親已經不在了，沒有人想把喪事辦成喪宴；而且，近親們已經把父親賣掉別墅和住進公寓看作是對他們的不歡迎。知道了那座別墅的價格以後，他們想到的只是兩個女兒將得到多少遺產。可是公證人告訴他們說，所有存在銀行裏的錢都將轉給一個數學家協會（他是這個協會的創辦人之一）；尤其使他們感到奇怪的是，他在生前並沒有這個頭銜；就好像他想通過這份遺囑請他們把他忘掉。

後來有一天，阿湼絲發現她在瑞士的銀行帳戶裏多出了一大筆款子；這時她纔恍然大悟。十年以前，當他第一次知道他生命有危險，阿湼絲來和他一起過半個月時，他堅持要她在瑞士銀行裏開一個戶頭。在他去世前不久，他幾乎提走了他所有的銀行存款，剩下一些留給了數學家。如果他公開指定阿湼絲做他的繼承人，他會毫無必要地傷害他另一個女兒；如果他暗中把所有的錢都轉到阿湼絲的戶頭上，而不留一筆象徵性的錢給數學家，他也許會引起大家的流言蜚語。

起初，阿湼絲心想要把這筆錢和洛拉平分；因爲阿湼絲比洛拉大八歲，免不了對妹妹有一種關懷的感情。可是最後她什麼也沒有對妹妹說；這倒不是她貪財，而是怕背叛了她的父親。通過這份禮物，他肯定想告訴她一些事情，向她打個招呼，給她一個他生前沒有時間給她的忠告，這個只屬於他們兩人的忠告，她將永遠把它像個秘密的牢記在心頭。

5

她把車子停好，下車向林蔭大道走去。她覺得很累，餓得要死；因爲一個人在飯店裏吃飯很孤單，她想隨便找一個酒吧間站著吃點兒東西。從前，這一地區到處都是招待周到的布列塔尼人開設的小酒館，在那裏可以吃到價廉物美的油煎雞蛋餅和澆上蘋果酒的烘餅。忽然有一天，那些小酒館都銷聲匿跡了，讓位給那些被可憐地叫作 fast food❸的小餐館。她第一次想試試克服她的厭惡感，向其中的一個餐館走去。透過玻璃窗，她看到顧客們俯身在他們的油膩的紙質的小桌布上。她的眼光停留在一個嘴唇血紅、臉色蒼白的年輕姑娘身上。她剛一吃完，便推開她已經喝完了可可的那只大口杯，把她的食指伸進嘴裏，在裏面搗騰了半天，一面轉動著她白濛濛的眼睛，在旁邊一張桌子上一個男子伸著四肢躺在一把椅子裏，張大著嘴巴，眼睛直勾勾地望著街上。他在打一種沒有開始沒有結束的呵欠，這是一種帶有華格納❹(Wagner)旋律的沒完沒了的呵欠；嘴巴合上了，可是沒有完全閉攏，不時地張張合合；他的眼睛也跟著一會兒張開，一會兒閉上。別的顧客也在打呵欠，露出他們的牙齒，或者是各種各樣補過的牙和假牙；他們之中誰也沒有把手放在嘴前遮一下，有

❸ fast food：英語。指專門提供快餐服務的小餐館。

❹華格納(1813-1883)：德國作曲家、文學家；作品有歌劇《尼伯龍的指環》、《特里斯坦與依索爾德》等。

一個穿著粉紅色連衣裙的小姑娘在各張桌子之間繞來繞去，手裏拿著一隻長毛絨狗熊的爪子；她也張著嘴，不過一看就知道她不是在打呵欠，而是在號叫，一面不住地用她的玩具敲打別人。一張張桌子都緊挨著，即使隔著玻璃，也可以猜出在這六月份的天氣，每個人都在吞吃自己的一份肉時，同時也在吸著鄰桌食客的汗臭味。這些看得到、聞得出滋味的模模糊糊的令人噁心的景象衝著阿涅絲撲面而來（阿涅絲想像著這些浸泡在甜滋滋的可可裏的漢堡牛排的味道），迫使她回過頭去，決定到別處去塡肚子。

人行道上熙熙攘攘，走路都有點兒困難。在她面前，有兩個面色蒼白，頭髮金黃的北歐人在人群中開道：一男一女，他們兩顆高高的腦袋凌駕在移動的法國人和阿拉伯人之上。他們兩人都揹著一隻粉紅色的背包，腹部有一隻口袋，裏面盛著一個嬰孩。他們很快便消失了，代替他們的是一個穿著一條當年流行的長及膝蓋的寬鬆短褲的女人。穿了這樣一條褲子，她的臀部顯得更大、更下墜了；她的裸露著的白色的腿肚，就像一隻農村裏用的瓦罐，上面裝飾著一些凸出的淡紫色的、像一些糾纏在一起的小蛇一樣的靜脈曲張。阿涅絲想：這個女人也許能找到二十種其他的打扮方法，可以使她的臀部不這麼嚇人，並遮住她的曲張的靜脈。爲什麼她不這樣做呢？不僅僅是因爲這些人不再想在人群中顯得美麗，甚至也不想掩蓋自己的醜態。

她心裏想：當她有一天醜得使人不能忍受時，她要到花店裏去買一株勿忘草，只要一株，細細的一莖草上一朶小花，她要把這株草舉在面前走到街上去，眼睛緊盯著它，除了這點藍色的東西以外什麼也看不到，這是她想保留的她已經不愛的世界的最後的形象。她將就這樣走到巴黎街上去，大家很快就會認識她，孩子們會跟在她後面奔跑，嘲弄她、用石子扔她；全巴黎的人都會把她叫作「勿忘草瘋女」……

她繼續往前走去，右耳朵聽著從商店、理髮店和飯店傳出來的喧囂的音樂和節奏分明的打擊樂器聲，在左耳朵則聽著街上的喧囂聲，各種汽車的單調的隆隆聲，一輛公共汽車起動時的嗡嗡聲，隨後是一輛穿過馬路的摩托車的刺耳怪聲。她不由得去循聲尋找這個刺激她神經的人：一個穿藍色牛仔褲的年輕姑娘，長長的頭髮在空中飄拂，直挺挺地坐在一架打字機後面一樣；她的摩托車上沒有消音器，引擎發出一種使人難以忍受的轟鳴聲。

阿涅絲想起了三個小時以前走進三溫暖浴室的那個陌生女子，為了表現她自己，為了使大家折服，她在門口便高聲宣稱她痛恨熱水澡，痛恨謙虛。阿涅絲想：這個黑髮姑娘除掉她摩托車上的消音器時完全是出於同樣的衝動。發出這種怪聲的其實不是她的車子，而是黑髮女郎的自我；這個穿藍色牛仔褲的年輕姑娘，為了讓人聽到她的聲音，為了使別人想到她，便在心靈上加了一隻喧鬧的消音器。看到這個心靈在喧鬧的女人的長髮在空中飛舞，阿涅絲感到她強烈地希望這個女摩托車手死去。如果公共汽車把她撞倒了，如果她倒在碎石路面的血泊之中，阿涅絲既不會感到恐懼，也不會感到難過，只會感到高興。

她突然為這種仇恨感到害怕。她想：世界已經走到了一個極限；如果再跨出一步，一切都可能變為瘋狂；人們將拿著一株勿忘草走到街上。只要很少一點東西就夠了，一滴水就能使罎子裏的水溢出來，那麼街上再增加一輛汽車，一個人或者一個分貝呢？有一個不能逾越的質的界限；可是這個界限，沒有人注意它，也許甚至沒有人知道它的存在。

人行道上的人越來越多，沒有人肯為她讓路，以致她走到車行道上來了；她走在人行道旁邊和車流之間，她早已有經驗了：從來沒有人爲她讓過路。她對這件事的感受就像她經常竭力想粉碎的一種惡運：盡力勇往直前，迫使對方讓路，可是她總是做不到。在這種日常的、平庸的、力量的考驗之中，失敗的總是她。有一天，一個七歲的孩子從她對面走來，她不想讓他，可是最後還是不得不讓了他，爲了避免和他相撞。

她又回憶起一件事情：在她十來歲的時候，她和她的父母親到山裏去散步。在森林裏的一條大路上，他們看到冒出來兩個村裏的孩子，其中一個拿著一根棍子擋住了他們的去路：「這條路是私人物！要走得付通行稅！」他叫道，一面用棍子輕輕地碰碰父親的肚子。

這很可能只不過孩子鬧著玩，那麼只要把孩子推開就行了；或者這是一種乞討的方式，那麼只要在衣袋裏掏出一個法郎就夠了，可是父親寧願回頭走另一條路。說實話，這也不是什麼大不了的事情，他們只不過是隨便走走；可是母親把這件事看得很嚴重，不由自主地說：「他甚至見到一個十二歲的孩子也會退讓！」那一次阿湼絲對他父親的表現也感到有點兒失望。

一陣新的嘈雜聲打斷了她的回憶：有幾個拿著風鎬的戴盔的男子身子弓在碎石路面上。從某個難於說明高度的地方，好像是從天空中傳下來似的，一首巴哈❺(Bach)的鋼琴賦格曲突然在這片嘈雜聲中奏響起來。看來大概是住在最高層的一位房客打開了窗戶，把他的收音機的音量調到最高檔，爲了讓巴哈作品的嚴肅的美像對全世界所有渾渾噩噩的人發生威赫性的警告一樣響徹天空。可是巴哈的賦格曲難以抵擋風鎬，也抵擋

---

❺巴哈(1710-1784)：德國作曲家，擅長管風琴和古鋼琴的即興演奏。

不了汽車，相反的倒是汽車和風鎬把巴哈的賦格曲融入了它們自己的賦格曲，阿湼絲用雙手摀住自己的耳朵，繼續走她的路。

一個從對面過來的行人向她投來仇恨的目光，一面用手輕輕地拍拍自己的額頭，在所有的國家的手勢語中這都是在向對方表示他瘋了，他有點神經失常或者是個白癡。阿湼絲受到了這個仇恨的目光的傷害，感到有一股極大的怒氣從心中冒起。她站住了，想向那個人撲去，想打他一頓，可是她做不到。那個人被人群捲走了，阿湼絲被撞了一下，因爲她在人行道上停住的時間不可能超過三秒鐘。

她繼續走路，可是腦子裏總是丟不開這個人的形像：當時一個同樣的聲音把他們包圍起來了，他一定認爲必須告訴她，她沒有任何理由，也許甚至沒有任何權利摀住自己的耳朵；這個人是要她遵守社會秩序，告訴她這樣做是違法的。他是平等的化身，他指責了她，因爲他不允許一個人拒絕忍受大家都不得不忍受的東西。他是平等的化身，他不准她對我們大家都生活在其中的世界表示不滿。

她想殺死這個男子的願望不是一瞬即逝的衝動，即使在第一陣怒氣平息以後，她這種願望依然存在，只不過對自己竟然會產生這樣大的仇恨感到有點兒驚奇。這個輕輕地拍打著自己額頭的男子的形像像一條魚似的在她的內臟裏游動，它慢慢地腐爛了，可是她又吐不出來。

她又想到了她的父親。自從他在兩個十二歲的小搗蛋面前退卻以後，她經常看到這樣一幅景象：他在一條正在下沉的船上；顯而易見，救生艇容納不下船上所有的人，所以甲板上你推我拉亂得一團糟。父親開始時跟著其他人一起奔跑，可是看到旅客們不顧被踩死的危險扭打成一團，並挨到了被他擋著道的一位太太的狠狠的一拳以後，他突然又站住了，隨後閃在一邊；最後，他只是在旁邊看著那些超載的小艇在一片喧鬧和咒罵聲中被慢慢地降落到洶湧澎拜的大海中去。

應該把這種態度叫作什麼呢？怯懦嗎？不是；懦夫都怕死，爲了活下來，他們會作殊死鬥爭；高貴嗎？可能是，如果他的行爲是爲了他人著想。可是阿涅絲不相信父親會有這樣的動機。那麼他究竟是爲了什麼呢？她也不知道。她覺得似乎只有一件事情是肯定的：在一隻正在下沉的、誰要登上救生艇都得拚搏一番的船上，父親的命運可能早已完了。

是的，這是肯定無疑的。她向自己提出了這樣一個問題：她的父親是不是恨船上的人，就像她剛才恨女摩托車手和嘲笑她摀住耳朵的男人？不，阿涅絲不能想像她的父親會恨任何人。仇恨的圈套，就因爲它把我們和我們的敵手拴得太緊了，這就是戰爭的下流之處：兩個眼睛瞪著眼睛相互刺穿身子的士兵親切地挨在一起，血也流在一起。阿涅絲完全可以肯定，她父親就是厭惡這種親切；船上的人推推拉拉，擠在一起，使他非常膩味，他寧願淹死拉倒。和這些相互打鬥、踐踏，把對方往死裏推的人肉體接觸，要比獨個兒死在純淨的海水裏更加糟糕。

對父親的回憶把她從剛纔陷進去的仇恨中解脫出來了，慢慢地，那個輕輕拍打自己額頭的男人惡毒的形像在她的腦子中消失了；她突然想到了這麼一句話：我不能恨他們，因爲沒有任何東西把我和他們連在一起；我們毫無共同之處。

6

如果說阿涅絲不是德國人，那是因爲希特勒被打敗了。歷史上第一次，人們沒有留給戰敗者以任何光榮，甚至連失敗中的痛苦的光榮也沒有。戰勝者不滿足於戰勝，決定要審判戰敗者，也審判了整整一個民族；所以在那時候，講德語和做德國人，都不是一件容易的事情。

阿涅絲的外祖父和外祖母是瑞士講法語地區和講德語地區交界處的農場主，所以他們能講兩種語言，而根據行政畫分，他們屬於瑞士法語地區。阿涅絲的祖父母是住在匈牙利的德國人，父親在巴黎上過大學，精通法語，不過在結婚以後，他和妻子當然還是講德語。可是在戰爭以後，母親想起了自己父母的官方語言：阿涅絲被送到一個法國中學去上學。父親作爲一個德國人，這時候只能有一個唯一的樂趣：向他的大女兒背誦課本上的歌德❻(Goethe)的詩。

這是一首不受年代影響的最有名的德國詩，是每個德國小學生都熟記在心的德國詩：

在所有的山頂上，

❻歌德(1749-1832)：德國詩人，劇作家，思想家。代表作詩劇《浮士德》。

一片靜寂，
在所有的樹梢上，
你幾乎感不到
一絲氣息；
林中的小鳥不吱一聲。
耐心點吧；不用多久，
你也將得到安息。

這首詩的構思是很簡單的：森林睡著了，你也將入睡。詩歌的使命是用一種出人意料的思想來迷惑我們，並使某一瞬間變得使人難以忘懷且值得情不自禁地思念。

可是在譯文中一切韻味喪失殆盡，您只能在念德文時纔能抓住這首詩的優美意境：

Über allen Gipfeln
Ist Ruh,
In allen Wipfeln
Spürest du

Kaum einen Hanch;
Die Vögelein schweigen im Walde.
Warte nur, balde
Ruhest du auch.❼。

這些詩句都有一定數量的不同的音節，長短格韻律，短長格，長短短格輪流交替，第六句詩比其他幾句長得多。儘管這首詩由兩段四行詩組成，從語法上說，第一段卻不對稱地在第五句上結束，創造了一種不存在於其他任何地方而只見於這唯一的一首既美妙又普通的詩中的旋律。

父親自童年起在匈牙利便讀到了這首詩，那時他正在德國初級小學上課：當他第一次念給阿涅絲聽時，阿涅絲也是同樣的年紀。他們在散步時背誦這首詩，特別誇張重讀音節，隨著詩的節奏行走。複雜的格律使得這樣做變得很困難，只有在最後兩句詩上他們才得到了完全的成功：War-te nur-bal-de—ru-hest du-auch。最後一字，他們喊得非常響，在方圓一公里以內都能聽到。

父親最後一次對她背誦這首詩是在他死前兩三天。阿涅絲開始時以爲他用這個辦法回到了他的童年，重

❼這首詩是歌德於一七八〇年九月六日夜晚在伊爾美瑙的吉息爾漢小山頂上的小屋內題壁之作，爲歌德詩中的絕唱。

新使用了他的母語；後來因爲他一直深情地、動人心弦地盯著她看，她想他是想使她回憶起他們往日散步時的幸福；不過到最後，她終於懂得了這首詩講到了死：她的父親想對她說他知道他快死了。過去她從來也沒有想到過，這些對小學生十分有益的純樸的詩句竟然會有這樣的含義。她的父親躺在床上，滿頭是汗；她握著他的手，忍住眼淚，輕輕地和他一起背誦著：Warte nur, balde ruhest du auch——很快你也將得到安息。她明白了她已經聽出了父親已經死去的聲音：那就是鳥兒在樹梢上睡著後出現的一片寧靜。

寧靜，是的，那就是父親死去以後充滿阿湼絲靈魂中的寧靜。在這片寧靜之中，父親的最後的信息，就像森林深處打獵的號角聲，隨著時間的逝去，越來越清晰可聞了。他爲什麼要贈給她這筆財產呢？爲了讓她獲得自由，讓她願意怎樣生活就怎樣生活，讓她願意到哪兒去就到哪兒去。而他，他卻從來也未曾有過這樣的膽量，所以他把所有的資財都給了他的女兒，讓她，讓她敢於去做她想做的事情。

打從結婚以後，阿湼絲便不得不放棄了她喜歡過寧靜生活的樂趣：她每天都要和兩個同事在辦公室裏度過八小時，隨後她回家，回到她四個房間的公寓裏去。說是有四個房間，可是沒有一個房間是屬於她的：一間大客廳，一間臥室，一間是布麗吉特的房間，還有一個小間是保羅的工作室。每當她抱怨時，保羅便建議她把大客廳看作是她的房間，並答應她（他的誠意是無可懷疑的），不論他自己還是布麗吉特，都不會來打擾她。可是面對著一張大桌子和傍晚經常來的少數幾個客人常坐的八把椅子，她怎麼能感到舒服呢？

也許我們現在稍許有點兒明白了，爲什麼這天早上阿湼絲躺在保羅已經離開的床上是那麼高興，爲什麼她穿過前廳時輕手輕腳，惟恐引起布麗吉特的注意。她甚至對那架脾氣乖戾的電梯也產生了一些感情，因爲它曾爲她提供了一些清靜的時間。還有她那輛汽車也給了她一點幸福，因爲在汽車裏沒有人對她說話，沒有人看她。是的，最主要的是沒有人看她。清靜就是不被人看。有一天，她兩個同事病倒了，她在辦公室裏一個人工作了兩個星期；在那段時間裏，她奇怪地發現她晚上幾乎不感到累。這使她懂得了人的眼光是沉重的負擔，是吸人膏血的吻；她臉上的皺紋就是那些像匕首般的目光鐫刻下的。

這天早上她醒來時，聽到收音機在廣播：在一次外科小手術中，由於麻醉方面的疏忽，使一個年輕的女病人失去了生命。因此，有三名醫生受到了控告，有一個消費者組織建議把所有外科手術的全部過程都拍成電影，並把這些膠卷存檔；好像所有的人都贊同這項措施。每天有上千人的眼光盯著我們，可是這還不夠，還得有一雙建立制度的眼睛分秒不離地盯住我們。不論在醫生的診療室裏，在大街上，在手術枱上，在森林裏，在被窩裏，都要盯著我們。我們生活中的景象將原原本本地保存在檔案裏，爲了在有所爭訟或者爲了滿足公衆的好奇心時，可以隨時拿出來使用。

她又一次產生了強烈懷念瑞士的思鄉情緒。自她父親去世以後，她每年要去瑞士兩三次。保羅和布麗吉特都帶著寬容的微笑，把這件事稱作是她精神衛生的需要：她一定是到她父親的墳上掃除落葉去了；她將在一家阿爾卑斯山的旅館裏把窗戶全都打開，呼吸那兒的清靜的空氣。可是他們猜錯了：在瑞士並沒有什麼情人在等她，可是瑞士卻體現了她惟一的一成不變的不忠行爲，使自己在他們眼裏變得像是有罪的。瑞士就是樹梢上鳥兒唱的歌。阿涅絲夢想有朝一日待在那兒，再也不回來了。她想去看看要出售和出租的房子，甚至要寫一封信告訴她的女兒和丈夫，她還是愛他們的，可是她想以後一個人生活。她只要求他們不時地把他們的情況告訴她，使她可以放心，知道他們沒有遇到什麼麻煩事。她感到難以表達和解釋的就是這件事：她很想知道他們的情況，可是她卻既不想見到他們，也不想和他們生活在一起。

這當然只是夢想。一個明白事理的女人怎麼能扔掉一個幸福的家庭呢？可是，有一個遙遠的、富於誘惑力的聲音擾亂了她寧靜的夫妻生活：那就是一個人過淸靜生活的聲音。她閉上眼睛，傾聽遠處森林中獵號的聲音。這些森林中有幾條大路，她的父親站在其中一條大路上在對她微笑，在呼喚她。

7

阿涅絲坐在客廳的一把扶手椅裏等待保羅。他們要吃一頓耗費精力的「城裏晚飯」。這一天她還沒有進過食，感到身體有點兒虛弱；她想輕鬆一下，拿起一本厚厚的雜誌翻閱起來。她懶得看文章，只是瀏覽裏面的大量彩色照片。在中間幾頁裏，有一篇關於發生在一次航空節上的災禍的報導。一架燃燒著的飛機摔落在觀衆之中。照片很大，每張照片佔了兩頁；從照片上可以看到那些驚恐萬狀的人在四處奔逃，他們的衣服燒著了，皮膚烤焦了，身體被火花包圍著。阿涅絲目不轉睛地看著照片，心裏在想著這時候的攝影師一定高興得發瘋；正在他看得厭煩難熬的時候，突然之間，幸運以著火的飛機的形式從天而降。

翻過這一頁，她看到在一片海灘上有幾個一絲不掛的人；通欄大標題是「在白金漢宮(Buckingham)的照相簿裏看不到的假日照片」。下面有一篇短文，最後一句話是這樣的：「……正好有一位攝影師在那兒；公主的出現又一次引起了流言蜚語」。一個攝影師在那兒；到處都有攝影師。一個躲在樹叢後面的攝影師，一個扮成瘸腿乞丐的攝影師。到處都有眼睛，到處都有照相機鏡頭。

阿涅絲記起在她童年時，她經常被一個想法所迷惑：上帝在看她，而且無時無刻不在看她。大概就是在這個時候，她第一次感覺到這種肉體上的快感，這種人類在被人看到時感受到的奇怪的樂趣，身體的禁區被人看到，私生活被人看到，被人強行看到。她的虔誠的母親對她說「上帝看著你」時，滿心希望她能改掉說謊、咬指甲、挖鼻子的壞習慣，可是效果恰恰相反；阿涅絲正是在她沉湎于她的壞習慣或者在做什麼可恥的事情時纔想到上帝，讓上帝看她所做的事情。

她想起了英國女王的妹妹，並想起了現在的上帝的眼睛已經被照相機替代了。一個人的眼睛被所有人的眼睛替代了。生活變成了所有人都參加的惟一的規模巨大的放蕩聚會。大家都可以在一片熱帶的海灘上看到英國公主在赤身露體地慶祝她的生日。從表面上看，照相機只對各人感興趣，可是只要有一架飛機墜落在您的身旁，您的襯衣著了火，您馬上便會名聞天下，加入這一巨大的聚會，這個聚會當然和享樂毫無關係，可是它可以莊嚴地宣稱，沒有任何人可以躲藏起來，每個人都只能由其他人擺佈。

有一天她和一個男子約會，她在一家大飯店的大廳裏擁抱他時，一個穿牛仔褲和皮夾克的傢伙出乎意料地冒了出來；他蹲下去，眼睛對著照相機。阿涅絲揮揮手，想使他明白她拒絕照相，可是這個傢伙嘴裏咕嚕了幾句英國話以後便笑了起來，接著他又像一隻跳蚤似的到處蹦蹦跳跳手指不停地按著快門。其實這是一個小小的揷曲：這天在這家飯店裏要舉行一次會議，有人僱了一個攝影師在這裏爲大家服務，爲了可以讓從全世界來的專家學者在第二天買到他們各自的留念照。可是阿湼絲不想讓人知道她曾和這位男朋友會面，更不能容忍在某處留下她這次會見的證據。第二天，她到飯店裏去買下了所有這些照片（照片上顯示著她和一個男子在一起；她伸手遮著自己的臉），她也想買下底片，可是底片已經進了飯店的檔案室，取不出來了。儘管沒有任何危險，可是她一想到她生活中有這麼一秒鐘，不像其他化爲烏有的分分秒秒，在今後的時間中，萬一遇到什麼愚蠢的巧合，也許會像一個沒有妥善埋葬的死人那樣又來到人世。

她又拿起另一本關於政治文化的周刊。這上面沒有刊登什麼災難事件，沒有海灘上的裸體公主，都是一些人的臉，臉，到處都是臉。即使在這本雜誌專門登載書評的最後一部分裏，所有的文章也都配有作者的照片。大部分作者是陌生面孔，大家都可以把這張照片解釋成有用的信息，可是共和國總統的五張肖像又能解釋成什麼呢，既然所有人都熟悉他的鼻子和下巴是什麼模樣？專欄編輯的照片也嵌在裝飾圖案裏，他們每星期都出現在同一個地位。在一篇關於天文學的報導裏，可以看到天文學家們的放大了的笑容。在所有的廣告附頁裏也有一些人的面孔，在吹噓家具、打字機或者煙葉的人的面孔。她又把雜誌從頭到尾翻了一遍：九十二張照片上有人臉，四十一張照片上除了臉還有身體，二十三張集體照片上有九十張人臉；祇有十一張照片上占了無關緊要的地位，或者乾脆就沒有人。在這本雜誌上總共有二百二十三張臉。

這時候，保羅回家了，阿湼絲把她的觀察結果告訴他。

「是的，」他贊同地說，「人越是不關心政治，不關心其他人的利益，越是會被他自己的臉糾纏得不得安寧。這是我們這個時代的個人主義。」

「個人主義？當你在痛苦時被人照了相，這算是什麼個人主義？很清楚，事情恰恰相反，個人已經沒有什麼自主權了，他已經屬於別人所有了。我記得在我小時候，如果有人想替另一個人照相，總是要先取得他的同意。即使是要替我照相，大人們也要問我：『喂，小姑娘，可以替你照張相嗎？』後來，不知道從哪一天起，再也沒有人問了。在所有的權利之中，照相權被抬到了最高峯；從那一天起，一切都變了，絕對變了。」

她又拿起雜誌接著說：「如果你把兩張不同的照片並排放在一起，他們的不同點你是很清楚的；可是當你面前放了一百二十三張照片時，你一下子便會明白，你就像是看到了一張臉的各種各樣的變化，任何人的臉都記不住了。」

「阿涅絲，」保羅說，他的聲音突然變得嚴肅起來，「你的臉和任何其他人都不一樣。」

阿涅絲沒有注意到他的聲調，她微微一笑。

「你別笑。我這不是開玩笑。當你愛上一個人時，那是愛他的臉，因此他的臉和任何其他人的臉都是不一樣的。」

「我知道，你認識我是認識我的臉，你是把我作爲臉來認識的，你決不會通過其他方式來認識我的，因此你決不會想到我的臉並不是我。」

保羅像個老醫生那樣耐心而關切地問道：「你怎麼能說你不是你的臉？那麼在你的臉後面究竟是誰呢？」

「你想像一下，如果你生活在一個沒有鏡子的世界裏；你也許會夢見你的臉，你也許會把你的臉想像成一種你身上某種東西的外部反映。隨後，你再想像一下，當你四十歲的時候，有人給你一面鏡子，你想想看你將吃驚到什麼程度！你看到的也許是一張和你想像的完全不同的臉！到那時候，你也許會相信你不願意承認的事實：你的臉不是你！」

「阿涅絲。」保羅站起來說。他緊緊地挨著她。她在保羅的眼睛裏看到了愛情，而在保羅的容貌上看到了她的婆婆。他和他的母親相像，就好比她和她自己的父親相像一樣，她自己的父親肯定也和某個人相像。阿涅絲第一次看到她的婆婆時，對她這種和她兒子面貌上的相像曾使她相當不安。後來，當她和保羅作愛時，她突然不懷好意地想起了他們之間的那種相像，以致她有時還向保羅暗示，睡在她身上的是一個老太太，痛快得連臉也變形了。可是保羅早已忘了他的臉上有他母親的轉移的印記，深信他的臉只是他自己，而決不是其他任何人。

「還有我們的姓，它也是這樣，完全是由於偶然的原因纔落到我們身上來的，」阿涅絲接著說，「我們根本不知道這個姓從何時開始出現在這個世界上，也不知道某個我們不知道的老祖宗如何會使用這個姓的。我們對這個姓毫不了解，對它的歷史也一無所知，可是我們卻始終忠心耿耿地在使用它，讓自己和它融爲一體，我們還非常喜歡它，就好像這個姓是我們自己突然靈機一動發明出來的。對面孔來說，這也是差不多的事情。我記得，這件事大概發生在我快要成年的時候：由於我經常照鏡子，最後我終於相信我看到的就是我。對那個時候我只有一個模糊的回憶，我知道發現自我應該是令人陶醉的事情。可是後來有一次我站在鏡子前面時，心裏又嘀咕起來了：這眞的是我嗎？爲什麼呢？爲什麼我一定要和它結合在一起呢？面孔關我什麼事？從那時候起，一切都開始崩潰了。一切都開始崩潰了。」

「什麼東西開始崩潰了？」保羅問，「你怎麼啦，阿涅絲？你最近碰到什麼事了？」

她打量了他一下，接著又垂下了腦袋。這是無可挽回的：他和他的母親相像，甚至越來越像了。他越來越像他的老媽媽了。

保羅把她摟在懷裏，拉她起來，在她抬起眼睛看他時，保羅纔看到她眼睛裏全是眼淚。

他緊緊地摟著她。她知道保羅深深地愛著她，這使她感到很抱歉。他愛她，她卻感到難受；他愛她，她卻想哭。

「到時間了，要穿衣服走了。」她掙脫他的擁抱，逕自向浴室跑去。

8

我正在描寫阿涅絲，我想像她是怎樣一個人，我讓她在三溫暖浴室的長凳上休息，在巴黎閒逛，翻閱雜誌，和她的丈夫討論，可是一切都從它開始的那個老太太在游泳池旁邊向游泳教師做的手勢，我倒好像已經忘記了。那麼阿涅絲已經不再向任何人做這個手勢了嗎？不做了。即使這也許顯得有些奇怪，我似乎覺得她已經有很久不再做這個手勢了。從前，在她年紀還很小的時候，是的，她是做這樣的手勢的。

那是她還住在後面看得到阿爾卑斯山群峯的那個城市裏的時候，她是一個十六歲的年輕姑娘，她和她的同班男同學去看電影。電影院裏的燈光熄滅以後，他便抓住她的手。他們的手心很快便出汗了，可是那個男孩子不敢鬆開他如此大膽地抓住的手，因爲他如果鬆手，那就是承認他在出汗，這會使他感到羞恥。所以在一個半小時裏面，他們兩人的熱烘烘濕漉漉的手一直緊握著，一直到燈光重新亮起時纔鬆開。

爲了延長這次約會的時間，出了電影院後，他把她帶到老城的小巷子裏去，一直走到城裏最高處的一個古老的修道院；這個修道院引來了很多很多前來觀光的旅客。從表面上看，這個男孩似乎早已考慮過了，因爲他步履相當堅定地把她一直帶到了一個沒有人的走廊裏，藉口很笨拙，說是要帶她去看油畫。他們一直走到走到廊盡頭也沒有看到半幅油畫，只不過看到有一扇漆成棕色的門上寫著 W. C. ❽兩個字母。男孩子沒有注意到那扇門，站定在那兒。阿涅絲完全淸楚她的同學對油畫並不太感興趣，只是想找個偏僻的地方吻她一下。這個可憐的男孩竟然找不到比走廊盡頭厠所門外更好的地方了！阿涅絲哈哈大笑起來，爲了避免他以爲她是在嘲笑他，用手指點點那扇門上的兩個字母。他也笑了起來，儘管他很失望。有了這兩個字母作背景，他不可能俯下身子去抱吻（尤其這是永遠不會忘記的初吻），他只能帶著痛苦的屈辱的感情回到街上。

他們一聲不吭地走著，阿涅絲心裏很生氣：他爲什麼不乾脆在大街上抱吻她呢？爲什麼他寧願把她帶到一條可疑的走廊裏，走到一代一代醜陋的、身上發著臭氣的老修士淸腸刮肚的厠所那兒去。男孩的這副尷尬相如果是出於愛情，那就使她很得意；但如果是因爲他智力低下，那就會使她大爲惱火：她總覺得和一個同齡的男孩子出去玩會使自己失去信譽，只有比她年紀大的孩子纔對她有吸引力。也許是因爲她在心裏背叛了

❽ W. C.：英語 Water Closet（厠所）的縮寫。

他，她一面承認他是愛她的，一面她感到有一種模糊的正義感在鼓動她去幫助他，使他重新抱有希望，從他幼稚的困窘中擺脫出來。如果他找不到勇氣，那就由她去找。

他陪送她回家，阿涅絲心裏在想，到了她家別墅的花園的小柵欄門外時，她要一下子抱住他吻他一下，讓他又驚又喜地愣在那兒。可是到了最後時刻，她這種慾望又消失了，因爲這個男孩不但臉色陰沉，而且顯得很冷淡，甚至還懷有敵意。於是他們握手告別，她踏上兩個花壇之間的通向屋門的小路，她感到她同學的眼光在盯著她，他一動不動地在觀察她。她又一次對他有了惻隱之心，一種姐姐對弟弟的憐憫，所以她做了一件一秒鐘以前她還沒有想到的事情。她沒有止步，只是回頭向他微微一笑，高興地向空中揮了揮手，手勢飄逸，就像向空中扔一只彩色的皮球。

這個時刻，就是阿涅絲突然毫無準備地、優美而輕快地舉手揮動的時刻，是非常美妙的，在這麼一刹那的時間裏，又是第一次，她怎麼能想出一個身體和手臂協調得如此完美的像藝術品一樣的動作呢？

在這個時刻，有一位四十來歲的太太，她是大學裏的科室秘書，總是定期來看她父親，帶來各種文件，並把另外一些簽過字的文件帶回去。儘管這些拜訪的動機不值一提，卻使家中的氣氛突然緊張起來（母親變得沉默寡言了），這使阿涅絲很驚訝。在那位女秘書即將離開的當兒，她馬上衝到窗口去偷偷地觀察她。一天，在那位女秘書走向花園的小柵欄時（這條路就是後來阿涅絲要在她不幸的男朋友的注視下走回來的），女秘書回過頭來微微一笑，出乎意料地伸出手來在空中輕輕揮了揮。當時的這幕情景是難以忘懷的：鋪著砂子的小路在陽光下就像金色的波濤一樣；在小柵欄門的兩邊，開著兩叢茉莉花，手臂向前筆直地伸展開去，就像對這一角金色的土地指出她將飛往的方向，以致那兩叢白色的茉莉花已經成了兩只翅膀。阿湼絲看不到她的父親，可是她從這個女人的手勢，猜出他正站在別墅門口，目送著她向遠處走去。

這個出乎意料的、優美的手勢，像一道閃電的軌迹一樣留在阿湼絲的記憶之中。他邀請她去做長途旅行，他在她心裏喚醒了一種巨大的模糊的希望。當她需要向他的朋友表達某種重要事情的時刻到來時，這個姿勢在她身上顯得更鮮明了，可以代她說出她不知道如何說的話。

我不知道她求助於這個手勢經歷了多少時間（或者更確切地說，這個手勢求助於她經歷了多少時間）；大概是一直到有一天她發現比她小八歲的妹妹在向一個女同學揮手告別。看到她自己的手勢被一個小妹妹做出來了，而這個小妹妹在很小的時候便非常欽佩她，並在各方面都模仿她，她不由得感到有點不舒服；這個成人的手勢和一個十一歲的女孩子是很不協調的。可是尤其使她感到不安的是，這個手勢大家都在做，根本就不是她所獨有的，就好像她在做這個手勢時，是在犯盜竊罪和僞造罪。從那以後，她不但不做這個手勢（改掉一個我們已經習慣的手勢決不是一件容易的事情），而且對所有的手勢都抱懷疑態度。她只做一些必不可少的動作（表示同意或不同意的點頭或者搖頭；向某人指明一樣他沒有看到的東西）和不要求身體有任何特殊動作的姿勢。就這樣，那個在她看到那位秘書在金色的道路上向遠處走去時使她著迷的手勢（我在看到那位穿游泳衣的太太向游泳老師告別時的手勢也著了迷），她再也沒有做過。

可是有一天，這個手勢又復甦了。那是在她母親去世以前，她到別墅裏來半個月陪伴她有病的父親；在最後一天向他告別時，她知道她將有很長一段時間見不到他。母親不在家裏，父親想陪她一直走到大路上她的車子旁邊。可是她不讓他跨出別墅的門，獨自一個人經過兩個花壇之間的鋪著金色砂子的小路向花園的小柵欄門走去。她覺得嗓子發緊，非常想對她的父親講些美的東西，可是又講不出話來。突然，她自己也不知道是怎麼回事，回過頭去微笑著把手輕巧地往前一揮，就好像在對他說：他們的時間還長著呢，他們還可以經常見面的。稍過一會兒以後，她想起了二十五年前的那位女秘書，她就在同一個地點用同樣的方式向她父親揮手致意。阿湼絲心情非常激動，有點兒不知所措了。就好像在一刹那間，兩個相隔遙遠的時代突然相遇了。她突然想到，她們也許是他所愛的僅有的兩個女人。

9

晚餐以後，所有的人都坐在客廳的扶手椅裏，手裏拿著一杯白蘭地或者一杯咖啡。有一位來客首先勇敢地站起來帶著微笑向主婦致意告別。一看到這個其他人想當作命令來執行的信號，大家也馬上從坐著的扶手椅上站了起來。保羅和阿湼絲也和他們一樣，出門以後找到了他們的車子。保羅駕車，阿湼絲注視著不斷穿梭般來往的車輛，閃爍的燈光和永不休息的城市夜晚的混亂景象。這時候，她突然又體驗到了近來越來越經常地糾纏她的那種奇怪而強烈的感覺：她和這些身體下有兩條腿，脖子上有一個腦袋，臉上有一張嘴的人毫無共同之處。從前，這些人的政治和科學發明把她迷惑住了，她想就在他們的冒險事業中充當一個小角色，一直到有一天她產生了那種她和這些人是不一樣的感覺以後，她的想法就改變了。這種感覺是很奇怪的，她知道這是荒謬的，是不道德的，想抵制它，可是最終她還是認爲她不能支配她的感覺。她不能爲這些人的戰爭感到苦惱，也不能爲他們的節慶感到高興，因爲她深信所有這一切都與她無關。

這是不是說她的心腸硬呢？不，這跟她的心腸毫無關係。再說，她施捨給乞丐的錢大概比任何人都要多。她在他們前面經過時決不會無動於衷，而他們也像知道她會對他們施捨一樣都主動前來找她；路上雖然有好幾百個行人，他們卻能從很遠的地方馬上認出這個在看他們和聽他們講話的女人。——是的，這是眞的，可是還得補充一句：她對乞丐的慷慨也出於一種消極因素：阿涅絲對他們施捨並不因爲他們是人類的一部分，而是因爲他們和人類不一樣，因爲他們已經被從人類中排擠出去了，也很可能和她一樣，已經和人類分道揚鑣了。

和人類分道揚鑣：是的，她就是這樣。只有一樣東西可以使她擺脫這種漠不關心的態度：對一個具體的人的具體的愛情。如果她眞的愛一個人，那麼她對其他人的命運不會漠不關心，因爲她所愛的這個人和其他人是共命運的，和這個命運是有直接關係的；從此以後，她就不會再有那種他們的痛苦，他們的戰爭，他們的假期都跟她無關的感覺。

最後一個念頭使她感到害怕。眞的她不愛任何人嗎？保羅呢？

她想起了在幾小時以前，在他們出去吃晚飯以前，他曾走過來把她緊緊地摟在懷裏。是的，有什麼事情不太對頭：最近以來，她總是被一個念頭糾纏著，她對保羅的愛情僅僅是建立在一種意志之上，一種愛他的意志之上，一種需要有一個幸福的家庭的意志之上。如果這種意志稍許有所鬆懈，她這種愛情就會像看到籠子打開了的小鳥一樣飛走。

時間是半夜一點鐘，阿湼絲和保羅脫掉了衣服。如果一定要他們描繪另一個人脫衣服的姿勢，他們一定會感到很尷尬：他們已經有很久沒有相互對看了。記憶和器官出了故障，它已經不能再記錄下他們睡到他們夫妻共同的床上以前發生的事情了。

夫妻共用的床：婚姻的祭壇。說起祭壇，就要提到犧牲。就是在這張床上他們相互做出了犧牲：兩個人都睡不著，一個人的呼吸聲影響另一個人入睡；大家都往床邊移讓出中間一大塊空檔。一個人假裝睡著，想讓另一個放心入睡，翻身時也不必怕打擾他。唉，另一個根本不想利用這個機會，他也裝作睡著了（爲了同樣的理由），紋絲不動。

睡不著，還不能動彈：夫妻共用的床啊！

阿湼絲仰天躺著，腦子裏出現了一個形像。他們家裏來了一個和藹可親的怪人，他知道他們的一切事情，卻不知道艾菲爾鐵塔。阿湼絲願意付出任何代價來換得和這個怪人單獨談話的機會，可是他卻故意選了他們夫妻兩人都在家的時候來訪。阿湼絲絞盡腦汁想找出一條把保羅支開的妙計。他們三人都圍著一張矮矮的桌子坐在扶手椅裏，各人面前有一杯咖啡，保羅在和客人閒聊。阿湼絲只是在等著他說明來訪的原因。這些原因，她是知道的；可是只有她一個人知道，保羅是不知道的。最後，來訪者中止了閒談，轉入了正題：「我相信你們知道我是從哪裏來的。」

「是的，」阿湼絲回答。她知道他是從另外一個行星上來的；這個行星離地球很遠很遠，在宇宙中佔了一個重要的位置。她馬上又帶著一個靦覥的微笑接著問：「那兒要好一些嗎？」

來客只是聳了聳肩膀說：「嗯，阿湼絲，您很清楚您生活在什麼地方。」

阿湼絲說：「也許一定得死。可是就不能想出別的辦法嗎？是不是必須在身後留下一具遺骸，還得埋入地下，或者扔進火裏？所有這一切都是可憎的！」

「大家都知道，地球就是可憎的。」客人回答說。

「另外還有一件事情，」阿湼絲接著說，「也許您會覺得我的問題有點愚蠢。生活在你們那兒的人，他們有沒有臉？」

「沒有。只有在你們這兒的人纔有臉。」

「那麼你們那兒的人是怎麼相互區別的呢？」

「那兒，可以這麼說，每個人都是他自己的作品，每個人都是他自己創造的，這是很難說得清楚的。您不可能懂得，可是總有一天您會懂的。因爲我是來對您說，在即將來到的生命中，您不會再回到地球上來了。」

當然囉，阿湼絲早已知道來客要對他們說的事情。可是保羅聽得莫名其妙。他瞧瞧來客，又看看阿湼絲。阿湼絲這時候只能問：「那麼保羅呢？」

「保羅也不能回到地球上來了。」客人回答說，「我到這兒來就是爲了告訴你們這件事的。我們總是要預先通知我們選中的人。我只有一個問題選問您：在即將來到的生命中，你們想待在一起，還是不想再會面了？」

阿湼絲知道他要問這個問題，所以她本來想一個人和客人談。她知道自己不可能當著保羅的面回答：「我不願意和他一起生活。」她不能在他面前這樣回答；他也不能在她面前回答，如果有可能他也想改變他的生活，也就是說不和阿涅絲生活在一起。因爲相互面對面高聲說：「在即將來到的生命裏，我們不願意待在一起，我們不再想見面了，」這等於說：「我們之間過去和現在從來都沒有過任何愛情。」這樣的話他們是不能高聲講出來的，因爲他們所有的共同生活（已經有二十年了）都建立在愛情的幻想之上，建立在兩個人共同耕耘並盡心維護的幻想之上。因此她知道，在她想到這一幕情景時，在來客提到這個問題時，她總是要屈服的；不管她心裏怎麼想怎麼希望，她最後總是要回答：「是的，當然囉，我希望我們能待在一起，即使在即將到來的生命中也是如此。」

可是今天，她第一次深信自己會有勇氣（即使在保羅面前）說出她內心深處的眞正願望；她深信自己會有這樣的勇氣的，即使要冒著看到存在於他們兩人之間的東西全都垮掉的危險。她聽到她身邊有深沉的呼吸聲；保羅睡著了。就像放映機把一卷膠片重新放一遍一樣，她把剛才的一幕又全都重複了一遍：她和來客說話，保羅目瞪口呆地看著她；客人問：「在即將來到的生命中，你們想待在一起，還是不想再會面了？」

（這是很奇怪的：儘管這個人知道他們所有的情況，地球上的心理學他還是不懂，也不知道愛情是怎麼回事，因此他沒有想到他抱著良好的意圖直接提出來的實際問題會帶來一些困難。）

阿涅絲竭盡全力地用堅定的語氣說：「我們寧願不要再見面了。」

這就像她當著愛情的幻想的面把門「砰」地一聲關上了。

第二部 不朽

1

一八一一年九月十三日。出生於布倫塔諾(Brentano)家的年輕新娘貝蒂娜(Bettina)和她的丈夫——詩人阿辛·馮·阿尼姆(Achim von Arnim)寄居在魏瑪(Weimar)的歌德夫妻家裏已經有三個星期了。貝蒂娜二十六歲,阿尼姆三十歲,歌德的妻子克莉斯蒂安娜(Christiane)四十九歲,歌德六十二歲牙齒已經掉光了。阿尼姆愛他年輕的妻子,克莉斯蒂安娜愛她的老丈夫,而貝蒂娜,雖然已經結婚,還是不斷地和歌德調情。這天,歌德留在家裏,克莉斯蒂安娜陪這對年輕夫婦去參觀一個展覽會(由他們家的一位世交樞密顧問官邁爾〔Mayer〕主辦的),展覽會上展出了歌德曾經讚美過的一些油畫。克莉斯蒂安娜不懂油畫,可是她記住了歌德對這些油畫的評語,因此她可以輕而易舉地把她丈夫的意見當作是自己的。阿尼姆聽到克莉斯蒂安娜的聲音突然響了起來,也看到了架在貝蒂娜鼻子上的眼鏡。因爲貝蒂娜皺了鼻子(像兎子那樣),她那副眼鏡便跳了起來。阿尼姆很清楚這意味著什麼:貝蒂娜在生氣,就要發作了,他感到暴風雨即將來臨,便悄悄地溜到隔壁一個大廳裏去了。

他剛走出去,貝蒂娜便打斷了克莉斯蒂安娜的話:不,她的意見不一樣!事實上,這些油畫是荒謬的!

克莉斯蒂安娜也很生氣,她生氣有兩個原因:一方面,這個年輕的女貴族雖然已經結婚並且已經懷孕了,可是還是無恥地在和歌德調情;另一方面,因爲她還批駁他的意見。這個女人希望得到什麼呢?想在歌德的崇拜者和反對者中都名列前茅嗎？她那些理由不論是一條一條單獨講，還是在邏輯上相互矛盾地同時提出來，都把克莉斯蒂安娜搞糊塗了。因此她理直氣壯地高聲宣稱，這些美麗的油畫不可能是荒謬的。

貝蒂娜反駁她說：這些畫不僅僅是荒謬的，而且還是可笑的！是的，可笑的；於是她又提出一個又一個論據來證明她的結論是正確的。

克莉斯蒂安娜聽著聽著，發現這個年輕女子講的話她根本聽不懂。貝蒂娜講得越是激動，她所使用的、從她一些同年齡的、年輕的大學畢業生那兒學來的詞彙也越多。克莉斯蒂安娜很清楚，就因爲這些詞彙難以理解她才使用它們。她看著她的鼻子在眼鏡上跳，心裏在想，這副眼鏡和這些難以理解的詞彙倒是很協調的。貝蒂娜鼻子上的眼鏡是值得注意的！沒有人不知道歌德曾在大庭廣衆譴責過戴眼鏡是荒謬的低級趣味。如果說貝蒂娜仍不顧一切地戴著眼鏡在魏瑪招搖過市，那就是一種公然的挑釁，爲了顯示她屬於年輕的一代，屬於用羅曼蒂克的信念和戴眼鏡來表示與衆不同的年輕的一代。如果有一個人驕傲地宣稱自己屬於年輕的一代，我們便淸楚地知道他是想說：當其他人（就像貝蒂娜跟歌德和克莉斯蒂安娜的情況一樣）有一天可笑地壽終正寢以後，他還活得好好的。

貝蒂娜一直在講，她越講越激動；突然，克莉斯蒂安娜的手揮過來了。在最後一刻，她想起打一位女客人的耳光總是不合適的。她馬上收住動作，她的手只碰到了貝蒂娜的前額。眼鏡掉到地上，摔得粉碎。周圍的人也有點兒吃驚，他們回過頭來，愣住了。可憐的阿尼姆從隔壁大廳裏跑過來，想不出有什麼更好的辦法，只是蹲下去撿玻璃碎片，彷彿他要把這些碎片再膠合起來似的。

一連幾個小時，所有的人都在焦慮不安地等待歌德的裁決。當他知道了所有的事情以後，他會幫誰說話呢？

歌德幫克莉斯蒂安娜說話，他不准這對夫婦再跨進他的家門。

敲碎一只杯子會帶來幸運；打碎一塊玻璃要倒楣七年。那麼一副眼鏡摔得粉碎呢？那就是戰爭。貝蒂娜在魏瑪所有的客廳裏宣稱：「大紅腸發瘋了，還咬了我。」這句話一傳十，十傳百，全魏瑪的人都笑出了眼淚。這句不朽的話，這種不朽的笑聲，至今還在我們耳朵裏迴響。

2

不朽。歌德不怕這個詞。在他的《我的一生》這本書——它有一個有名的副題 Dichtung und Wahrheit（詩與眞）——裏，他講到了他曾貪婪地注視著萊比錫（Leipzig）新劇院的幕布，那時候他是一個十九歲的年輕人。在幕布的背景上顯示出（我引用歌德的話）der Tempel des Ruhmes（光榮的殿堂），殿堂前面是各個時期的偉大的劇作家。他們之中「有一個穿著薄上衣的人，根本沒有注意其他人，筆直向殿堂走去。他的背對著臺下，看不出他有任何特殊的地方。他是莎士比亞❶（Shakespeare），空前絕後的偉人；他對所有這些典範漠不關心，不靠任何支撐地向不朽走去」。

歌德談到的不朽當然和靈魂的不朽毫無關係。這是另外一種世俗的不朽，是指死後仍留在後人記憶中的那些人的不朽。任何人都能得到這種偉大程度不等、時間長短不一的不朽，每個人從青少年時代起就可以有這個嚮往。我在童年時代每星期日都到一個摩拉維亞村子去閒逛；據說這個村的村長在他家的客廳裏放著一口沒有蓋蓋子的棺材，在他對自己感到特別滿意的適當時刻，他便躺進這口棺材，想像著自己的葬禮。他一生中最美好的時刻莫過於躺在棺材裏夢想：他這是在他的不朽中縈廻。

對不朽來說，人是不平等的。必須區別小的不朽和大的不朽。小的不朽是指一個人在認識他的人的心中間留下了回憶（摩拉維亞村村長夢想的不朽）；大的不朽是指一個人在不認識的人的心中留下了回憶。有些工作可以一下子使人得到大的不朽，當然這是沒有把握的，甚至是非常困難的，但又無可爭辯地是可能的：那就是藝術家和政治家。

在當今所有的歐洲政治家中，弗朗索瓦·密特朗（François Mitterrand）肯定是對不朽考慮得最多的人。我還記得在一九八一年他當選總統以後組織的那次難忘的儀式。在先賢祠廣場上聚集了一群熱情洋溢的人，他離開他們，踏上了寬大的樓梯（完全像在歌德描繪的幕上，莎士比亞向光榮的殿堂走去了），手裏拿著三朵玫瑰花。隨後，人民群衆看不見他了，他一個人來到了六十四位赫赫有名的死者的墳墓之間；在他一個人冥思默想時，跟隨在他身後的僅有一架攝影機和幾個電影工作者，另外還有好幾百萬法國人，在貝多芬❷（Beeth-

---

❶莎士比亞（1564-1616）：英國文藝復興時期戲劇家、詩人。主要劇作有《仲夏夜之夢》、《威尼斯商人》、《羅密歐和朱麗葉》、《奧賽羅》、《李爾王》、《馬克白》等。

oven)第九交響曲的轟鳴下，注視著電視機的屏幕。他把三朵玫瑰花先後放在他所選中的三位死者的墳墓上。他像土地測量員一樣把這三朵花玫瑰花當作三根標桿那樣插在巨大的永恒的工場裏，劃定了他將在其中興建他的大厦的三角形。

他的前任瓦萊里・季斯卡・德斯坦(Valéry Giscard d'Estaing)在一九七四年當選總統後，曾邀請幾位街道清潔工來愛麗舍宮(palais de l'Elysée)和他共進第一次早餐。這是一種感情細膩的資產階級的姿態，他一心想得到普通老百姓的愛戴，並使他們相信他是和他們一樣的人。密特朗還不夠天眞，他不想和街道清潔工打成一片（任何一個總統都不可能成功）；他想和死人親近，這說明他非常聰敏，因爲死人和不朽是一對難捨難分的情人。誰的臉和死人的臉相似誰就是不朽的活人。

美國總統吉米・卡特(Jimmy Carter)始終能引起我的好感，可是看到他在電視機屏幕上穿著厚運動衫和一群幕僚、體育教練、保鏢一起跑步時我幾乎愛上他了；突然，他額頭上沁出了汗珠，他的臉部肌肉開始痙攣，他的幕僚向他俯下身去，把他攔腰抱住：一次心臟病小發作。那些傻瓜大概是想向總統提供表現自己永遠年輕的機會。就是爲了這個目的他們才請來了攝影師；如果說他們讓我們看到的不是一個身強力壯的田徑運動員，而是一個日漸衰老的倒楣的人，那也不是他們的錯誤。

---

❷貝多芬(1770–1827)：德國作曲家，維也納古典樂派代表人物之一。主要作品有交響曲九部（以第三、第五、第六、第九最爲著名）以及鋼琴奏鳴曲三十二首，鋼琴協奏曲五首等。

人企求不朽，總有一天，攝影機將向我們顯示他那張怪形怪狀的嘴，這是他留給我們的唯一的變成了拋物線形狀的東西，而且終生如此；他將進入可笑的不朽。第谷・布拉赫(Tycho Brahé)是一位偉大的天文學家，可是今天我們對他的事情已經什麼也不記得了，除了那次在布拉格(Prague)皇宮裏的著名的晚宴。在那次晚宴上，因爲他怕羞，強忍著不上厠所，以致連膀胱也爆裂了；而他成了恥辱和尿的犧牲品，馬上便成了可笑的不朽者中的一個，就像後來克莉斯蒂安娜・歌德永遠變成了發瘋的香腸一樣。在這個世界上我感到最親切的小說家莫過於羅貝爾・穆齊爾❸(Robert Musil)。一天早上，他在舉槓鈴時突然死去；因此當我在舉槓鈴時，我總是憂心忡忡，我怕突然死去。因爲像我熱愛的小說家那樣舉著槓鈴死去，會使我顯得像是一個難以置信的、狂熱的、瘋狂的模仿者，肯定會使我立即成爲可笑的不朽者。

3

讓們設想一下，如果在魯道夫(Rodolphe)皇帝時代已經有了攝影機（就是使卡特不朽的那些攝影機），並且攝下了那次宮廷晚宴——第谷在他的椅子上扭來扭去，臉色煞白，交叉著雙腿，翻著白眼。如果他知道他將得到數百萬觀衆的注視，他的痛苦肯定還將增加十倍，在他的不朽的過道裏的笑聲必將更加響亮。一直在

❸羅貝爾・穆齊爾(1880–1942)：奧地利小說家。代表作爲他的未完成長篇巨著《沒有個性的人》。

拚命地尋找樂趣的人民必然會要求在每次聖西爾維斯特節都把那個羞於小便的赫赫有名的天文學家的電影重放一次。

這個形象使我心中產生了一個問題：在攝影機時代，不朽的性質是不是變了；我毫不猶豫地回答：實際上沒有變；因為攝影機的鏡頭，在被發明以前，已經作為它的尚未物質化的本質存在了。儘管沒有眞正的鏡頭對著他們，可是人們已經表現得像有人在替他們攝影一樣。在歌德周圍，沒有任何攝影師在奔跑，只有從遙遠的未來投射過來的攝影師的影子在奔跑。譬如說，在他那次衆所周知的和拿破崙❹(Napoléon)的會見時就是這樣。法國皇帝那時候正在他事業的頂峯，他把歐洲各國首腦召集到埃爾富特(Erfurt)來，要他們承認他和俄國皇帝的權力劃分。

在這方面，拿破崙是相當法國化的：幾十萬死人還不能使他滿意，他還想得到作家們的讚賞。他問他的文化顧問，哪些人是當今德國的最高精神權威，顧問首先提到了一位名叫歌德的先生。歌德！拿破崙拍拍自己的額頭：《少年維特之煩惱》的作者！在埃及戰役時，有一天他看到他的幾個軍官埋頭在看這本書。因為他知道這本書，他頓時勃然大怒。他嚴厲斥責這些軍官，竟然看如此無聊的愛情小說；並從此禁止他們看小說，任何小說都不行。他們為什麼不去讀讀歷史書，那要有用得多！可是這一次，他很高興知道了歌德是何許樣人，決定邀請他。尤其使他感到滿意的是，據他的顧問說，歌德作為劇作家的名氣更大。拿破崙不喜歡

❹拿破崙(1769–1821)：法國政治家和軍事家。法蘭西第一帝國和百日王朝皇帝(1804–1814,1815)。

小說，卻偏愛戲劇，因爲戲劇可以使他想起戰鬥。他自己就是一個偉大的戰鬥製造者，而且是個無與倫比的導演。在內心深處，他深信自己是任何時代最偉大的悲劇詩人，比索福克勒斯❺(Sophocle)更偉大，比莎士比亞更偉大。

顧問是個很有才能的人，可是他經常出錯。歌德的確寫過很多劇本，但他的名聲主要並非來自戲劇。可能是拿破崙的顧問把他跟席勒❻(Schiller)混淆了！總之，因爲席勒和歌德交往密切，把這兩位朋友當作是一個詩人也並無不妥；也許這位顧問這樣做自有他充分的理由，是出於一種值得稱讚的教育法上的考慮，他是在爲拿破崙創造一個名叫弗里德里希・沃爾夫岡・席勒—歌德❼(Friedrich Wolfgang Schilloethe)的人。

當歌德（他沒有想到他是席勒—歌德）接到邀請時，他馬上便懂得了他必須接受。他已經快六十歲了。死亡日漸接近，不朽也隨之將來〔因爲我已經說過，死亡和不朽是難分難捨的一對，比馬克思和恩格斯(Marx et Engels)，比羅密歐和朱麗葉(Roméo et Juliette)，比勞萊和哈台(Laurel et Hardy)更美。〕歌德不能對一個不朽者的邀請掉以輕心。雖然他這時正忙於寫他的他視作他作品頂峰的《色彩的理論》，他還是擱下了

❺索福克勒斯（約西元前496–西元前406）：古希臘三大悲劇家之一。主要劇作有《蒂岡尼》、《伊底帕斯王》等。

❻席勒(1759–1805)：德國劇作家，詩人；與歌德過往甚密。主要劇作有《強盜》、《陰謀與愛情》、《威廉・泰爾》等。

❼弗里德里希是席勒的名字，沃爾夫岡是歌德的名字。

他的手稿，趕往埃爾富特去了。一八〇八年十月二日，一位不朽的詩人和一位不朽的戰略家在埃爾富特會見了；這是一個難忘的歷史性事件。

4

在攝影師們騷動的影子的陪同下，歌德由拿破崙的副官帶領著登上了寬大的樓梯，接著又經過另外一座樓梯和另外幾條走廊，來到一個大廳裏：拿破崙正坐在大廳盡頭一張桌子前面用早餐。在他周圍，擠滿了在向他作彙報的軍官，戰略家邊吃邊回答他們的問題。副官過了一會兒纔大著膽子把一動不動站在旁邊的歌德指給他看，拿破崙抬起眼睛，把他的右手插進上衣，手心貼著胸腹部。這是他在攝影師圍著他時常擺的姿勢。他匆匆忙忙地把嘴裏的東西嚥了下去（因爲嘴裏在吃東西時拍的照是不太雅觀的，而且那些不懷好意的攝影師特別喜歡這類照片），他拉大嗓門（爲了讓大家都聽見）說：「這纔是一個男子漢！」

這恰好就是今天在法國被稱之爲一個「短句」一樣的話。政治家講起話來滔滔不絕，毫無顧忌地始終重複著同樣的東西，因爲他知道，無論如何，公衆祇會知道幾句被新聞記者引用的話。爲了便於他們工作，也爲了可以稍許擺布他們一下，這些政治家在他們的越來越雷同的講話中，插進一兩句他們從來沒有講過的句子。這些短句是多麼出人意外，多麼使人吃驚，以致一下子便變得家喻戶曉了。政治藝術今天已經不再在於治理政治（政治根據它自身的陰暗而無法核實的邏輯自己治理自己），而在於想出一些短句，根據這些短句，不論是被選上的或是未被選上的政治家將被大家看到和了解，並試圖通過全體公民投票。歌德還不知道「短句」的基本概念，可是，因爲我們已經知道，事物在實際上實現和命名以前，它們的本質已在那兒了。歌德懂得拿破崙剛纔說出了一個絕妙的、對他們兩人都有利可圖的「短句」，他高興地走到桌子前面。

請想想看，您所想像的詩人的不朽是什麼，戰略家比詩人更加不朽：所以當然是拿破崙向歌德提問，而不是相反。「您幾歲了？」拿破崙問他。「六十歲。」歌德回答。「您看上去要年輕得多。」拿破崙尊敬地說（他比歌德小二十歲）。歌德得意地挺了挺胸脯。在五十歲時，他已經發福了，他有了雙層下巴，但他滿不在乎。可是在後來的歲月中，他經常想到死，與此同時，他害怕腆著個大肚子走向不朽。所以他決定要減肥，很快便又變成了一個身材苗條的人，外形雖然不能算漂亮，至少可以使人想起他年輕時的確是相當英俊的。

「您結婚了嗎？」拿破崙帶著一種眞誠的關切問道。「結過婚了。」歌德微微彎腰回答。「您有孩子嗎？」「有一個兒子。」這時候，有一個將軍走近拿破崙，向他報告一個重要消息。拿破崙開始沉思。他把手從上衣裏抽出來，用叉子叉了一塊肉，放到嘴裏（這個場面停止照相），一面回答。隔了好一會兒，他纔又想起了歌德。他帶著一種眞誠的關切問他：「您結婚了嗎？」「結過婚了。」歌德微微彎腰回答說。「您有孩子嗎？」「有一個兒子。」「還有你們的夏爾—奧古斯特(Charles-Auguste)怎麼樣了？」拿破崙不假思索地衝著歌德喊出了魏瑪的君主的名字；顯而易見，他不喜歡這位君主。

歌德不想講他親王的壞話，可是也不願意違背一位不朽者的意思；他巧妙地運用外交辭令解釋說，夏爾—奧古斯特爲科學和藝術做過很多事情。不朽的戰略家趁他講到藝術的機會，在桌子前站起來，又把手插進上衣裏面，向詩人迎上幾步，對著他發表自己關於戲劇的看法。馬上，一群看不見的攝影機戰戰兢兢地趕過來了，照相機發出「喀哧喀哧」的聲音，在一旁和詩人單獨交談的戰略家爲了讓整個大廳裏的人都能聽到，不得不提高嗓門說話。他建議歌德寫一個關於埃爾富特會議的劇本，因爲這個會議最終將保證人類得到幸福與和平。「戲劇，」他聲音響亮地接著說，「應該成爲人民的學校！」（這是他第二句配得上登在第二天報紙上頭條新聞上的話）。「把這個劇本奉獻給沙皇亞歷山大，」他稍微壓低一些聲音繼續說，「那眞是太妙了！」（因爲埃爾富特會議就是爲他召開的！拿破崙就是想跟他結成聯盟！）接著，他給席勒——歌德上了一堂小小的文學課，可是他的話頭被他一個副官打斷後，他想不起剛才講的是什麼。他一面想，一面既無邏輯又無信心地重複了兩次「戲劇是人民的學校」；隨後（終於找到了！話頭找到了！）他講到了伏爾泰❽（Voltaire）的《凱撒之死》。根據他的說法，這是一個錯過了變成一個人民的教育者的機會的詩人的極好的例子。他的悲劇原本可以表現一個在爲人類幸福孜孜不倦地工作，卻因過早夭亡而不能實現他崇高計畫的偉大統帥。拿破崙直勾勾地看看詩人，語氣憂鬱地講了最後一句話！「對您來說，這是一個偉大的題材！」

可是這時候又有人來打擾了。幾位將軍走進了大廳，拿破崙的手又從上衣裏抽了出來，又在他的桌子前面坐下，用他的叉子叉了一塊肉，開始邊吃邊聽彙報。攝影師的影子消失了，歌德看看四周，走到幾幅油畫前面站定；隨後他又向陪他來的副官走去，問他接見是不是已經結束。副官作了肯定的答覆。拿破崙的叉子

---

❽伏爾泰（1694-1778）：法國啓蒙思想家、作家、哲學家。

又舉了起來，歌德走了。

5

貝蒂娜是歌德在二十二歲時曾經愛過的一個叫做瑪克西米莉阿娜・拉羅什(Maximiliane La Roche)的女人的女兒。除了幾個純潔的吻以外，這僅僅是一種純粹是精神上的、非物質的愛情；尤其因爲瑪克西米莉阿娜的母親及時地把女兒嫁給了意大利富商布倫塔諾，這次愛情更沒有引起重大後果。布倫塔諾發現年輕的詩人還想和他的妻子勾勾搭搭，便把他趕了出去，並不准他再跨進他的家門。後來瑪克西米莉阿娜生了十二個孩子（她的惡魔般的意大利丈夫一共有過二十個孩子！），其中一個教名爲伊麗莎白(Elisabeth)的女兒就是貝蒂娜。

貝蒂娜自童年起就被歌德所吸引；這不僅僅因爲在全德國人的眼裏，他正在向光榮的殿堂邁進，而且因爲她知道歌德和她母親的羅曼史。她對那次從前的愛情非常感興趣，它是那麼遙遠（上帝啊，這次愛情發生在貝蒂娜出生以前十三年），所以格外迷人。慢慢地，她想起了她對這位偉大的詩人有些秘密的權利；而且從隱喩的意義上說，（除了詩人還有誰會對隱喩認眞對待呢？）她把自己看作是他的女兒。

男人，大家知道，有一種叫人惱火的習性，那就是逃避做父親的責任，拒付生活費，否認父親的身分。他們不願意承認孩子是任何愛情的結晶，即使孩子並沒有眞正孕育和出生。在愛情的代數學中，孩子是兩個人的神奇的加法的記號。即使這個男人愛上了一個女人但並沒有碰她，他也應該很容易想到他的愛情有很強的生殖力，想到愛情的果實要到兩位戀人最後一次會見以後十三年纔降臨人世。這大概多少就是貝蒂娜在大著膽子前往魏瑪的歌德家裏去以前心中的想法。那是在一八〇七年春天。她那時二十二歲（也就是他追求她母親的年紀），可是她始終覺得自己是個孩子。這種感覺神秘地保護著她，就像童年曾經是她的擋箭牌。

躲在童年這塊擋箭牌的後面，這是她一生中都在施展的詭計。不過她的詭計也就是她的天性，因爲從童年開始，她就在裝孩子玩。她對她的大哥，詩人克萊芒斯・布倫塔諾，始終很有感情，總是高高興興地坐在他的膝頭上。這時候她已經能體味到她作爲孩子、妹妹和渴求愛情的女人的三重感情。難道有誰能把孩子從膝頭上趕走嗎？即使是歌德也做不到。

就在一八〇七年他們首次相遇這一天，她就坐到了他的膝頭上，至少這是她後來這麼說的：她起先坐在歌德對面的沙發上，這時候的氣氛有點兒沉悶，他正談到幾天前剛去世的阿梅利公爵夫人。貝蒂娜說她對此一無所知。「什麼？」歌德吃驚地說，「您對魏瑪的生活不感興趣嗎？」貝蒂娜回答：「除了您以外，我對什麼也不感興趣。」歌德笑瞇瞇地對這個少婦說出了這句命中注定的話：「您眞是一個可愛的孩子。」一聽到「孩子」這個詞，貝蒂娜感到她原來還有一點的恐懼心理全都消失了。「我不想坐沙發。」她突然跳起來說。「那就請隨意坐吧。」歌德說；於是她便跑過去把他緊緊摟住，並坐到了他的膝頭上。和他如此親密相處，她一定感到很舒服；她很快便變得百依百順了。

很難說得淸楚是不是一切順利，或者她是在哄騙我們；即使她是在哄騙我們，那也沒有什麼不好：我們可以因此了解到她想給我們一個什麼樣的形像和她向男人們進攻的方法：和一個孩子一樣，她是那麼肆無忌憚又天眞無邪（聲稱公爵夫人的去世和她毫無關係；感到沙發——在她以前已經有十來位客人感謝不已地坐過的那張沙發——不舒服）；和一個孩子一樣，她跳到歌德身上，摟住他的脖子，坐在他的膝頭上；一直到最後，她成了一個百依百順的孩子。

沒有比裝孩子氣更有利的了：孩子天眞爛漫，缺乏人情世故，可以想幹什麼就幹什麼。他還沒有進入一個講究禮儀的世界，還用不到非循規蹈矩不可；他可以隨時隨地暴露感情，不必考慮是否合適。凡是不願意把貝蒂娜看作是孩子的人都覺得她有點瘋瘋癲癲（有一天，她一時高興，在她的臥室裏跳起舞來，摔了一跤，額頭在桌子角上撞裂了一道口子），沒有教養（在客廳裏，她總是喜歡坐在地上），尤其是裝腔作勢已經成了習慣。相反，那些把她看作是永遠長不大的孩子的人，對她的非常自然的即興表演很感興趣。

歌德被孩子的激情所感動。他送給她一隻美麗的戒指，作爲對自己的青春的回憶。他簡短地在他的記事簿上寫下了幾個字：布倫塔諾小姐。

6

歌德和貝蒂娜這對著名的情人會面過幾次？當年秋天，她又來看他，在魏瑪待了兩天；隨後，一直過了三年，在回到波希米亞(Bohême)的溫泉城市特普利采(Teplitz)作三天的旅遊時，她和也是到那兒去洗溫泉浴的歌德不期而遇。又過了一年，發生了那次命中注定的去魏瑪歌德家的拜訪，在她到達兩星期以後，她的眼鏡掉在地上，摔得粉碎。

那麼他們眞正單獨相處又有幾次呢？三次，四次，不會再多了。他們會面的次數越少，寫信就越多，更確切地說，是她寫給他。她寄五十二封長信，信中用關係密切的人之間纔用的「你」稱呼他，談的全是愛情。可是除了長篇大論的話語以外，事實上卻什麼也沒有發生過，人們不禁要問，他們的羅曼史爲什麼如此有名？

回答是這樣的：他們的羅曼史之所以如此有名，是因爲從一開始便涉及到了愛情以外的其他事情。

歌德很快便猜測到了。當貝蒂娜告訴他說，遠在她到達魏瑪拜訪之前，她已經跟她一樣住在法蘭克福(Francfort)的歌德的老母親非常熟悉了。她想知道有關歌德所有的事情，老太太受到了恭維很高興，一連好幾天對她談她的回憶。貝蒂娜希望跟母親的友誼能爲她迅速打開歌德的大門還有他的心扉。這種計算並不完全正確。歌德認爲他母親對他的寵愛有點滑稽（他從來沒有去法蘭克福看過她）；他還在一個行爲怪誕的女兒和一個天眞幼稚的母親的聯盟中間，嗅出了某種危險。

在貝蒂娜把她從老太太那兒聽來的故事講給他聽時，我可以想像得到，他的感情是相當複雜的。首先，他當然很得意，因爲這個年輕姑娘對他那麼有興趣，她講的事情喚醒了在他腦子裏沉睡的成千個使他陶醉的回憶；可是他很快便發現這些故事不可能是眞的，或者是他在故事中是那麼可笑，因此不應該是眞的。此外，在貝蒂娜的故事中，他整個童年和青年時代都蒙上了一層他所不喜歡的色彩或者含義。倒並不是因爲貝蒂娜想利用這些童年的回憶來攻擊他，而是因爲任何一個人（不僅僅是歌德）都會覺得，根據別人的解釋來敍述自己的生活是使人不舒服的。歌德因此有了一種受到了威脅的感覺：這個在開展浪漫主義運動的年輕知識分子（歌德對他們毫無好感）中成長的年輕姑娘野心勃勃，並已自封為（出於一種近乎厚顏無恥的本性）一個未來的作家。而且有一天，她還曾直截了當地對他說過：她想根據他母親的回憶寫一本書。一本關於他、關於歌德的書！在這個時刻，他在愛情保證的後面隱約看到一支羽筆的挑釁性的威脅，他開始對她有了戒心。

可是，即使他對她存有戒心，他也不讓自己流露出不愉快的情緒。這個女人太危險了，他不能讓自己樹敵，最好是永遠和她友好相處，也不過分親密，，因為任何一個微小的可疑的姿態都會被看作是一種心照不宣的愛情的跡象（在貝蒂娜眼神裏，即使打一個噴嚏，也可以看作是一次愛情的表白），也許會使年輕姑娘更加膽大妄為。

有一天，她寫信給他說：「別把我的信燒掉，也別撕掉；這樣做也會使你遭到不幸，因為我在這信裏表示的愛是與你相連的，是以一種有生命的方式，堅固緊密地與你相連的。可是別把這些信給任何人看，把它們像一種秘密的美一樣藏起來吧。」他見她對她的信的美如此肯定，開始時不由得帶著優越感微微一笑，可是後來聽她說「別把這些信給任何人看」又感到有些納悶。為什麼有這條禁令呢？就好像他原來想把這些信給某一個人看似的！貝蒂娜這句話是用命令式「別給人看」，實際上卻揭示了一種秘密的「給別人看」的願望。他懂得了他那些不時地寄給她的信可能有其他讀者，他看到自己落到了一個受到法官警告的被告的境地：從現在開始，所有您要說的話都可能被用來反對您自己。

於是他盡力在親切和審慎之間開出一條中間道路：在回覆她那些令人心醉的信時，他寄去一些友好而有節制的便條。她用「你」稱呼他，他卻一直用「您」回稱她。如果他們同時在一個城市，他對她表示的完全是父親般的感情，他請她到家裏去，但是他更喜歡有其他人在場。

那麼這究竟意味著什麼呢？

貝蒂娜在一封信中對他說：「我有永遠愛你的堅強意志。」請仔細讀讀這個表面上很平常的句子。在「愛」這個詞以外，還有更重要的「永遠」和「意志」。

我不會遲遲不作解答。這意味的不是「愛」，而是「不朽」。

7

一八一〇年，在他們碰巧相遇於特普利采的三天之中，她向歌德吐露了她馬上要和詩人阿辛・馮・阿尼姆結婚了。她把這件事告訴他時也許有些拘束，因爲她怕他把這種婚姻約定看作是一種海誓山盟的愛情的背叛。她因涉世不深，還想像不到這個消息會使歌德內心有多麼高興。

貝蒂娜一走，他便給克莉斯蒂安娜去了一封信，信中有這麼一句饒有風趣的話：和阿尼姆在一起，是非常保險的。(Mit Arnim ists wohl gewiss)在同一封信中，他高興地發現貝蒂娜「眞的比從前更加漂亮更加可愛了」。爲什麼他會有這樣的感覺呢？有人認爲，歌德深信貝蒂娜有了一個丈夫就不會像以前那樣瘋瘋癲癲了，她那些荒謬的行爲一直妨礙著他平心靜氣地評價貝蒂娜的魅力。

爲了進一步理解當時的情況，一定得提防別忘了一個基本要素：歌德從年輕時代起便是一位風流公子；當他結識貝蒂娜時，他已經有四十年的老經驗了。在這段時間裏，他身上那具引誘女人的機械裝置已經日趨完善；只要稍稍一推，便會開始動作。一直到那時爲止，應該這麼說，在貝蒂娜面前，他總是盡力克制自己，不讓他那具機械裝置轉動。可是當他知道「和阿尼姆在一起，是非常保險的」以後，他便如釋重負地對自己說，從此以後就不必那麼小心翼翼了。

傍晚，她到他的房間裏來找他，始終像個孩子那樣撅著嘴。她面對歌德坐的沙發席地而坐，一面講著一些有趣和荒唐的事情。因爲歌德的興致非常好（「和阿尼姆在一起，是非常保險的」），他俯下身去，摸摸她的臉頰，就像人們撫愛一個孩子一樣。這時候，孩子停止嘮叨，抬起頭來，用充滿要求和完全女性化的慾望的眼睛盯著他。他拉住她的手，拖她起來。好好記住這個場面：他仍舊坐在沙發上，她緊靠著他站著；從窗戶裏望出去，太陽正在西斜。他們相互對視，誘惑的機器開始轉動，歌德聽之任之不加制止。他的眼睛還是盯著她，用比平時稍許低一些的聲音，要她把乳房裸露出來。她沒有說話，也沒有動作，臉漲得緋紅。他從沙發上站起來，把她連衣裙胸口上的鈕扣解開了。她紋絲不動，眼睛盯著他的眼睛；夕陽的淡紅色的返光和她從額頭到肚子的紅潮混在一起。他把手放在她的乳房上問：「有人摸過你的乳房嗎？」「沒有。」她回答，「眞奇怪，你爲什麼要摸我……」她的眼睛始終沒有離開過他。他的手也一直在她的乳房上，眼睛也一直盯著她；實際上，他在久久地、貪婪的觀察一個從來沒有被人摸過乳房的少女的廉恥心。

這差不多是貝蒂娜自己記下來的場面，這個場面很可能沒有任何下文。在他們的吹噓多於色情的故事裏，她像一個惟一的、燦爛的性衝動的珍寶那樣閃閃發光。

8

即使在他們彼此離別以後，在他們身上仍保持著這個迷人時刻的痕迹。在他們會見以後的一封信中，歌德把她叫作最最親愛的女人(allerliebste)。可是他並沒有忘記事情的本質，從下一封信開始，他一面告訴她他已經在著手編寫他的回憶錄《詩與眞》(*Dichtung und Wahrheit*)，一面請她幫助他：他的母親已經不在人世了，沒有人再能回憶起他童年時的情景了。可是貝蒂娜曾和這位老太太相處了很長時間：她把老太太講給她聽的事情都記下來了，她把這些記錄都寄給歌德了。

難道他不知道貝蒂娜也想寫一本有關歌德童年的書嗎？難道他不知道她甚至正在和一位出版商談判嗎？他當然知道！我可以打賭他請她幫助並不是眞正需要她，而是想使她出版關於他的書的計畫化爲泡影。貝蒂娜的身體由於最後一次會見的魔力而變得虛弱起來，又怕自己和阿尼姆的婚事引起歌德的反感，她讓步了。他成功地摘除了她的爆引信，就像摘除一隻炸彈的導火線一樣。

隨後，在一八一一年九月，她由她年輕的丈夫（她身上還懷著他的孩子）陪著，來到了魏瑪。沒有遇到一個過去望而生畏，現在因失去了危險性而不再使人害怕的女人更讓人感到高興的了！可是貝蒂娜雖然已經結婚，已經懷孕，已經不能寫她的書，但她並不認爲自己被摘去了引信，她決不停止鬥爭。希望大家能理解我的意思：不是爲愛情而鬥爭，而是爲不朽而鬥爭。

要說歌德想到不朽，那是他所處的地位所允許的；可是像貝蒂娜這樣一個默默無聞的少婦怎麼也會有同樣的想法呢？當然囉，人們從孩提時開始就想到了不朽。此外貝蒂娜屬於浪漫派作家一代，這些作家從生下來那天起便被死迷惑住了。諾瓦利斯❾(Novalis)沒有活滿三十歲，可是儘管他年輕，唯有死、迷人的死、化成詩的醇酒的死，纔能使他得到靈感。所有的人都活在超越人的認識的、超越自我的境界之中，雙手伸向遠處，伸向他們生命的盡頭、甚至更遠，伸向浩瀚的非存在。就像我說過的那樣，無論「死亡」在什麼地方，它的伴侶「不朽」總是和它在一起，浪漫主義的信奉者厚著臉皮跟它湊近乎，就像貝蒂娜跟歌德湊近乎一樣。

從一八〇七到一八一一這幾年是她生活中最美好的時刻。一八一〇年在維也納。她心血來潮，突然去拜訪了一次貝多芬。所以說，她認識兩個最最不朽的德國人：不但認識最漂亮的詩人，還認識最醜陋的作曲家。她跟他們兩個人調情：這種雙重的不朽使她飄飄欲仙。歌德已經老了(那時候，六十歲的人是被看作老人的)，完全可以死了；貝多芬這時剛四十歲，他不知道要比歌德早五年進墳墓。貝蒂娜蜷縮在他們兩人之間，就像擠在兩塊巨大的黑色石碑中間的一個嬌嫩的小天使。這是很奇妙的景象，歌德的已經掉光了牙齒的嘴，一點也沒有使她看了覺得難受。相反，他越老越吸引她，因爲他越老也越接近死亡、越接近不朽。只有一個已經

---

❾諾瓦利斯（1772-1801）：德國作家。主張恢復中世紀封建制度和天主教會的統治。著有詩作《夜的頌歌》、《守教歌》等。

仙逝的歌德纔能緊緊地握著她的手，領她進入光榮的殿堂。他越接近末日，她越不願放棄他。

所以一直到這個命中注定的一八一一年九月，儘管她已經結婚和懷孕，她的孩子氣卻比過去任何時候更加嚴重；她講話時大喊大叫，坐在地上、桌子上、五斗櫥邊上、分枝吊燈上，爬樹，像跳舞一樣走路，在別人嚴肅地談話時她唱歌，在別人唱歌時她板著臉；並不惜任何代價找機會和歌德單獨相處。據說，那次談話經過基本上是這樣的：

一天傍晚，他們坐在歌德房內的窗戶邊。她開始談靈魂，隨後談星星。這時候歌德抬頭望天，把一顆巨星指給她看。可是貝蒂娜是近視眼，什麼也看不到。他把一架望眼鏡遞給她說：「你運氣很好，這是水星。現在是秋天，我們可以看得很清楚。」但是貝蒂娜心裏在想的是愛情之星，而不是天文學上的星。她把眼睛湊在望遠鏡上，裝作什麼也沒有看見，說望眼鏡的倍數太小。歌德很耐心，又去取來了一架倍數大一些的。她又一次把眼睛湊上去，又一次說她什麼也沒看見。這件事促使歌德跟她談起了水星、火星、各種行星，太陽和銀河。他講了很久很久，講完以後，他請她原諒；她便自己回到她的房間裏去了。幾天以後，在展覽會上，她聲稱那些油畫是荒謬的；而克莉斯蒂安娜唯一的回答是，把她的眼鏡打落在地。

9

打碎眼鏡的那天一是九月十三日，貝蒂娜把這看作是大潰敗的一天。起先她的反應是針鋒相對，在整個魏瑪到處宣揚有一根發瘋的香腸咬了她，可是她很快便懂得了如果她再這樣記恨下去，她就有永遠也見不到歌德的危險，並且還有可能使她對這場不朽者的偉大的愛情變成一個注定要被遺忘的平凡的小插曲。因此她就逼著好心的阿尼姆寫信給歌德，求他原諒他的妻子。歌德沒有回信。這對年輕夫婦離開了魏瑪，到一八一二年一月重又來到；歌德不接見他們。一八一六年，克莉斯蒂安娜去世；不久以後，貝蒂娜寄給歌德一封言辭屈辱的長信。歌德還是沒有理睬她。一八二一年，在他們上次會見以後十年，她又來到魏瑪的歌德的家裏，並見到了歌德；可是歌德一句話也沒有對她說。同年十二月，她又一次寫信給他；還是沒有回信。

一八二三年，法蘭克福的一些市參議員決定爲歌德建造一座紀念性雕像，並把這項任務託付給一個名叫勞赫(Rauch)的雕刻家。貝蒂娜看到了初樣，很不喜歡，她深信命運之神又給了她一個不可多得的機會。雖然她不會畫圖，可是還是親自勾勒出一張塑像的草圖；歌德像一個古代英雄那樣坐著，手裏拿著一把豎琴；在兩個膝蓋之間夾著一個大概是象徵普賽克⑩(Psyché)的小姑娘；詩人的頭髮就像火焰一般。她把這張圖寄給了歌德，產生了一件非常奇怪的事情：他的眼睛裏流出了一滴眼淚！就這樣，在經過十三年離別之後（當時是一八二四年七月；歌德七十五歲，貝蒂娜三十九歲），他在家裏接待了她；雖然有點拘謹，他還是告訴了她，過去的事就算了，不屑和她講話的時代已經過去了。

⑩普賽克：希臘神話中人類靈魂的化身，以少女形像出現。與愛神厄洛斯(Eros)相戀，但愛神不准她窺看他的面容。某夜，她違命持燭偷視，愛神驚醒，從此不見。她到處尋覓，經歷種種苦難，終與愛神重聚，結爲夫婦。

我好像覺得，在這一連串事件之中，兩個主角終於冷靜下來了，相互諒解了：他們兩人知道到底是怎麼回事，大家都知道對方知道些什麼。在畫那個雕像時，貝蒂娜第一次從一開始便毫不含糊地顯示了本質：不朽。她沒有說出這個詞，只是輕輕地接觸了一下，就像拂動一根久久地發出微微的迴響的琴弦。歌德聽到了。起先他很天眞地覺得很得意，可是慢慢地（擦掉了他的眼淚以後）他懂得了其中的眞正含義：她在告訴他，從前那套把戲又在繼續下去了；她沒有被解除武裝；是她在替他裁他的大殮時用的裹屍布，他將被包在這塊裹屍布裏展示給下一代。她在告訴他，他根本沒有辦法阻止她這麼做，想用賭氣的沉默來阻止她更不會起任何作用。他又一次想起了他早已知道的事情：貝蒂娜是可怕的，最好是客客氣氣地提防她。

貝蒂娜知道歌德知道的事情。這可以在他們當年秋季，他們和好以後第一次會見中看出來。她在一封寫給她姪女的信中說：歌德接待她時，起先嘴裏嘰哩咕嚕在抱怨，後來又對她講了幾句親切的話來獲取她的好感。

怎麼會不懂歌德的心思呢！一看到她，歌德便強烈地感受到她在刺激他的神經，對宣告長達十三年的斷交的結束非常惱火。他馬上想開始爭吵，就像要把所有他從來沒有講出過口的訓斥的話全都傾倒在她身上一樣。可是他馬上便忍住了：爲什麼他要這麼眞誠呢？爲什麼要把他心裏想的話告訴她呢？惟一重要的是他的決定：使她不起作用，使她情緒安定，一面提防她。

貝蒂娜說，歌德用各種藉口中斷談話，至少有六次，爲的是到房間隔壁去偷偷地喝酒；這是她後來在他的呼氣中發現的。最後她笑瞇瞇地問他爲什麼要悄悄地喝酒；歌德生氣了。

我對貝蒂娜比對悄悄地喝酒的歌德更感興趣：她的爲人和您我都不同：我們也許會饒有興味地觀察歌德，但一定不會唐突無禮地多嘴多舌。對他講一些別人不可能講的話（「你滿口酒氣！你爲什麼喝酒？你爲什麼悄悄地喝酒？」）是她想和歌德故作親密的方式，是她和歌德正面接觸的方式。在她那種以童言無忌作爲外貌的肆無忌憚的談話中，歌德馬上便認出了十三年以前他決定不再見的貝蒂娜。他一聲不吭地站起來，拿起一盞燈表示談話結束；他要送女客人經過陰暗的走廊到門口去了。

這時候，貝蒂娜在信中繼續說，爲了不讓他走出去，她面對房間跪在門檻上，對他說：「我想看看是不是可能把你關在房間裏，我想看看你是善的精靈還是像浮士德⓫(Faust)的老鼠一樣是惡的精靈。我吻這條門檻，爲這條門檻祝福，因爲每天跨過這條門檻的是最傑出的精靈，也是我最好的朋友。」

那麼歌德的反應呢？根據那封信，他是這麼說的：「我要出去也不會把你踩在腳下，不管是你還是你的愛情；你的愛情對我太珍貴了；至於你的精靈，我要繞著它走(他果然小心翼翼地繞過了跪在地上的貝蒂娜)，因爲你太機靈了，最好跟你好好相處。」

我覺得，這句由貝蒂娜親自放在歌德口中的話，把他們那次會見時歌德想講的而沒有講的話都講出來了：我知道，貝蒂娜，你那張雕像的草圖是一條妙計。我現在老了，不中用了，看到你把我的頭髮比作是火焰（啊，我可憐的稀稀拉拉的頭髮），我非常感動。不過我很快便懂得了：你想讓我看的不是一張圖，而是你手裏一支

⓫浮士德：歐洲中世紀傳說中的人物，學識淵博，精通魔術，爲了獲得知識和權力，向魔鬼出賣自己的靈魂。

要向我未來的不朽射擊的槍。不，我沒有能解除你的武裝。我不要戰爭，我要和平；我除了和平其他什麼都不要。我將小心翼翼地繞過你，不碰到你，我不會緊緊擁抱你，也不會吻你。首先，因爲我沒有這方面的慾望；其次，因爲我知道，所有我做的事情，你都要把它們變成你手槍中的子彈。

10

兩年以後，貝蒂娜又來到魏瑪。她幾乎每天都看到歌德（那時候他七十七歲）；在她那次小住的最後幾天，她想進宮見夏爾—奧古斯特時，又犯了一次她所擅長的不拘小節的錯誤。這時候發生了一件意料之外的事情：歌德勃然大怒。「這隻由我親母親留傳給我的使人難以忍受的牛虻，」他寫信給夏爾—奧古斯特說，「糾纏我們已經很久了。她一直在開一種小小的玩笑，在她年輕時，這種玩笑在某些場合還能討人喜歡，她講起話來像夜鶯一樣，嘰嘰喳喳又像一隻金絲雀。如果殿下恩准，我要像一個嚴厲的叔父那樣，不准她以後再做出任何不合乎禮儀的事情。不然，殿下將永遠避免不了她的煩擾。」

六年以後，她又一次來到他的家裏；可是歌德拒絕接見，把貝蒂娜和牛虻相比成了這個故事裏最後一句話。

有一件很奇怪的事情：自從他收到那張雕像的圖以後，他便給自己立下了要不惜任何代價跟她和好相處的準則。儘管在她一人面前時具有變態反應，爲了和她一起度過一個和好的夜晚，他什麼都幹過了（即使她在他的呼氣中聞到了酒精味）。他怎麼能讓他所有的努力付之東流？他一直留意著不讓自己穿一件弄皺了的襯衣走向不朽，怎麼可能寫出如此可怕的字來「使人難以忍受的牛虻」，這幾個字人們也許在一百年以後、三百年以後還會譴責他，當沒有人再看《浮士德》和《少年維特之煩惱》的時候。

必須懂得生活的鐘面（cadran）：

一直到某個時刻，死亡還是十分遙遠的事情，因此我們對它漠不關心。它是不必看的，看不見的。這是生活的第一階段，最最幸福的階段。

隨後，我們突然看到死亡就在我們眼前，驅也驅不走。它始終和我們在一起。不過既然不朽和死亡就像哈台和勞萊一樣難分難解，那麼我們也可以說，不朽也始終和我們在一起。我們剛發現它的存在，我們便開始不遺餘力地關懷它。我們爲它定做一件無尾長禮服，爲它買一條領帶，生怕由別人來爲它選擇上裝和領帶，選擇得不好。這就是歌德決定寫他的回憶錄《詩與眞》的時候，也是他邀請忠心耿耿的埃克曼（Eckermann）到他家裏來（奇異的巧合：這件事也發生在貝蒂娜爲他的雕像畫草圖的一八二三年），允許他寫《歌德談話錄》的時候；這個談話錄也是一幅在畫中人親切的監督下畫成的美麗的肖像畫。

在這個人睜眼便看見死亡的生命的第二階段以後，便是最最短暫、最最秘密的生命的第三階段；關於這個階段的事情，人們所知甚少，而且並不談及。人的精力衰退，勞累不堪，氣息奄奄。勞累是從生命之岸通向死亡之岸的無聲的橋樑。死亡近在咫尺，人已懶得再去看它了；像從前一樣，它是不必看的，看不見的。不必看的，就像一些司空見慣、屢見不鮮的東西一樣。疲憊的人從窗戶看出去，注視著一棵棵樹的葉子，他心中在默誦這些樹的名字：栗樹、楊樹、槭樹。這些名字就像它們代表的東西那麼美。楊樹高大挺拔，就像一個舉臂向天的運動員；也可以說像一股凝定了的竄向天空的火焰。楊樹，啊，楊樹。不朽是一種微不足道的幻想，一個空洞的字眼，一絲人們手持捕蝶網追趕的氣息，如果我們把它和疲憊的老人看到的窗外的美麗的白楊樹相比的話。不朽，疲憊的老人根本不再去想它了。

這個疲憊的老人看著窗外的楊樹，突然有人通報說有個女人要見他；就是那個想繞著桌子跳舞，跪在門檻上詭辯的女人。他將怎麼辦呢？他突然恢復了生氣，帶著一種難以形容的喜悅，把她叫作 leidige Bremse，使人難以忍受的牛虻。

我想著歌德在寫「使人難以忍受的牛虻」的時刻。我想著他所感受到的喜悅；我相信，在他腦子突然清醒的一刹那間，他懂得了：他從來沒有按照自己的意願行動過。他把自己看作是他的不朽的代理人；這種責任心使他失去了本性。他從前很怕做出什麼荒謬的事情，可是心裏卻受到它們的誘惑；如果他有時也做了一些荒謬的事情，過後他總是想減輕它們的影響，以免背離那種他有時候視作爲美的溫情脈脈的中庸之道。「使人難以忍受的牛虻」這幾個字和他的著作、和他的生活、和他的不朽，都是不相配的。這幾個字，純粹來自於自由。只有一個已經到了生命第三階段，不再代理他的不朽並不把它當作一件嚴肅的事情來對待的人，纔能寫出這幾個字來。很少有人能到達這個極限，可是凡是能到達的人都知道，眞正的自由就在那裏，而不在任何別的地方。

這些念頭穿過了歌德的頭腦，可是他一下子便忘記了；因爲他已經是一個疲憊的老人，他的記憶力已經衰退了。

11

我們還記得：她第一次來看他時裝作是個小姑娘。二十五年以後，一八三二年三月，當她獲悉歌德病危時，她馬上派了一個孩子——她的兒子西格蒙德（Sigmund）——到他家裏來。這個生性靦腆的十八歲的小伙子根據他母親的安排，在魏瑪待了兩天，根本不知道究竟是怎麼回事。可是歌德知道：她把兒子像大使般急匆匆送來，爲的是讓他一看見這個孩子心裏就明白，死神已在門後跺脚，從此以後，歌德的不朽將掌握在貝蒂娜的手中。

接著，死神把門打開了，歌德和它爭鬥了一個星期以後，於三月二十六日去世。幾天以後，貝蒂娜寫了一封信給歌德的遺囑執行人米勒（Müller）大法官說：「歌德的去世的確給我留下了難以磨滅的深刻印象，但這不是一種悲傷的印象；我不能用語言來正確表達，可是我相信，如果說這是一種光榮的印象，那就非常接近我的本意。」

我們要好好注意貝蒂娜這個精確的說法：不是悲傷而是光榮。

不久以後，她又要求這同一位米勒大法官把所有她以前寫給歌德的信都寄還給她。在重讀這些信以後，她有一種失望的感覺：整個故事還只不過是一個草稿，當然是一部巨著的草稿，可是僅僅是個草稿，而且是個不完整的草稿。一定得開始工作：這項工作經歷了三年：她修改，重寫，補充。如果說她對自己寫的信不滿意，那麼歌德寫的信就更使她灰心失望了。在重讀那些信時，她感到自己被它們的簡短、含蓄甚至荒謬所刺傷了。就像他眞的把她當作小孩一樣，他經常把他的信寫成像是給女學生念的有趣的課文。因此她不得不改變語氣：「我親愛的女朋友」變成了「我親愛的心」；他對她的訓斥都被一些親切的附加語緩和了語氣，另外一些附加語會使人體味到貝蒂娜在被迷惑的詩人身旁起了如何的激發靈感的作用。

對這些信，她使用了更加徹底的辦法：乾脆重寫。不，她沒有改變語氣，語氣是正確的。可是她改變了日期（爲了掩蓋他們通信中出現的也許會揭穿他們的感情的穩固性的長時間的停頓狀態），她刪掉了很多她認爲不合適的段落（譬如她請求歌德不要把她的信給別人看），她另行發揮，使被描寫的情況更富有戲劇性，使她對政治和藝術的意見更加深刻，尤其當問題涉及音樂和貝多芬的時候。

她到一八三五年把這本書寫完，出版時的書名爲《歌德和一個女孩子的通信》（*Goethes Briefwechsel mit einem Kinde*）。直到一九二九年原信被發現並出版以前，沒有任何人對貝蒂娜的信的眞實性表示過懷疑。

唉，爲什麼她沒有及時把這些信付之一炬呢？

請您設身置地考慮一下：燒毀一些珍貴的私人文件不是一件容易的事情：這就像是要您自己承認您的日子已經不長，明天就要死了。所以您就日復一日地把消毀的時間拖延下去，一直到有一天發現已經來不及了。

人們指望不朽，可是忽視了死亡。

12

幸好我們這一世紀的最後階段給了我們評價的時間，也許我們敢於這樣說：歌德這個人物正好位於歐洲歷史的中間。歌德是絕妙的正中的一點，中心。中心，決不是痛惡走極端的懦夫，而是歐洲前所未有的能保持兩端完美平衡的牢固的中心。歌德在他年輕時還在學習煉金術，可是後來又變成了現代科學的先驅者。他是最偉大的德國人，同時又是不愛祖國的歐洲人；作爲一個世界主義者，他卻幾乎不離開他那個省——小小的魏瑪；他是自然的人，同時又是歷史的人。在愛情方面，他既是放蕩的，又是浪漫的。而且還有：

我們還記得待在像患了小兒舞蹈病的蹦蹦跳跳的電梯內的阿湼絲。儘管她是控制論的專家，卻弄不懂這架機器的技術腦袋中究竟發生了什麼事，就像她每天都遇到的所有東西（從放在電話機旁邊的小電子計算機到洗碗機）的機械裝置一樣奇怪和難以理解。

而歌德就曾生活在這個短暫和唯一的歷史時刻，在這個時刻，技術水平已經能提供一定數量的起居設備，可是在這個時刻的有文化的人還知道他周圍的所有的工具的性能。歌德知道房子是用什麼造的，怎麼造的，油燈爲什麼發光，他懂得他的望遠鏡中的機械結構。他大概不敢做外科手術，可是因爲他曾觀看過幾次，所以他在和替他治病的醫生交談時很投機，就像也是個內行一樣。所有的技術產品對他來說都是可以理解的，是透明的。這就是歐洲歷史中間的偉大的歌德式的一分鐘，這一分鐘將留給被關在一架跳跳蹦蹦的電梯中的人心上一個懷舊的創傷。

貝多芬的事業開始於偉大的歌德式的一分鐘結束的時刻。世界逐漸失去了它的透明度，變得模糊不清，變得不可理解，衝進了不可知的泥潭。至於被出賣的人則逃進了自己的內心世界，陷入了懷舊、夢幻、反抗；他被在他心中響起的痛苦的聲音所震驚，再也聽不到外界的呼喚聲了。內心的呼喚，對歌德來說，是一種不可忍受的噪音。他憎惡聲音，這是衆所周知的。他甚至不能容忍遠處花園深處的狗吠聲。據說他不喜歡音樂；這不是事實。他不喜歡樂隊，他熱愛巴哈；巴哈還把音樂想作是一些獨立而清晰的聲音的透明的音色。可是在貝多芬的交響樂中，各種獨特的聲音融化成一種渾濁的哭喊聲。歌德受不了交響樂的吼叫，同樣受不了靈魂的悲泣。貝蒂娜的伙伴曾看到過天才的歌德眼中的厭煩情緒；他捂著耳朵觀察他們。因此他們不能原諒他，把他當作一個靈魂、反叛和感情的敵人那樣攻擊他。

作爲詩人布倫塔諾的妹妹，詩人阿尼姆的妻子，貝多芬的崇拜者，一個浪漫主義家庭的成員，貝蒂娜成了歌德的女朋友。她這種地位是獨一無二的：她是兩個王國的主宰。

她的書是作爲一種對歌德的無限敬意而問世的。她所有的信都僅僅是一支爲他而唱的情歌。就算這樣吧；可是因爲大家都知道歌德夫人曾經把貝蒂娜的眼鏡打落在地，也就是說，歌德可恥地背叛了熱戀他的姑娘，所以這本書同時又是（而且更加可以看作是）對詩人的愛情生活的訓斥。詩人面對的是偉大崇高的感情，可是他的行動卻像是一個懦怯的書呆子，爲了求得可憐的夫妻間的安寧，不惜犧牲了他的激情。貝蒂娜的書既是一種敬意，又是一頓臭罵。

13

就在歌德去世那一年，貝蒂娜在一封寫給她朋友赫爾曼・馮・皮克勒—穆斯科(Hermann von Püekler-Muskau)伯爵的信中講了一件發生在二十年前一個夏天的事。據她說，這件事是貝多芬親口告訴她的。一八一二年(也就是打碎眼鏡那個凶年的下一年)，貝多芬來到卡爾斯巴德(Karlsbad)小住幾天，在那裏他第一次遇見歌德。他們正沿著一條林蔭道一起散步，突然看到皇后出現在他們面前，還有陪伴她的家屬和宮廷人員。一看到這個行列，歌德不再聽貝多芬講話，站住了；他閃在一旁，脫下了帽子。貝多芬卻把自己的帽子往下拉了拉，皺了皺他又長又濃的眉毛，毫不減速地朝那些貴族走去；那些貴族倒是站定了，讓他過去，並向他致敬。隨後他纔回過身來，等待歌德，並向歌德談了他對他這種奴性舉止的想法。他像訓斥一個毛孩子那樣訓斥歌德。

這個故事是不是眞的發生過？是不是貝多芬揑造的？是全部揑造還是部分揑造？或者是貝蒂娜添枝加葉改編的？或者全都是她一個人創造出來的？這件事永遠也弄不清楚了。不過可以肯定的是，在寫這封信給赫爾曼・馮・皮克勒時，她完全懂得這個故事的難以估量的價值，惟有這個故事纔能揭露他和歌德的戀愛史的最最深刻的意義。然而，怎麼才能使這封信讓大家知道呢？在這封信裏，她問赫爾曼・馮・皮克勒：「你對這個故事感興趣嗎？你能利用它嗎(Kannst Du sie brauchen?)？」馮・皮克勒沒有利用這封信的意圖，於是她首先提出了出版她和伯爵之間通信的計畫，後來終於找到了最好的解決辦法：一八三九年，在〈雅典文藝〉(Athenaum)雜誌上，她發表了貝多芬親自把這個故事告訴她的信！那封寫於一八一二年的原信從來沒有找到過，只剩下了貝蒂娜手寫的抄件。有幾個細節（譬如說寫這封信的正確日期）表明貝多芬從來沒有寫過這一封信，或者至少他從來沒有寫過像貝蒂娜抄下來的那樣一封信。但是不管這封信是僞造的還是半僞造的，這個故事馬上變成衆所周知的了，迷惑了所有的人。突然，一切都清楚了。如果說歌德寧願不要偉大的愛情，而要一根香腸，這不是偶然的：貝多芬是一個具有叛逆性格的人，他帽子戴得緊緊的，反抄著手往前走；歌德是個奴性的人，他讓在大路的一側，點頭哈腰。

14

貝蒂娜學過音樂，甚至還寫過幾首曲子，因此她能夠懂得貝多芬的音樂中的新和美的東西。不過我要提一個問題：貝多芬的音樂是靠什麼征服她的？是靠音樂本身？靠它的音符？還是靠它所代表的東西——它的與貝蒂娜和她這一代的態度以及思想的相似之處？總之，對藝術的愛，不論今天還是過去，究竟是否存在過？會不會是一個幻想？當列寧(Lénine)宣稱他喜愛貝多芬的鋼琴奏鳴曲《熱情》高於一切時，他究竟愛的是什麼？他的話是什麼意思？是指音樂嗎？還是指一種使他想起他那熱愛鮮血、博愛、正義以及專制的靈魂的聲勢，其浩大運動的崇高喧鬧聲？他所指的是音樂呢？還是僅僅是聽任自己被音樂帶入與藝術和美毫無共同之處的夢幻？不過我們還是回過頭來談貝蒂娜吧：她被貝多芬吸引是因爲他是個音樂家呢？還是因爲他是個反歌德的名人？她愛他的音樂是出於一種像使我們依戀於某種不可思議的隱喩，對一幅油畫上兩種色彩的結合的愛呢？還是出於一種使人加入一個政黨的征服者的激情？不管怎麼樣（我們永遠也不會知道究竟是怎麼回事），貝蒂娜把一個緊緊地戴著帽子往前走的貝多芬的形象提供給了全世界：這個形象從此便獨個兒年復一年地往前走。

一九二七年，貝多芬逝世後一百年，一本德國雜誌《文學世界》(Die literarische Welt)要求幾個最有名的作曲家明確指出貝多芬在他們心目中所佔的地位。編輯部怎麼也想像不到對這個帽子戴得緊緊的人死後的民意測驗會有這樣的結果。奧里克⑫(Auric)，六人小組的成員，以他所有朋友的名義發表了一個聲明：貝多芬和他們根本無關，他們甚至懶得去否定他。但願有一天他能重見天日，恢復名譽。被排斥！成爲笑柄！雅那切克⑬(Janacek)也斷言他對貝多芬的作品從來不感興趣。而拉威爾⑭(Ravel)則總結性地說：他不喜歡貝多芬，因爲他的光榮並不建立在他的音樂上——他的音樂顯而易見也是不完美的，而是建立在他傳記中的一個不眞實的傳說上。

⑫奧里克（1899-　），法國作曲家，作品有《水手》、《費德爾》等。

⑬雅那切克（1852-1928）：捷克斯洛伐克作曲家。作有歌劇十部，以《養女》（即《耶奴發》）爲其代表作。

⑭拉威爾（1875-1937）：法國作曲家。主要作品有管弦樂《西班牙狂想曲》、《波麗露》、《鵝媽媽組曲》等。

一個不眞實的傳說。那就是說，他的光榮建立在兩頂帽子上面：一頂帽子低低地一直蓋到濃濃的眉毛上，另外一頂被一個低首下心的人抓在手裏。魔術師們喜歡擺弄帽子，他們把東西放在帽子中變走，或者從帽子裏變出向天花板飛去的鴿子。貝蒂娜從歌德的帽子裏變出象徵他的奴性的醜惡的鳥；在貝多芬的帽子裏，她把他所有的音樂都變走了（當然並非出於她的本意）。她把第谷•布拉赫和卡特的命運（一種可笑的不朽）留給了歌德。可是可笑的不朽一直在窺視著我們所有的人；對拉威爾來說，把帽子一直戴到眉毛上面往前走的貝多芬要比深深地鞠躬的歌德可笑得多。

因此，即使有可能製造不朽，預先塑造它，配製它，最後的結果也絕不會和原先計畫的完全一樣。貝多芬的帽子變成了不朽的；在這一點上來講，計畫成功了。可是這頂不朽的帽子將會具有什麼意義，是誰也不能預見的。

15

「您知道，約翰，」海明威說，「我也逃不過他們無窮盡的指責。他們不是看我的書，而是寫關於我的書。就好像我不愛我的前後幾個妻子；我對我的兒子關心不夠；我對某個批評暴跳如雷；我不夠眞誠；我目中無人；我是個強壯漢子；我自吹在戰爭中受傷二百三十處，實際上祇有二百零六處；我有手淫的惡癖；我對母親蠻橫無理。」

「這就是不朽，有什麼辦法呢，」歌德說，「不朽是一種永恒的訴訟。」

「如果不朽是永恒的訴訟，那就必須要有一位眞正的審判官！而不應該是一個手執撣衣鞭的鄉村女教師。」

「鄉村女教師手中揮舞的撣衣鞭，這就是永恒的訴訟！您還有什麼其他的想像，埃內斯特。」

「我什麼也不想像。我祇希望在我死後可以清靜一些。」

「您爲了成爲不朽已經竭盡全力了。」

「廢話！我寫了一些書，就這些。」

「就是嘛！」歌德放聲大笑說。

「讓我的書成爲不朽，我決不反對。我這些書寫得別人改不了一個字。我盡我所能讓它們能經受各種考驗。可是作爲一個人，作爲埃內斯特．海明威，卻對不朽一屑不顧！」

「我理解您，埃內斯特。可是在您活著的時候本應該更謹愼一些。從今以後，沒有什麼大事情可幹了。」

「更謹愼些？這是隱射我吹牛吧？不錯，在我年輕的時候，我是最受人注目的人物，我嘩衆取寵，我對到處有人談論我感到很得意。可是請相信我，不管我有多麼虛榮，我不是一個魔鬼，我從來未想到過不朽！在我知道不朽在窺探我時，我簡直嚇壞了。我無數次地勸人們別介入我的生活。可是我越勸，情況就越糟。我跑到古巴去避開他們。在授予我諾貝爾獎金時，我拒絕到斯德哥爾摩(Stockholm)去。我纔不把不朽放在眼裏呢，我對您說；我甚至還可以對您說，在我確切知道它已經把我緊緊地摟在懷裏時，我對它的厭惡程度甚至超過了對死亡的厭惡。人可以結束自己的生命但是不能結束自己的不朽。一旦它把您弄到它的船上，您就永遠下不來了，即使您像我一樣開槍打自己的腦袋，您還是留在它的船上，連同您的自殺也一起留下了。這是令人厭惡的，令人非常厭惡。我死了，躺在甲板上，我看到我四個妻子蹲在我的周圍，一面在寫所有她們知道的關於我的事情，在她們身後是我的兒子，他也在寫。還有格特魯德・施泰因(Gertrude Stein)這個老巫婆，也在那兒寫；還有我所有的朋友都在那兒講述他們聽到過的有關我的各種流言蜚語；他們身後還擠著一百來個對著話筒的新聞記者；在美國所有的學校裏面，有一大批教授在把所有這一切分門別類，分析，發揮，寫出幾千篇文章和幾百本書。」

16

海明威渾身發抖，歌德抓住他的手說：「埃內斯特，請別激動。請別激動，我的朋友。我理解您。您講的事情使我想起了一個夢；就是我上一次做的夢，從那以後我便沒有別的夢，或者是只做過一些亂七八糟的我已記不清楚的夢。請想像一下，在一個演木偶戲的小劇場裏。我在後臺替木偶牽線，親自背誦劇本。演的是《浮士德》，我的《浮士德》。順便說說，您知不知道，《浮士德》最適宜在木偶劇場上演？因此我對舞臺上沒有演員，並能親自背誦那些這一天顯得特別美的詩句感到非常高興。後來，我突然往場子裏瞥了一眼，發現場子裏竟然空無一人；這使我十分沮喪。觀眾到哪裏去了呢？我的《浮士德》難道就這麼使人厭倦，以致大家都走掉了？甚至不屑於向我喝幾聲倒彩？我不知所措，向四周望望，猛然間又嚇了我一跳：我原來指望在場子裏看到的人都跑到後臺來了！他們眨著眼睛，好奇地在打量我。我們的目光一接觸，他們便開始鼓掌。這時我纔曉得他們想看的是什麼：不是木偶，而是我！不是《浮士德》，而是歌德！這時候我感到非常厭惡，很像您剛才講到的那樣。我感到他們想要我講些什麼可是我講不出來，我感到嗓子發緊。我扔下了誰也不在看的燈光明亮的舞臺上的牽線木偶。我試著保持某種尊嚴的神態，一言不發地走向衣帽架去取下我的帽子，戴在頭上，根本不去理睬那些好奇的人，逕自走出劇場回家：我不左顧右盼，尤其不往後面看，因爲我知道他們跟在我後面。我轉動鑰匙，打開我家裏的沉重的大門，隨後馬上把身後的門砰一聲關上了。我點燃油燈，用顫抖的手拿著它，走到我書房裏的礦物收藏櫃前面，想去忘掉我這次倒楣的經歷。可是我剛把燈放在桌子上，我的眼睛便不由得往窗外望去：我看到他們擠在一處的一張張臉。這時我知道我永遠也擺脫不了他們了，永遠也不能了。他們的眼睛都瞪得大大的看著我的臉，我知道這是因爲我的臉被油燈照亮了。我把燈吹滅，不過我心裏知道這是一個錯誤：他們從此便知道我在躱他們，我感到害怕了：他們的行動將變本加厲。這時候，我心中的恐怖壓倒了理智，我奔進臥室，拉起被單蓋在自己的頭上，我就這樣待在房間的角落裏，緊緊地貼著牆壁……」

17

海明威和歌德在彼世的路上走遠了，您一定要問我，我是怎麼會想到把他們兩人拉到一起來的。還能想像出更專橫的一對嗎？他們毫無共同之處！那又怎麼樣呢？您倒是說說看，歌德在彼世會喜歡跟誰在一起度過時光呢？跟赫爾德⓯(Herder)嗎？跟荷爾德林⓰(Holderlin)嗎？跟貝蒂娜嗎？跟埃克曼嗎？您還記得阿涅絲嗎？還記得她一想到死後一定得永遠聽她每次在三溫暖浴室聽到的那些女人的同樣的喧鬧聲便感到厭惡嗎？她既不想跟保羅也不想跟布麗吉特重新會面！爲什麼歌德希望死後和赫爾德相見呢？我甚至敢說，他甚至連席勒也不願再見。當然囉，這件事在他活著時是他永遠也不會承認的，因爲如果他一生中連一個偉大的朋友也沒有，那似乎也太可憐了。席勒當然是他最親密的朋友，可是「最親密」的意思是比所有其他人更親密；而所有其他人，坦率地說，都不能算是他親密的人。這都是些他同時代的人，並不是他挑選的；即使席勒也不是他挑選的。當有一天他弄明白，整整一生，這些人都要圍著他轉，他不由得心裏很難過。有什麼辦法呢，一定得忍受。那麼他死後怎麼還會想和他們經常見面呢？

所以這完全出於一種純粹是無私的愛，我纔替他想像出這樣一個伙伴：這個伙伴比較容易征服他（如果您已經忘了，那我就提醒您，歌德生前對美國很感興趣），這個伙伴不會使他想起在他生命的最後幾年控制了

⓯赫爾德（1744-1803）：德國思想家、作家。狂飈運動的理論指導者。著有《關於近代德國文學片斷》、《批評之林》等。

⓰荷爾德林(1770-1843)：德國詩人。寫有書信體小說《許佩里昂》，詩作《自由頌歌》、《致德國人》、《爲祖國而死》和《希臘》等。

整個德國的臉色蒼白的浪漫主義小集團。

「您知道，約翰，」海明威說，「做您的伙伴對我來說是一個很大的榮幸。在您面前，所有的人都戰戰兢兢，畢恭畢敬，以致我的幾個妻子，甚至格特魯德•施泰因這個老太婆都對您敬而遠之。」接著他又笑著說：「除非她們是由於您這身奇裝異服纔避開您的！」

爲了使海明威這句話能讓大家聽懂，我要說明一下，那些不朽者在彼世散步時，有權在他們生前所有的外貌中挑選一個他所偏愛的外形。歌德挑了一個他最後幾年私生活中的一個形象；這個形象除了他幾個近親以外誰也沒有見過：爲了避免陽光刺眼，他在前額上套了一個綠色的、透明的遮光帽檐，用一根細繩固定在他的頭上；他脚上穿著拖鞋；爲了避免著涼，脖子上圈了一條五顏六色的大披巾。

聽到海明威講到他這身奇裝異服時，歌德像聽到了對他的高度頌揚一樣，高興地笑了起來；隨後他俯身對海明威低聲說：「我是爲了貝蒂娜纔打扮得這樣奇形怪狀的。不管她走到哪兒，她都要訴說她對我的巨大的愛情。所以我想讓大家看看她愛的是怎麼樣一個人！現在只要她遠遠地看見我，便會拔脚逃走。我知道，如果她看見我打扮成這副模樣在散步，一定會氣得跺脚；我牙齒掉完了，頭髮禿光了，眼睛上還套著這個令人發笑的玩意兒。」

第三部　鬥爭

姐妹

我聽說是國家電臺，因此它不播送廣告，只是用最新的陳腔濫調輪流播放新聞和評論。旁邊的電臺是私人的，廣告代替了音樂，可是那些廣告同樣也是陳腔濫調，以致我永遠也搞不清楚聽哪個電臺好，更何況我正處於似睡非睡的狀態之中。我在矇矓之中知道了自從戰爭結束以來，在歐洲的公路上已經死了二百萬人了，法國的年平均數是死一萬，傷三十萬；整整一支缺胳膊少腿，又聾又瞎的大軍。議員貝特朗·貝特朗（這個名字像搖籃一樣美麗）被這個統計數字激怒了，他建議採取一項絕妙的措施；可是這時候我又睡著了，一直到半個小時以後我又聽到了同一條新聞：名字像搖籃一樣美麗的議員貝特朗·貝特朗向議會提出了一個禁止爲啤酒做任何廣告的方案。這個方案在議會中引起了軒然大波，遭到很多議員的反對；這些議員得到電臺和電視臺代表的全力支持，因爲這項禁令將會使他們失去大量經濟收入，接下來我聽到了貝特朗·貝特朗本人的聲音：他談到了對死亡的戰鬥和爲生命的鬥爭……「鬥爭」這個詞，在他短短的講話中重複了五次，使我想起了我古老的祖國，布拉格：紅旗、標語，爲幸福而鬥爭，爲正義而鬥爭，爲未來而鬥爭，爲和平而鬥爭。爲和平而鬥爭，直至大家消滅大家，當然還要加上捷克人民的智慧。可是我又睡著了（每次講到貝特朗·貝特朗的名字，我便覺得有一陣睡意向我襲來），我聽到的是一篇有關園藝的評論；我旋到旁邊一個電臺。那個電臺裏正在講貝特朗·貝特朗和不准爲啤酒做任何廣告的禁令。我的腦子慢慢地清晰起來了：人們乘著車子相互殺戮，就像在戰場上一樣，可是我們不能禁止汽車，因爲汽車是現代人的驕傲。有一部分車禍應歸咎於喝醉的司機，可是我們不能禁止葡萄酒，因爲葡萄酒是法國自古以來的光榮。一部分醉漢飲的是啤酒，可是啤酒同樣不能禁止，因爲這會破壞有關自由貿易的國際條約。一部分喝啤酒的人在廣告活動的刺激下縱情作樂，這終於揭示了敵人的致命弱點：勇敢的議員決定拿起武器！貝特朗・貝特朗萬歲，我心裏想著，可是因爲這個名字對我有一種搖籃的作用，我馬上便睡著了，一直睡到耳邊響起一個熟悉的聲音，一個軟綿綿的迷人的聲音，是的，是播音員貝爾納的聲音；因爲今天除了一些老新聞以外沒有什麼其他新東西，他講了這麼一件事：昨天夜裏有一個年輕姑娘背朝著汽車駛來的方向坐在車行道上。三輛車子，一輛接一輛地，在最後一刻想避開她時衝進了溝裏，死傷了好幾個人，這個想自殺的姑娘看到自己未能達到目的，站起來走了，沒有留下任何踪跡；關於她的存在是根據後來從傷者收集來的證詞中知道的。這條新聞嚇得我再也睡不著了。我只能起床吃早飯，坐在我的打字機前面。可是我很久很久不能集中思想，我總是看到這個在大路上額頭埋在兩個膝蓋之間蜷縮成一團的年輕姑娘，我聽到了從溝裏傳來的呼救聲。我一定得盡力驅走這個形象纔能繼續寫我的小說；如果您沒有忘記，我的小說是從游泳池旁邊寫起的，我正在等待阿弗納琉斯教授，突然看到一個陌生女人在向她的游泳教練揮手致意。這個手勢我們在阿涅絲向她的靦腆的同學告別時又一次見到過。每次她有朋友送她回來到柵欄門前時，她都要做這個手勢。小洛拉躲在一叢灌木後面等待她姐姐歸來，她想偷看他們接吻，隨後目送阿涅絲登上臺階走向屋門。她等待著阿涅絲回頭向空中揮舞手臂的時刻。對這個小姑娘來說，這個舉動不可思議地包含著她還一無所知的對愛情的模糊的概念，並永遠和她溫柔迷人的姐姐的形象連接在一起。在阿涅絲突然撞見洛拉學著這個手勢向她的小朋友們告別時，她對這個手勢產生了反感，決定從此以後在向她的朋友們告別時不再做任何手勢。這個關於手勢的簡短的故事使我們能認清兩姐妹之間的關係：妹妹學姐姐的樣，把雙手向她伸去；可是姐姐總是在最後一刻避開她。

阿涅絲在拿到中學畢業會考證書以後，便去巴黎繼續深造。洛拉抱怨她撇下了她們兩人都喜愛的故鄉景色，可是她在中學畢業以後也到巴黎繼續學業去了。阿涅絲致力於數學。畢業以後，大家都預言她將會在科學領域裏有一個光輝的前程；可是阿涅絲沒有繼續做研究工作，卻嫁給了保羅，接受了一份普通的差事，雖然報酬豐厚，卻沒有什麼光榮的前景。洛拉為此感到沮喪，決定在進了音樂戲劇學院以後要彌補她姐姐的失敗，要出人頭地，揚名天下。

一天，阿涅絲把保羅介紹給她。就在他們相遇時，洛拉聽到有一個看不見的人對她說：「這纔是一個男子漢！眞正的，唯一的男子漢。是一個舉世無雙的男子漢。」這個看不見的講話的人是誰呢？會不會是阿涅絲自己？是的，是她向她的妹妹指明了道路，可是又擋住她。

阿涅絲和保羅對洛拉非常親切，關懷備至，使她感到在巴黎姐姐的家中就像在自己的故鄉一樣。她就待在這樣的家庭氣氛中，她感到很幸福，可是也不無惆悵：她唯一能愛的男人卻同時是唯一不准她愛的男人。在她和這對夫妻共同生活時，喜悅和悲傷交替出現。她沉默不語，眼睛往前方直視；這時候阿涅絲捏著她的手說：「妳怎麼了，洛拉？妳怎麼了，我的小妹妹？」有時候，在她同樣的心情激動的情況下，握住她手的是保羅；於是他們三人都沉浸在由各種感情組成的給人快感的氣氛之中：友誼和愛情，同情和肉慾。

後來她結婚了。阿湼絲的女兒布麗吉特十歲那一年，洛拉決定奉獻一個表弟或者表妹給她。她要她的丈夫讓她懷上孩子，他很輕鬆地便完成了任務；可是結果卻使人苦惱。洛拉流產了，醫生們警告她說，如果她不接受外科大手術，她以後不可能再有孩子了。

墨鏡

阿湼絲在上中學時便熱中於戴墨鏡。要說她戴墨鏡是爲了保護眼睛不受陽光照射，還不如說她是想顯得漂亮和莫測高深。墨鏡成了她的癖好：就像某些男人的壁櫥裏放滿了領帶，某些女人的首飾盒裏裝滿了戒指一樣，阿湼絲專門收集墨鏡。

至於洛拉，她從流產的第二天起便戴上了墨鏡。那時候，她幾乎總是戴墨鏡，她在朋友面前的藉口是：「請別埋怨我，我哭得眼睛腫了，不戴眼鏡不能出門。」從此以後，墨鏡對她來說就表示哀傷。其實她戴墨鏡不是爲了掩蓋她的眼淚，而是要讓人知道她在流淚。墨鏡變成了她眼淚的代替物，比眞正的眼淚具有更多的優越性：它不會損傷眼皮，不會使眼睛紅腫，而且使用方便。

讓洛拉愛上墨鏡的也是阿湼絲。此外，眼鏡的故事還表明了兩姐妹的關係不僅僅侷限於妹妹模仿姐姐。妹妹模仿姐姐，是的，可是她還在改進：她給予墨鏡一種更加深刻的內容，一種更加嚴肅的意義，可以使阿湼絲的墨鏡自愧勿如，無地自容。當洛拉戴墨鏡出現在人們面前時，總是說明她心中有苦惱的事情：並使阿涅絲覺得爲了表示謙遜和體貼，他還是把自己戴的墨鏡除下爲好。

墨鏡的故事還揭示了其他事情：阿涅絲顯得好像是命運之神的寵兒，洛拉則恰恰相反。兩人最後都相信她們在命運面前是不平等的，這也許使阿涅絲比洛拉更感不安。「我的小妹妹很愛我，可是她運氣不好。」她說。所以她非常高興地歡迎洛拉到巴黎來，把保羅介紹給她，並要求保羅照顧她；所以她趕走了附近一個討人喜歡的攝影師讓洛拉住進去；所以她一看到洛拉似乎心情不好便請她到自己家裏來。可是她這是白花力氣；偏心的命運之神一直對她青睞有加，對洛拉總是另眼相看。

洛拉很有音樂才能，彈得一手好鋼琴，可是她一心要去音樂戲劇學院學習的卻是唱歌。她說：「當我彈鋼琴時我覺得我面對的是一個奇怪而懷有敵意的東西；音樂不屬於我，而屬於我面前的黑色的樂器。在我唱歌時情況相反，我的身體變成了管風琴，我便變成了音樂。」不幸的是她唱歌的聲音太輕，最後失敗了，不過這不是她的過錯。她未能成爲獨唱演員；後來她在音樂方面的野心降低到參加一個由業餘愛好者組成的合唱團，每星期演唱兩次，唱的都是些老調。

她抱著滿腔誠意結成的婚姻，在六年以後，也垮掉了。雖然她富有的丈夫已留給她一個漂亮的公寓和一筆爲數可觀的津貼，她可以用這筆錢買下一間皮貨店，她還有使人吃驚的經營才能，但是這種成功離她原來的精神和感情上的要求實在太遠了。

離婚以後，她換了幾個情夫，獲得了一個多情的情婦的名聲，裝作把她的愛情當成是一個十字架。「我的生活中有很多男人。」她經常這麼說，語氣沉重而憂鬱，就像在怨天尤人一樣。

「我羨慕妳。」阿涅絲回答說：而洛拉卻戴上了墨鏡，表示她心裏不痛快。

她童年時看到阿涅絲在花園柵欄門旁邊向她的朋友們揮手告別的情景，使她對姐姐一直保持著崇敬的心情，所以在她知道她姐姐放棄科學研究工作時，她的沮喪情緒溢于言表。

「妳有什麼可以責備我的呢？」阿涅絲爲自己辯護說：「妳不去歌劇院唱歌，而去賣皮貨；我呢，我不東奔西跑去參加會議，而在一個提供資訊的企業裏找了一份差事，雖然默默無聞，倒也舒舒服服。」

「可是我，爲了唱歌我已花盡了我的力氣；而妳，妳是自願放棄妳的理想的。我被打敗了；而妳呢，妳是投降！」

「爲什麼我一定要在工作中取得成就呢？」

「阿涅絲，人只有一次生命！不能白白浪費，我們應該在身後留下一點東西！」

「在我們身後留下一點東西？」阿涅絲用一種驚奇而懷疑的聲音說。

洛拉用幾乎是痛苦的聲音說：「阿涅絲，妳總是反對我！」

這句責備的話，她經常對她姐姐說，不過總是在心裏；高聲講出來只不過兩三次。上一次是在她們的母親去世以後看到父親撕照片時候講的。父親這種做法是不可接受的：他撕毀了生活的一部分，他和母親共同生活的一部分；他撕毀了一些圖像，撕毀了一些不僅僅屬於他一個人，而是屬於整個家庭，尤其是屬於他兩個女兒的回憶！他沒有權利這樣做。她開始衝著父親大喊大叫，阿涅絲幫父親說話。父親走開以後，她們兩人開始了她們一生中的第一次爭吵，吵得很兇，還帶著幾分仇恨的情緒。「妳總是反對我！妳總是反對我！」

洛拉叫道；隨後她氣得哭了起來，戴上墨鏡走了。

肉體

名畫家薩爾瓦多·達利❶(Salvado Dali)和他的妻子加拉(Gala)在晚年時曾馴養過一隻兎子；後來這隻兎子便和他們生活在一起，和他們形影不離。他們非常喜歡這隻兎子。有一天他們要出遠門，爲了如何安置兎子，他們一直爭論到半夜。要把兎子帶著一起走是很難做到的，可是要把牠托付給別人同樣不容易，因爲兎子見不得生人。第二天，加拉在準備早餐，達利的心情一直很愉快，一直到他發現他在吃的是一盆紅酒洋葱燴兎肉，他頓時從餐桌邊站起來，奔進盥洗室，想把他暮年時的忠實朋友，他心愛的小動物吐在臉盆裏；加拉卻相反，她對她心愛的小兎子能進入她的內臟，慢慢地經過胃、腸，變成牠女主人的身體，感到很高興。她不知道還有什麼比把心愛的東西吃下肚子裏更徹底的愛。和這種身體的融合相比，肉體愛情的行爲對她來說，只不過是隔靴搔癢而已。

洛拉就像加拉；阿涅絲就像達利。阿涅絲愛的人很多，男人和女人都有，可是如果有一份奇怪的友誼契約規定她一定要關心他們的鼻子，並定時替他們擤鼻涕，她也許寧願在生活中沒有朋友。洛拉知道了她姐姐

❶薩爾瓦多·達利(1904-1988)：西班牙畫家，先是印象派，後爲超現實主義。

對什麼有反感以後，責備她說：「妳對一個人產生的同情心是什麼？妳能把肉體排斥在同情心之外嗎？如果沒有肉體，人還能算得上是個人嗎？」

是的，洛拉和加拉一樣：她和她的肉體完全合而爲一了，她完全安頓在她的肉體裏了。而肉體不僅僅指她能在鏡子裏看到的東西：最珍貴的一部分在肉體裏面。因此，在她的詞彙表裏，她以內部器官的名義，保留著選擇的餘地。爲了表示她昨天對情人的不滿，她說：「等他一走，我便去吐了。」儘管她經常用嘔吐來作暗示，阿涅絲總是拿不準她的妹妹究竟是不是曾經吐過。嘔吐不是她的眞實，而是她的詩意：是隱喻，是沮喪和厭惡的抒情的形象。

一天，她們兩人到一個內衣店裏去買東西，阿涅絲看到洛拉在輕輕地撫摸女售貨員遞給她的一隻胸罩。就是在這樣的時刻她纔能理解她和她妹妹的隔閡所在：在阿涅絲看來，胸罩是彌補身體缺陷的用具之一，就像繃帶、義肢，眼鏡和頸椎有病的病人必須戴的頸托。胸罩的作用是支撐某種比預料的要重、重量又難以計算的東西，就像人們用支柱和扶垛撐起一個建壞了的陽臺一樣。換句話說，胸罩加強了女子身軀的技術性能。

阿涅絲很羨慕保羅在生活中能從來不關心他的身體。他吸氣、呼氣，他的肺就像一隻自動化的大風箱一樣工作著。他就是這樣感知到他的肉體的，同時他又忘記了它的存在。即使他身體不舒服，他也從來不講；這並不是出於謙虛，而是出於愛漂亮的虛榮的想法，因爲生病就是不完美，他引以爲恥。他有好幾年都在受胃潰瘍之苦，可是直到有一次，在法庭上進行了一次戲劇性的辯護以後，突然大出血，躺倒在地，被救護車送進醫院那一天，阿涅絲纔知道。這種虛榮心會引人發笑，可是阿涅絲卻很激動，幾乎到了羨慕他的地步。

雖然保羅也許要比一般人虛榮，阿涅絲心裏想，他的舉止揭示了男女身體條件的不同。女人一般要用更多的時間來討論她的身體狀況；她不會忘記對自己健康的掛慮。這種情況從最初幾次失血時開始；她的身體起來反對她，她當時所處的情況就像是一個單獨負責一家小廠所有機器運轉的機械師：她每個月都要繫上月經帶，呑吃葯片，調整她胸罩的寬度，準備生產。阿涅絲羨慕地端詳著年老的男人，她似乎覺得他們的衰老過程有所不同：她父親的身體在不知不覺中變成了他自己的影子，他逐漸淹沒了，留在塵世的只是一個化爲肉身的沒精打采的靈魂。相反，女人的肉體越是無用，便越是變得肥大和沉重；這個肉體就像一家決定要拆毀的舊的手工業工廠，可是作爲一個女人的「我」，不得不像個門房那樣待在它旁邊，直到最後。

什麼纔能改變阿涅絲和她身體的關係吧？除了在興奮的時刻再也沒有別的了。興奮，可以暫時贖回身體。

可是在這一點上，洛拉也不同意。興奮的時刻？時刻是什麼意思？對洛拉來說，身體從一開始便是有性感的，這是先天的；從本質上來講，這是不可避免的。愛一個人，對她來說，就意味著：把她的身體給他，放在他面前，她的身體是內外一致的，即使隨著時間的推移，她的身體日漸衰老變壞。

對阿涅絲來說，身體不是有性感的；它只有在很少時間裏纔變得有性感；當興奮在身體上投去一道不眞實的，非自然的光時，這道光使肉體變得更美，更能激起人的情慾。這就是爲什麼——即使沒有任何人料到——阿涅絲經常被肉慾所困擾並念念不忘，因爲如果沒有它，身體的痛苦便沒有任何慰藉了。在作愛時她的眼睛還是張著，如果手邊有一面鏡子可以看看自己就好了：她好像看到自己的身體沐浴在亮光之中。

可是看自己沐浴在亮光中的身體是一件可恥的事情。一天，阿涅絲在和她的情人作愛時，在鏡子中發現自己的身體上有一些在他們上次相會時（他們每年只見面一二次，在巴黎一家不知其名的大飯店裏）她沒有看到的缺陷，她無法使自己的視線從這些缺陷上移開：她再也看不到她的情夫了，再也看不到兩個在作愛的身體了；她看到的只是已經開始在損害她的身體的衰老。房間裏的興奮氣氛頓時消失。阿湼絲閉上眼睛，加速作愛動作，爲的是不讓她的搭檔猜到她的想法：她剛剛下了決心，以後不再和他會面了。她感到自己很虛弱，渴望她那張一頭始終放著一盞永遠不亮的小燈的夫妻合睡的大床；她渴望那張大床就像渴望得到一個安慰，得到一個黑暗的避風港一樣。

加法和減法

在我們這個世界上，每天都要出現越來越多的臉，這些臉也越來越相像了；人如果要證實他的「我」的獨特之處，並成功地說服自己，他具有不可模仿的與衆不同的地方，這可不是一件容易的事情。要培植「我」的獨特性，有兩個方法：加法和減法。阿湼絲減去她的「我」的所有表面的和外來的東西，用這種辦法來接近她眞正的本質（由於不斷地減少，她冒著被減成零的危險）。洛拉的方法恰恰相反：爲了使她的「我」更加顯眼，更加實在，更容易被人抓住，她在她的「我」上面不斷地加上新的屬性，並盡量讓自己和這些屬性合而爲一（由於不斷地增加，她冒著失去她的「我」的本質的危險）。

我們就以她的暹邏雌貓做例子吧！洛拉在離婚以後對獨個兒住在一個大公寓裏感到很孤獨，她想與人分擔這種寂寞，即使有一隻小動物陪陪她也行。她首先想到的是養一隻狗，可是她很快便弄明白了，養狗很麻煩，有很多必要的照料是她無法辦到的。因此她就去領來了一隻雌貓，是一隻很大、很漂亮又很兇的暹邏貓。因爲每天和牠生活在一起，並經常和朋友們談起牠，這隻她當初並無多大信心（因爲說到底，她一開始想要的是一條狗！）碰巧選中的暹邏貓對她越來越重要了：她到處宣揚牠的優點，逼著大家讚美牠。她在這隻貓的身上看到了令人讚美的獨立性，神氣活現的模樣，輕鬆的步態，永遠是那麼風度翩翩（和人的風度截然不同，人在做了什麼蠢事或者在失意的時候，風度會大受損害）；她在她的暹邏貓身上看到了一個典範；她在牠身上看到了自己。

重要的並不是要知道洛拉的性格是不是像暹邏貓，重要的在於洛拉已經把牠畫在她的家徽上了，這隻雌貓已經變成了她的「我」的屬性之一。她的幾個情人一上來就被這隻唯我獨尊、不懷好意的雌貓激怒了，牠動不動就吐唾沫、用爪子抓人，暹邏貓變成了是否服從洛拉的權威的考驗。她彷彿在對每一個人說：「你會得到我的，不過你將得到的是眞正的我，也就是包括我的暹邏貓。」暹邏貓是她靈魂的形象，而情人必須首先接受她的靈魂，然後纔談得上占有她的肉體。

用增加的辦法是相當有趣的，如果一個人在他的「我」上增加的是一條狗，一隻雌貓，一塊烤豬肉，對海洋的愛或者冷水淋浴。不過如果要在他的「我」上增加一種對共產主義、對祖國、對墨索里尼(Mussolini)、對天主教會、對無神論、對法西斯主義、對反法西斯主義的激情，那麼事情就會變得不那麼美妙了。在兩種情況之下，這種增加的方法是完全一樣的。那個固執地鼓吹貓比任何其他動物都要優越的人，在實際上，他是在做和宣稱墨索里尼是意大利唯一大救星的人一樣的事情：他在吹噓他的「我」的一個屬性，並竭盡所能來使這種屬性（一隻雌貓或者墨索里尼）被他周圍所有的人承認和喜愛。

所有想用增加的方法來培植他們的「我」的人都成了不合常情的結果的犧牲品：他們盡力增加，爲了創造一個唯一的、難以模仿的「我」，可是同時又變成了這些新增加的屬性的宣傳員；爲了讓絕大多數人和他們相像，他們使出了全力，結果卻是，他們來之不易的「我」，很快便煙消雲散了。

因此我們可以想想，爲什麼一個喜愛一隻雌貓（或者一個墨索里尼）的人對他自己的愛不滿足，還要把這種愛強加給別人。我們可以回憶一下那個三溫暖浴室裏的年輕女子來試答這個問題：她像挑戰似的向大家宣布了她對洗冷水淋浴的偏愛，就這樣成功地讓自己一下子顯得和人類中一半喜愛洗熱水淋浴的人有所不同。不幸的是，另外一半人類和她更加相像。唉，這是多麼可悲啊！人多主意少，我們怎麼才能相互區別呢？年輕的少女只知道一個辦法可以克服她和不可勝數的喜歡洗冷水浴的狂熱分子相像的不利因素：她一定得在三溫暖浴室門口用足力氣高喊一聲「我熱愛洗冷水淋浴！」爲了讓千百萬其他酷愛洗冷水淋浴的女人頓時落入可悲的模仿者的境地。換一句話說：如果我們想讓洗淋浴的愛好（實在是微不足道）變成我們的「我」的一個屬性，我們一定要向全世界宣布我們有爲這種愛好進行戰鬥的意圖。

凡是把對墨索里尼的激情當作是他的「我」的一個屬性的人，會變成一個政治戰士；凡是讚揚貓、音樂或者舊家具的人，會送禮物給他的朋友。

讓我們來設想一下：您有一個喜愛舒曼❷(Schumann)厭惡舒伯特❸(Schubert)的朋友，而您卻酷愛舒伯特，一聽到舒曼心裏就煩。在您這位朋友生日那一天，您準備送誰的唱片給他呢？送他所迷戀的舒曼還是送您所迷戀的舒伯特？當然送舒伯特。如果送舒曼，您也許會有覺得自己不夠眞誠的感覺；就好像是給您朋友一筆想討好他，想取得他歡心的見不得人的賄賂。總之，在您送禮時，是出於對您朋友的愛，是爲了把您的一部分、把您的一片心獻給他！所以，您就把舒伯特的《未完成交響曲》送給您的朋友吧，不管他在您走了以後就會戴上手套，在唱片上吐唾沫，用兩隻手指夾著它，扔進垃圾箱。

在幾年時間裏面，洛拉送給她姐姐和姐夫一套枱布和餐巾，一隻高脚盤，一盞燈，一把搖椅，一塊桌布，五、六隻煙灰缸，尤其値得一提的是還有一架鋼琴，那是有一天由兩個強壯的小伙子突然抬來的，一進門就問該擱在那裏。洛拉喜氣洋洋地說：「我想送你們一件你們一看到便會想起我的禮物，即使我不在也同樣如此。」

在她離婚以後，洛拉一有空便到阿涅絲家裏去。她照料布麗吉特就像照料親生女兒一樣；她之所以送一架鋼琴給她的姐姐，多半是爲了讓她的外甥女學著彈。可是布麗吉特厭惡鋼琴；阿涅絲怕洛拉不高興，求她

❷舒曼(1810-1856)：德國作曲家、音樂評論家。代表作有《婦女的愛情和生活》、《詩人之戀》(聲樂套曲)和交響曲《春》、《萊茵河》等。

❸舒伯特(1797-1828)：奧地利作曲家。代表作爲《魔王》、《野玫瑰》、《春之信念》等；所作十部交響曲中，以《未完成交響曲》最爲著名。

的女兒能勉爲其難，裝作對那些雪白和烏黑的琴鍵有點兒感情。布麗吉特爭辯說：「那麼，我應該爲使她高興而學彈琴嗎？」因此這件事的結局並不很好；幾個月之後，鋼琴只不過成了一件擺設，更可以說成了一件使人討厭的東西。這使人傷感地想起一個流產的計畫；沒有人需要這個巨大的白傢伙（是的，鋼琴是白的）。

說實話，阿涅絲既不喜歡鋼琴，也不喜歡枱布餐巾和搖椅。並不是這些東西的樣式不好，而是它們都有些古怪，和阿涅絲的天性和愛好都不相符合；因此當有一天（這時候，這架鋼琴已經有六年沒有人碰了）洛拉喜形於色的告訴姐姐，她已經愛上了保羅的年輕朋友貝爾納時，阿涅絲不但感到由衷的高興，還自私的鬆了一口氣：一個馬上就要生活在偉大愛情中的女人，一定會做出一些比送姐姐禮物和關心外甥女的教育更好的事情來。

比男人年齡大的女人，比女人年紀輕的男人

「這個消息眞是太好了！」保羅在聽到洛拉把她愛情的秘密告訴他時說。他邀請姐妹倆去吃晚飯。因爲看到兩個他所喜愛的人相愛感到非常高興，他要了兩瓶價格昂貴的葡萄酒。

「妳就要和法國最大的家族之一發生關係了，」他告訴洛拉說，「妳知不知道貝爾納的父親是誰？」洛拉說：「當然知道！一位議員！」可是保羅說：「妳根本一無所知！貝特朗•貝特朗是議員阿爾蒂爾•貝特朗（Arthur Bertrand）的兒子。阿爾蒂爾對自己的姓氏非常自豪，他要他的兒子使這個姓更加出名。爲了

他兒子的受洗名字他考慮了很久很久，最後靈機一動，乾脆和他的姓一樣，叫作貝特朗。對這樣一個姓和名同樣的姓名，任何人都不會無動於衷，也決不會忘記！只要一說出貝特朗•貝特朗，這個名字就像歡呼和喝采一樣響徹雲霄：貝特朗！貝特朗！貝特朗！貝特朗！貝特朗！貝特朗！」

在重複這些話時，保羅像祝酒一般舉起他的杯子，並有頓挫地吟誦著這個群衆愛戴的領袖的名字。隨後他喝了一口說：「這酒眞美！」接著又說，「我們每一個人都奇妙地受他姓名的影響，而貝特朗•貝特朗一天有好幾次聽到他的名字被有節奏地重複好幾次，他覺得他的一生都被這幾個和諧悅耳的音節壓垮了。在他沒有能通過中學會考的那一天，他比他的同學們把這件事情看得更糟；就好像他雙重的姓名把他的責任性也自動地加了一點，他的人盡皆知的謙遜本可以使他承受落在他身上的恥辱，可是他不能適應加在他姓名上的恥辱。他在二十歲時曾莊嚴地向他的姓名許諾要終生爲善而奮鬥；可是他很快便認識到要區別善惡是很困難的。比如說，他的父親阿爾蒂爾同大多數議員一起，對慕尼黑條約投了贊成票。他想拯救和平，和平是善，這是無可爭辯的；可是後來有人譴責他，說他這樣做是爲戰爭鋪平了道路，而戰爭是惡，這也是不容置疑的。爲了避免再犯父親的錯誤，兒子遵循幾條基本原則。他不對巴勒斯坦人、以色列、十月革命、卡斯特羅(Castro)發表意見，甚至不對恐怖主義發表意見，因爲他知道，在一個秘密的界線以外，謀殺變成了一種英雄行爲，而他始終認不清這條界線在那裏。他義憤塡膺地反對希特勒(Hitler)，反對納粹主義，反對毒氣室；從某種意義上說，他對希特勒消失在總理府的廢墟之中感到遺憾，因爲從這一天起，善惡都變成相對的了，這是叫人難以忍受的。所有這一切導致他獻身於最直接的、還沒有被政治歪曲的善。他把這樣一句話作爲銘言：『善，就是生活。』因此，反流產、反安樂死、反自殺，成了他生活的目的。」

洛拉笑著反對說：「照你這麼說，他是個膿包！」

「妳看，」保羅對阿涅絲說，「她已經在爲情人的家庭說話了。這值得讚美，就像你們該爲我挑了這瓶葡萄酒而讚美我一樣！在最近一次關於安樂死的節目中，貝特朗．貝特朗坐在一個殘廢病人的床頭讓人照相，這個病人的舌頭被切除了，又是個瞎子，他將要受無窮盡的痛苦。他坐在床沿上，向病人俯下身子，攝影機正在攝下他鼓勵病人要對美好的明天抱有希望。就在他第三次說『希望』這個詞時，病人突然激動起來，發出一聲像動物似的可怕而悠長的叫喊，就像是馬、公牛、大象的叫聲或是三種動物的齊聲叫喊；貝特朗．貝特朗害怕了，他講不出話來，只是想不惜任何代價保持臉上的微笑。攝影機把一位嚇得發抖的議員僵硬的微笑拍攝了好久，同時也把他旁邊一個在哀號的瀕死者的臉拍了下來。不過這不是我要說的；我要對你們說的是，在挑選他的名字時，他眞的失算了。起先他還是想把他的兒子叫作貝特朗，可是他很快便不得不承認，在這個世界上如果有了兩個貝特朗．貝特朗，那眞是太滑稽了；因爲人們將永遠搞不清楚他們是兩個人還是四個人。可是他又不肯完全放棄在這個名字中聽到他自己名字的廻聲的樂趣，所以他想到了把貝爾納作爲他兒子的教名。唉，貝爾納．貝特朗，它不像歡呼聲和喝采聲那麼響亮，而像是含糊不清的嘟囔聲，最多也只不過像演員和電臺廣播員在學習迅速流利地講話時所做的發音練習。就像我剛才講過的那樣，我們每個人的名字都神秘地搖控著我們，而貝爾納這個名字從搖籃時期起便注定他有朝一日要在電波中講話。」

保羅之所以一開始講了那麼許多廢話，那是因爲他不敢在他小姨面前高聲講出縈繞在他心頭的想法：洛拉和年輕的貝爾納相差六歲，這件事使他非常高興！保羅的確至今還在懷念一個比他大十五歲的女人，這個女人是他在二十五歲時靦腆地認識的。他本來很想談談這件事；他本來很想對洛拉說，任何男人都應該愛上一個比自己年齡大的女人，這種回憶是極爲珍貴的。「一個年紀比較大的女人，」他眞想再一次舉杯呼喊，「是男人生活中的一塊紫水晶！」可是他放棄了這個冒失的動作，只是在心中默默地回憶他過去的情婦。她把自己公寓的鑰匙也交給了他，他想什麼時候去住都可以，他想在那兒幹什麼就可以幹什麼；這樣的安排是保羅求之不得的，因爲保羅那時和他父親相處並不和睦，不太想住在家裏。她晚上從來不打擾他；他有空便去找她，不去看她也不必提供任何解釋。她從來不強迫他陪她出去；如果有人看見他們兩人在一起，她那種態度就像一個準備爲她英俊的外甥幹任何事情的多事的舅媽。當他結婚時，她送給他一件豪華的禮物，這件禮物成了阿涅絲一個永遠猜不透的謎。

可是他不可能對洛拉說：「我很高興我的年輕朋友愛上一個年紀比較大的女人，她的態度會像一個準備爲她英俊的外甥幹任何事情的多事的舅媽。」洛拉更不可能回答他說：

「最美的是，在和他待在一起時，我覺得年輕了十歲。虧得有了他，我生活中十到十五年的痛苦一下子勾銷了，我總覺得好像是昨天纔從瑞士來，只是剛認識他。」

這個愛情的吐露拖住了保羅，沒有將他的紫水晶高聲喊出來；所以他把他的回憶藏在心裏，只是慢慢地品嘗著葡萄酒，再也聽不到洛拉對他說的話了。過了一會兒以後，爲了重新交談，他問道：「貝爾納說了他父親些什麼？」

「什麼也沒有說，」洛拉回答說，「我可以向你保證，他父親不是我們談話的內容。我知道他們屬於一個大家族，不過你也不是不知道我對一些大家族的想法。」

「妳不想再多知道一些嗎？」

「不！」洛拉高興地笑著說。

「妳應該多知道些。貝特朗・貝特朗是貝爾納・貝特朗關心的主要問題。」

「絕對不是！」洛拉大聲說，她深信自己才是貝爾納・貝特朗關心的主要問題。

「妳知不知道老貝特朗曾決定讓貝爾納進入政界？」保羅問。

「不知道。」洛拉聳聳肩膀說。

「在他們的家庭裏，政治生涯就像一個農莊一樣是可以繼承的。貝特朗・貝特朗確信他兒子有一天會想得到議員的權責。可是貝爾納在二十歲時有一天在收音機裏聽到了這樣一條新聞：『大西洋上發生空難事件。一百零三名乘客失踪，其中有七個孩子和四個新聞記者。』遇到這些事情，人們把孩子作爲特殊情況專門提出來，我們早已習以爲常了。可是這一次，女播音員在孩子後面還提到了新聞記者，使貝爾納突然眼前一亮。他懂得了今天的政治家只不過是些可笑的人物，他決心將來自己要當個記者。碰巧那時候我在法律系研究生班開課，他經常去聽：他就是在那時候最後和他父親決裂的。這件事貝爾納對妳講過嗎？」

「當然講過！」洛拉回答說，「他非常喜歡你！」

一個黑人提著一筐鮮花走進大廳。洛拉向他做了一個手勢。黑人露出他雪白的漂亮的牙齒，洛拉從筐子裏拿出一束五朵快要凋謝的康乃馨，遞給保羅說：「我的幸福都是你給的。」

保羅也伸手到筐子裏拿出另一束康乃馨，一面遞給她一面說：「今天我們祝賀的不是我，而是妳。」

「是的，今天是洛拉的節日。」阿湼絲從筐子裏拿出第三束康乃馨說。

洛拉眼淚汪汪地說：「和你們在一起我覺得非常高興，我覺得非常高興。」她站起來把兩束花緊緊地貼在胸前，一動不動地靠在像國王一樣挺立的黑人身旁。所有的黑人都像國王；這一個像在開始嫉妒黛絲德蒙娜(Desdémone)以前的奧賽羅(Othello)，洛拉像熱戀著她的國王的黛絲德蒙娜。保羅知道接下去會發生什麼事。洛拉一喝醉就要唱歌。慢慢地，一種想唱歌的慾望從她身體的最裏面往上升起，一直升到嗓子眼，這種慾望是那麼強烈，以致有好幾個不吃晚飯的顧客都好奇地轉過頭來看她。

「洛拉，」保羅輕聲說，「在這個飯店裏面，恐怕不會有人欣賞你的馬勒❹(Mahler)！」

洛拉把兩束花緊緊地壓在兩個乳房上，以為自己正在舞臺上演歌劇；她似乎覺得乳房脹鼓鼓，裏面滿是音符。可是對她來說，保羅的希望就是命令。她服從了，只是嘆息著說：「我眞想幹些什麼……」

這時候那個黑人，出於國王的機敏的本能，又從筐子底裏拿出了最後兩束擠壞了的康乃馨，用一種崇高的姿勢奉獻給她。

「阿湼絲，」洛拉說，「親愛的阿湼絲，沒有妳，我也許永遠也不會到巴黎來；沒有妳，我也許永遠也不

---

❹馬勒（1860-1911）：奧地利作曲家、指揮家。主要作品有交響曲十部和樂隊伴奏的歌曲四十二首。

會認識保羅；沒有保羅，我也許永遠也不會認識貝爾納。」她一面說一面把她的四束花放在她姐姐面前的桌子上。

第十一誡

從前，新聞記者的光榮可以從偉大的埃內斯特・海明威的名字中找到他的象徵。他所有的作品，包括他樸素簡潔的文風，都紮根於年輕的海明威寄給堪薩斯城（Kansas City）各家報館的新聞報導。作爲新聞記者，就意味著他比任何人都要接近眞實生活，在他的隱蔽角落裏搜索，伸進手去，把手弄髒。海明威很自豪，因爲他寫了一些既通俗、在藝術殿堂中又占有如此高地位的書。

在貝爾納想到「新聞記者」（這個稱號在今天的法國還包括電臺、電視臺工作人員和新聞攝影記者）這個名詞時，他想到的不是海明威；他想運用自如的文學體裁也不是新聞報導。他所夢想的更可以說是在幾本有名的周刊上，寫幾篇會使他父親的所有同僚嚇得發抖的社論，或者寫幾篇訪問記。再說，當前最最出名的新聞記者是怎麼樣的人呢？並不是一個像海明威那樣講述戰壕生活的人，也不是一個像埃貢・埃爾溫・基施❺(Egon Erwin Kisch)那樣熟悉妓女階層的人，更不是一個像歐威爾❻(Orwell)那樣在巴黎貧苦的下層社會

❺基施(1885-1948)：德國作家，記者，政論家。寫有大量新聞報導、採訪、小品等；有「狂記者」之稱。

中生活了整整一年的人，而是從一九六九年到一九七二年間在意大利的歐羅巴(Europeo)雜誌上發表一系列和當今最有名的政治家談話紀要的奧麗亞娜•法拉奇(Oriana Fallaci)。這些談話已經超過了談話的本身；而是決鬥。這些決鬥總是以強大的政治家被打倒在決鬥場上告終；因爲唯有她才能提問，而不是他們。

這些決鬥是時代的信號：形勢變了。新聞記者已經懂得了，提問不僅僅是手裏拿著記事册、低聲下氣地進行採訪的工作方法，還是一種行使權力的方法。新聞記者不是提問題的人，而是掌握著提問題的神聖權利的人；他可以向任何人提任何問題。可是我們每一個人不都有這個權利嗎？任何問題不都是一條可以增進人們相互了解的跳板嗎？可能是的。那麼我再來把這個說法澄清一下：新聞記者的權利並不在於提問，而在於一定要得到回答。

請您注意，摩西(Moïse)沒有把「不可說謊」列入十誡❼；這不是偶然的！因爲講「不可說謊」的人應該已經講過「你回答！」而上帝從未給過任何人強求別人回答的權利。「不可說謊！」「講眞話！」是一些命令

---

❻歐威爾(1903–1950)：英國小説家、散文家和社會評論家。原名埃里克・布萊爾(Eric Blair)，代表作《動物農莊》。

❼摩西十誡：一，除上帝以外，不可有別的神。二，不可拜偶像。三，不可妄稱神名。四，當紀念安息日，守爲聖日。五，當孝敬父母。六，不可殺人。七，不可姦淫。八，不可偷盜。九，不可作假見證陷害人。十，不可貪戀別人的一切。(參見《舊約・出埃及記》第二十章)

句，都是不應該對一個平等的人講的，也許只有上帝才可以講這樣的話，可是他根本用不著講；因爲他無所不知，不需要我們的回答。

在下命令的人和應該服從的人之間，只有在有權強迫別人作出回答的人，和有義務回答的人之間才有根本性的不平等；所以一般只有在特殊情況之下才會有：可以強迫別人作出回答的權利。譬如說，一個在訊問一件罪案的法官被授予了這個權利。在我們這個世紀中，共產主義國家和法西斯主義國家都給了自己這種權利，而且不是特殊性的，而是永久性的。這些國家的國民知道，在任何時候別人都可以強迫他們回答：他們昨天幹了些什麼？他們心裏在想些什麼？他們跟甲談了些什麼？他們和乙有什麼私人關係？恰恰是這種神聖化了的命令句：「不可說謊！要講眞話！」這個他們無法違抗的第十一誡，把他們變成了一群既可憐又幼稚的傢伙。不時地會出現一個丙，他頑固地不肯說出他曾和甲談過些什麼；爲了表示他的叛逆性（一般來說，這是唯一可能的叛逆行爲！），他沒有講眞話，而是說了謊。可是警察局知道他在說謊，便在他家裏安裝了竊聽器。警察局這樣做並沒有什麼犯罪動機，只不過是想知道被說謊者隱瞞了的眞實情況；它只是想維護它要迫使別人講眞話的神聖權利。

在一個民主國家裏，任何公民，如果有警察敢於問他，他跟甲講了些什麼或者他和乙有什麼複雜私人關係，都會向他伸出舌頭嘲笑他。可是，第十一誡的至高無上的威力在那兒同樣可以通行無阻。總而言之，在一個十誡幾乎已經被置之腦後的世紀中，必須有一個誡在發揮作用！我們這一時代的精神結構全都建立在第十一誡之上，新聞記者完全懂得這件事應該由他來管理，這也是歷史的秘密安排；歷史今天賦予了新聞記者一種任何海明威、任何歐威爾過去從未夢想過的權力。

所以下面這件事的原因便非常淸楚了：美國記者卡爾・伯恩斯坦(Carl Bernstein)和鮑勃・伍德沃德(Bob Woodward)用他們的問題揭露了尼克森(Nixon)總統在選舉活動中的舞弊行爲，就這樣迫使這個世界上最有權勢的人開始時公開說謊、接著又當衆承認自己說謊，最後低著頭離開了白宮。我們那時候一致鼓掌，因爲正義取得了勝利。保羅鼓掌鼓得特別起勁，因爲在這個插曲之中，他感到發生了一件歷史性的變化：跨過了一道門檻，這是令人難以忘記的一次換班時刻。一種新的力量出現了，唯一能使權勢薰天的老政治家下臺的力量：而使他下臺的不是武器和陰謀，只不過是簡單的提問。

「要講眞話！」新聞記者堅決要求。我們當然可以問問自己：第十一誡中所規定的「眞話」究竟是什麼？爲了避免任何誤會，我們要強調指出，這既不是使楊・胡斯❽(Jan Hus)受火刑的有關上帝的眞話，也不是後來使焦爾達諾・布魯諾❾(Giordano Bruno)受到同樣刑罰的有關科學的眞話。第十一誡要求我們一定要說的眞話跟信仰和思想都沒有關係，而是最最低級的和事物本體相關的眞話：丙昨天幹了些什麼；他心裏到底在想些什麼；他遇見甲時談了些什麼；他和乙有什麼私人關係。儘管這些都是最最低級的和事物本體相關的

❽楊・胡斯（約1369–1415）：捷克愛國者和宗教改革家；因教皇斥他爲「異端」，於一四一五年七月被處火刑。

❾焦爾達諾・布魯諾（1548–1600）：文藝復興時期意大利哲學家，道明會修士。因反對經院哲學被控爲「異端」，一五九二年被宗教裁判所逮捕，一六〇〇年被燒死在羅馬。

事情，卻就是我們時代的眞話，它具有和從前的楊・胡斯或者焦爾達諾・布魯諾的眞話同樣的爆炸力。「您跟乙有私人關係嗎？」新聞記者問。丙回答時說了謊，他說他從來沒有見過乙，根本就不認識他。可是新聞記者在暗笑，因爲他那家報紙有一個攝影記者早已偷偷地把躺在丙懷中裸體的乙拍下來了；他現在只要把這件醜聞公開出來就行了，再加上丙既怯懦而又厚顏地堅決否認他認識乙的無恥謊言。

我們正處於一場熱火朝天的選舉運動之中。政治家跳上一架直升飛機，從直升飛機上下來又跳上一輛汽車；他東奔西跑，滿頭大汗，一面跑一面吃麵包，在話筒前面嚎叫，一連演說兩小時；可是最後總得讓一位伍德沃德或者一位伯恩斯坦決定在他所講的話中，挑出哪一句來見諸報端或者在電臺廣播時引用。因此政治家希望能親自上電臺或者電視臺講話，可是這還得有個安排節目和提問題的中間人——一位奧莉亞娜・法拉奇。爲了充分利用這短暫的，全國人民都可以看到他的時刻，政治家急於把他心中的話都講出來，可是伍德沃德向他提了一些他毫無準備的、很不願意回答的問題。因此他的處境很像是一個在黑板前被提問的中學生；爲了擺脫困境，他想使用一個老辦法：裝作是在回答問題，實際上在說他已經準備好了的話。可是如果這條詭計過去使教師上了當，卻愚弄不了當今的伯恩斯坦；他毫不留情地斥責他說：「您沒有回答我的問題！」

今天誰還願意做職業政治家？誰還願意沒完沒了地在黑板前被提問？議員貝特朗的兒子肯定不願意。

意象學

政治家依賴於新聞記者，可是新聞記者依賴於誰呢？依賴於付錢給他們的人。而付錢給他們的人就是買下報紙上的版面和電臺時間的廣告公司。乍一看來，人們也許會以爲這些廣告公司會毫不猶豫地跟所有的報紙打交道，它們的廣泛傳播有利於某種產品的銷售。不過這種想法是很天眞的。產品的銷售並不像人們想像的那麼重要；只要看看發生在共產主義國家中的事情就行了：總之，我們很難保證您一路上看見的那上百萬張的、貼得到處都是的列寧的招貼畫是否能使您便喜愛列寧一些。共產黨的廣告公司（有各自的鼓吹宣傳部門）早已忘了它們的實際目的（使人喜愛共產主義制度），它們已經變成了它們自身的結果：它們創造了一種語言，一些格式，一種審美觀（這些廣告公司的頭頭從前都是他們國家藝術的絕對權威），一種獨特的生活作風，後來它們又發展、宣傳這種作風並強迫可憐的人民接受它。

您也許會反對我的看法，說廣告和宣傳沒有內在聯繫，前者是爲市場服務的，後者是爲思想體系服務的；是不是？您眞是一點也不懂。那已經快是一百年以前的事了，在俄國，被迫害的馬克思主義者組成了一個個秘密的小圈子，一起學習馬克思的《宣言》。他們簡化了這種思想體系的內容，爲了便於傳播到其他圈子裏去，其他圈子裏的成員又把這個已經簡化了的內容再次簡化；直到馬克思主義變得非常強大，在全世界已經無人不知時，它卻只剩下了六七句幾乎相互沒有什麼關聯的、很難把它們看作是一種思想體系的口號。因爲所有從馬克思那兒遺留下來的東西不再能形成任何有邏輯的思想體系，而只不過是一連串啓發性的圖像和象徵（手拿種子、面帶微笑的工人，跟黃種人和黑種人手牽手的白種人，在空中飛翔的和平鴿等等），所以我們完全可以把這看作是一種從思想體系向意象學的，逐步的、全面的、世界性的轉變。

意象學（imagologie）！是誰第一個造出這個巧妙的新詞的！是保羅還是我？這沒有什麼重要；重要的是，終於有了一個可以把一些有五花八門名稱的現象聚集到同一個屋頂下面來的詞了：廣告公司；和政治家有來往的議員；畫出一輛新車或健身房新設備的草圖的繪圖員；時裝設計師；理髮師；規定人體準則的意象學的所有分支均從中得到啓發的演藝界明星。

意象學家當然早已存在，存在於今天我們知道的那些強大組織的創立以前。即使希特勒也有他個人的意象學家，這位意象學家站在元首面前，耐心把他應該在講臺上做的、可以激起群衆狂熱情緒的手勢做給他看。可是如果這位意象學家，在一次和新聞記者的談話中，向德國人民冒冒失失地講起了元首不能正確地擺動他的手的情況，那麼也許他連半天也活不下去了。而今天，意象學家不再諱言他們的工作，相反地，他們還津津樂道，做政治家的代言人。他們非常喜歡在公開場合詳細說明他們教了他們的主顧哪些事情，要他們改掉哪些壞習慣，注意哪些事情，將來要呼哪些口號，要使用哪些慣用語，要戴什麼顏色的領帶等等。在最近幾十年裏，意象學對思想體系取得了一個歷史性的勝利，當然值得大大驕傲一番，這是不足爲怪的。

所有的思想體系都被戰敗了，它們的教條最後都被揭穿了，人們不再認眞對待它們了。譬如說，共產黨人原以爲資本主義的發展將使無產階級越來越窮；可是有一天，他們發現歐洲的工人都坐了汽車去上班。他們眞想呼喊，現實在弄虛作假。現實比思想體系強大，就是在這個意義上，意象學超過了它；意象學比現實強大，更何況現實已經有很久不再向人們表現以前向我生活在摩拉維亞農村的老祖母所表現的東西了。老祖母的一切知識是從經驗中獲得的：怎樣烘麵包，怎樣造房子，怎樣殺豬，怎樣薰製豬肉，怎樣縫製鴨絨被，本堂神父和小學教師對世界的看法有何不同；全村的人她每天都能遇到，她知道十年以內在該地區發生過多少起謀殺案；她所理解的現實完全在她自己的制度之下，因此，沒有人能使她相信，如果家中沒有東西可吃，摩拉維亞的農業會繁榮。在巴黎我的同樓鄰居，白天坐在他的辦公室裏和坐在他對面的另一位職員在一起工作，隨後他回到家裏，打開電視機，收看發生在世界各地的新聞報導。節目主持人在評論最近一次民意測驗，他說，對大部分法國人來說，法國是歐洲最安全的國家（我剛看過這次民意測驗）；我的鄰居聽了高興得像發瘋一樣，開了一瓶香檳酒，他永遠也不會知道，就在那一天，在同一條街上，發生了三起盜竊案和兩起謀殺案。

民意測驗是意象學的權力的決定性工具，能使它和人民相處得非常融洽。意象學家向人們提出連珠砲般的問題：法國的經濟情況如何？法國有沒有種族主義？種族主義是好東西還是壞東西？世界上最偉大的作家是誰？匈牙利在歐洲還是在波利尼西亞❿(Polynésie)？在世界上所有的政治家中，哪一個最性感？因爲今天的現實是一個人們很少去拜訪的大陸，而且人們也有理由不喜愛它，民意測驗成了高級現實，更可以說，成

---

❿波利尼西亞：太平洋島群。

了眞理。民意測驗是一個常設議會，它的任務是產生眞理，我們甚至可以說是產生前所未有的最最民主的眞理。因爲意象學家的權力從來不和眞理的議會鬧矛盾，它將永遠生活在眞實之中；即使我知道任何人類的東西都是要消失的，我卻想像不出有什麼力量能銷毀這種權力。

講到思想體系和意象學之間的關係，我還要作下面這個比喩：思想體系就像一些在旋轉的巨大的輪子，一面掀起戰爭，革命和改革。意象學的輪子也在旋轉，可是它們的旋轉對歷史不產生任何影響。各種思想體系相互開戰，而每種體系都有可能把它的思想賦與整個時代。意象學自己組織它的體系，以季節的輕捷節奏進行平靜的交替。就像保羅講的那樣：思想體系屬於歷史，意象學的統治開始於歷史結束的時候。

「變化」這個詞在我們歐洲是非常珍貴的，它已經有了一個新的意義：它不再表示「一種持續不斷進化過程中的新階段」〔這是某一位維科⓫(Vico)、黑格爾⓬(Hegel)或者馬克思的意思〕，而是「位置的移動」：從左面移向右面，從右面移向後面，從後面移向左面（這是某些赫赫有名的時裝裁剪師的意思）。在阿涅絲常去的那個俱樂部裏，意象學家決定在牆上安裝大鏡子的原因，並不是讓業餘體操運動員在鍛鍊時看清楚自己的動作是否正確，而是因爲那時候的鏡子意象學的輪盤賭上，被看成是一個會贏的數字。如果所有的人，在我寫這幾行字的時候，決定要把哲學家馬丁・海德格⓭(Martin Heidegger)看作是一個騙子、一個壞蛋，那

⓫維科（1668-1744）：意大利歷史學家、法學家、哲學家，代表作爲《新科學》。

⓬黑格爾（1770-1831）：德國哲學家，主要著作有《精神現象學》、《邏輯學》、《哲學全書》等。

並不是因爲他的思想被其他哲學家超過了；眞正的原因是，在意象學的輪盤賭上，那時候他已經變成了要輪的數字：一個反理想典型。意象學家創造了典型和反理想典型的體系，這些體系存在的時間不長，每一種都很快地被另一種代替，可是它們影響了我們的行爲、我們的政治觀點、我們的審美趣味，甚至影響了我們所喜愛的地毯的顏色和書的選擇；這種影響力和從前思想家的體系一樣。

在說明以上幾點以後，我可以回到我開始的想法上來了。政治家依賴於新聞記者，可是新聞記者依賴於誰呢？依賴於意象學家。意象學家要新聞記者一定要讓他們的報紙（或者他們的電臺）符合一定時期的意象學體系的精神；這就是他們要決定是否支持一家報館時經常要檢查的。一天，他們檢查了貝爾納在那兒當編輯的那個電臺，保羅每星期六也在那個電臺的「權利和法律」的專題廣播中發表一篇出色的講話，他們同意提供很多廣告合同，並在全巴黎張貼來發起一場聲勢浩大的運動，同時也提出了一些條件，這些條件是使以綽號「大褐熊」聞名的節目主管人不得不接受的。他慢慢地縮短了所有的評論的時間，爲了不讓聽衆厭煩；他讓編輯們相互提問，就這樣把單調的獨白變成了對話；他還大量穿插音樂，甚至在播音員講話時也用輕音樂作陪奏；他還叮囑他所有的合作者在話筒前講話時要輕鬆、活潑、詼諧，這些講話使我淸晨的夢境更加美好，把氣象報告聽成了喜歌劇。他一心想讓自己仍舊在下屬面前顯得像一頭權力極大的大褐熊，所以盡一切

---

⑬馬丁·海德格（1889–1976）：德國哲學家，存在主義主要代表之一。著有《存在與時間》、《什麼是形而上學》、《林中迷途》等。

力量把他的合作者留在原來的位子上。他只有在一點上作出了讓步。意象學家們認爲「權利和法律」的專題廣播使人厭煩；他們甚至連討論是否要保留這個節目都不想討論，當有人提到這件事時，他們只是哄然大笑了一下，露了露他們雪白的牙齒而已。在同意把這個節目取消以後，大褐熊對自己的讓步感到羞慚；尤其因爲保羅是他的朋友，他更覺得無地自容。

他自己的掘墓人的傑出的同盟者

節目主管人的綽號是大褐熊，他也不可能有別的綽號：他體格壯實，行動遲緩，性格寬厚，可是所有的人都知道他笨重的爪子在他生氣時會傷人的。那些意象學家厚顏無恥，竟想教他如何幹他那份工作，幾乎使這頭熊忍無可忍。他那時正坐在電臺的食堂裏向他的幾個合作者說：「那些廣告業的騙子，就像是些火星人。他們和正常人的舉止神態都不一樣。在他們強加給您各種使人討厭的注意事項時，他們的臉上卻堆滿了笑容。他們使用的詞彙只不過有六十來個，句子簡短得從來不超出四個字。他們的講話中夾雜著兩三個難以理解的技術詞彙，最多表示一兩個非常淺薄的念頭，這些人沒有羞恥心，沒有任何自卑感。這就是他們權力的證明。」

幾乎就在這時候，保羅出現在食堂裏。一看到他，這幾個人感到有點尷尬，尤其是因爲保羅的興致還那麼好。他在櫃臺上拿起一杯咖啡，向他的同事們走來。

面對保羅，大褐熊心裏有點不是滋味，他埋怨自己讓保羅摔了跤，甚至沒有勇氣告訴他。他心中又一次激起了對意象學家的仇恨，接著說：「爲了使這些傻子們滿意，我甚至把天氣預報改成了小丑式的對話，緊接著下面是聽貝爾納報告說有一百多人在一次空難事件中喪失，眞叫我有點受不了。我願意爲一個法國人得到快樂而奉獻我的生命，可是新聞報導不是演滑稽戲。」

大家都好像贊同他的意見，除了保羅。他像一個心情愉快的挑釁者那樣笑著說：「大褐熊！意象學家們說得對！你把新聞和晚上的課程混在一起了！」

大褐熊記起了保羅的專題節目，他一般講得很風趣，可是總是過分雕琢，還有很多陌生詞彙，編輯部事後還要偷偷地查詞彙才能知道這些詞的意思。不過大褐熊眼下很想避開這個話題，他一本正經地回答說：「我總是非常重視新聞事業，我不想改變主意。」

保羅接著說：「聽新聞，就像是抽一支香煙，抽完就扔掉了。」

「這是我很難同意的。」

「可是你不是煙癮大得很嗎！爲什麼你不同意新聞是沒有危險的，並能使你在一天工作之前得到一種愜意的樂趣。」

「伊朗和伊拉克的戰爭是樂趣嗎？」大褐熊問，他的語氣中既有對保羅的憐憫，又帶有一點不快的情緒，「今天鐵路上發生的大災難，你覺得有趣嗎？」

「你把死亡看作是悲劇，這是你犯了一個常見的錯誤。」保羅聲音響亮地說。

「我承認，」大褐熊冷冰冰地回答，「我始終把死亡看作是悲劇。」

「這就是錯誤，」保羅說，「鐵路上的災難對火車裏的乘客或者對知道自己的兒子乘了這列火車的人來說是可怕的，可是在無線電廣播裏面，死亡的意義和阿加莎·克里斯蒂⓮(Agatha Christi)的小說裏面的完全一樣：她是自古以來最偉大的魔術師，因爲她知道如何把謀殺變成樂趣，況且不僅僅是一次謀殺，而且是幾十次謀殺，幾百次謀殺，一連串謀殺：都是爲了使我們得到巨大的樂趣而在她的小說這座滅絕營裏犯下的謀殺案。奧斯威辛(Auswitz)已經被遺忘了，可是阿加莎小說裏的焚屍爐永遠向天空中飄揚著濃煙，只有一個非常天眞的人才會說這是悲劇的濃煙。」

大褐熊記得保羅早已在用這些奇談怪論影響他所有的人員，這些人在意象學家兇狠的眼光下，以並不太高的熱情支持他們的報導，內心深信他全是老一套。大褐熊雖然責怪自己作了讓步，但也知道他不可能有其他選擇。跟時代精神勉強的妥協總是不可避免的，如果您不願意鼓動所有對我們的世紀感到厭惡的人發動總罷工。可是從保羅的情況看，並不能算是勉強的妥協。他不遺餘力把他的理由和他的光輝的奇談怪論歸之於我們這一個世紀：他完全知道自己在說些什麼，而且根據大褐熊的說法，他的熱情太高了。大褐熊更加冷冰冰地回答說：「我也是，我也看阿加莎·克里斯蒂的小說，在我感到疲勞的時候，在我想回憶一下童年生活的時候。可是如果整個生活變成了孩子的遊戲，世界最終將在孩子的微笑和牙牙學語中毀滅。」

保羅說：「比起一面聽蕭邦⓯(Chopin)的《葬禮進行曲》一面死去，我更喜歡在一片牙牙學語中死去。

⓮阿加莎·克里斯蒂(1890-1976)：英國女偵探小說家，劇作家。共寫有八十部偵探小說。

我還要說，所有的惡都來自這頌揚死亡的葬禮進行曲；如果少一些葬禮進行曲，也許可少死一些人。要懂得，我的意思是說，悲劇激起的敬意要比孩子牙牙學語的無憂無慮危險得多。悲劇的永恆條件是什麼？是理想的存在，理想的價值被認爲比人的生命的價值更高。戰爭的條件是什麼？是同樣的東西。人們強迫你死，就因爲好像存在著某些比你的生命更重要的東西。戰爭只能存在於悲劇世界；人類從他的歷史一開始起看到的便是悲劇世界，而且不從這個世界逃出去。悲劇時代一定要到輕浮起來進行反抗時才能結束。人們對貝多芬的第九交響曲將只知道：爲貝拉香水做廣告時作爲伴奏的那歌頌歡樂的四個節拍。我並不因此而感到氣憤。悲劇將像一個手搗著心口、用沙啞的聲音背誦臺詞的蹩脚演員那樣被逐出世界。輕浮是一種根本性的減肥療法。各種東西將失去百分之九十的意義而變得輕飄飄的。在這種稀薄的大氣之中，狂熱消失了。戰爭將變得沒有可能。」

「我很高興能看到你終於找到了取消戰爭的方法。」大褐熊說。

「你認爲法國的年輕一代能爲了祖國而戰鬥嗎？在歐洲，戰爭已經變得不可想像了；不是在政治上，而是在人類學上不可想像。在歐洲，人們已經不再可能進行戰爭了。」

你們總不致於對我說，兩個意見有嚴重分歧的人能相親相愛，這都是些講給孩子聽的童話。也許他們能

---

⑮蕭邦(1810-1849)：波蘭作曲家、鋼琴家。作品有《鋼琴協奏曲》兩部、《鋼琴奏鳴曲》三部以及大量鋼琴獨奏曲和歌曲等。

相互喜愛，如果他們能保留自己的意見，或者講話時的語氣像開玩笑一樣並不認眞（保羅和大褐熊一直到那時候就是這樣講話的）。可是一旦爭論爆發，那就晚了。並不是他們如此相信他們所捍衛的意見，而是忍受不了別人說他們沒有道理，請看看這兩個人；總之，他們的爭論什麼也改變不了，也不會有任何結果，更不會影響事情的發展，它完全是無效的、無用的，被限制在這個食堂臭烘烘的氣氛裏；當女傭人來打開窗子時，這場爭論將和這些臭氣一起消失。可是請看看這一小群圍在桌子旁全神貫注的聽衆吧！他們全都默默地在聽著，甚至忘了喝他們的咖啡。兩個對手抓住這個微小的輿論界不放；這個微小的輿論界將指出他們兩人中誰掌握著眞理；對他們兩人來說，誰不掌握眞理就等於失去了榮譽，或者是失去了他的「我」的一部分。事實上，他們捍衛的意見和他們毫無關係；可是因爲他們把他們的意見當成了他們的「我」的一個屬性，所以對這種意見的攻擊便變成了用針去刺他們的皮肉。

大褐熊一想到保羅將不再在電臺上宣讀他的矯揉造作的評論，在他靈魂深處的某個角落裏便感到有些快慰；他的聲音像熊一般驕傲，越來越低沉，越來越冷漠。保羅恰恰相反，他的嗓門越提越高，腦子裏出現的念頭越來越激烈、越來越具有挑釁性了。「偉大的文化，」他說，「是這種人們叫作歷史的歐洲墮落的女兒；我要說的是這種始終走在前面、把一代代人看作是接力賽跑的怪癖，在這種接力賽跑中，每個人都超過他的前人，又被後來者超出。如果沒有這種被稱作歷史的接力賽跑，就可能沒有歐洲藝術，也沒有顯示它的特性的東西；獨特性的願望，改變的願望。羅伯斯庇爾[16](Robespierre)，拿破崙，貝多芬，斯大林(Staline)，畢加索[17](Picasso)，都是接力賽跑的運動員，他們全都在同一個運動場上賽跑。」

「你眞的以爲能把貝多芬和斯大林相提並論嗎？」大褐熊挖苦地說。

「當然囉，即使你不樂意也沒有用。戰爭和文化是歐洲的兩極，它的天堂和它的地獄，它的光榮和它的恥辱；但是沒有人能把它們分開。這一極遇到了什麼事，那一極也會遇到什麼事，它們將一起消失。在歐洲五十年來不再有戰爭的這個事實，是和五十年來我們中間沒有出現過任何畢加索有著神秘的聯繫。」

「我要告訴你一些事情，保羅，」大褐熊緩慢得令人不安地說，就像他要伸出他沉重的爪子抓人了，「如果說偉大的文化完蛋了，那麼你也完蛋了，還有你的荒謬的思想也跟著完蛋了，因爲你那些奇談怪論來自於偉大的文化，而並非來自於孩子的牙牙學語。你使我想起了那些從前參加納粹運動和共產主義運動的年輕人，他們並不想幹什麼壞事，也不是有什麼野心，而是因爲過於聰敏。事實上，沒有比爲非思想辨析的論證更費腦子的了。我曾經親眼目睹，在戰爭以後，知識分子和藝術家像牛犢一樣進了共產黨，後來共產黨非常高興地把他們一批批全都清洗掉。你恰恰在做同樣的事情；你是你自己的掘墓人的傑出的同盟者。」

---

⑯羅伯斯庇爾（1758-1794）：十八世紀法國資產階級革命時期雅各賓派領袖。

⑰畢加索（1881-1973）：西班牙畫家、法國現代畫派主要代表。代表作油畫《格爾尼卡》。

十足的蠢驢

從放在他們兩人腦袋之間的無線電收音機傳出貝爾納的熟悉的聲音；他正在採訪一位即將上演的一部電影的演員。這位演員居高臨下的聲音把他們從矇矓中喚醒了：

「我是來和您談我的電影的，不是來談我兒子的。」

「請別怕，會談到您的電影的，」貝爾納的聲音說，「可是時事新聞有它自身的要求。傳說您在您兒子的醜聞中扮演了某種角色。」

「在請我參加您的節目時，您曾經向我保證只談電影所以我們就來談談電影；我不談我的私生活。」

「您是一位衆所周知的名人，我向您提一些聽衆感興趣的問題；我只是在幹我的工作。」

「我將回答任何和電影有關的問題。」

「隨您的便；可是如果您拒絕回答，我們的聽衆將感到很吃驚。」

阿湼絲起床了。一刻鐘以後她去上班，這時候保羅也起身，穿衣服，下樓到門房間去取信件。其中有一封具名是「大裼熊」的信，用苦澀的帶有歉意的詼諧語氣，拐彎抹角地告訴了他我們已經知道的事情：電臺將不再請保羅效勞了。

他把這封信又看了四遍，隨後做了一個滿不在乎的手勢，向他的辦公室走去，可是他心裏很不好受，思想不能集中，總是想著這封信。這件事對他的打擊就如此嚴重嗎？從實際上看，根本不是；可是他受到了傷害。他整整一生都在設法避開法學界。他很高興能使一個大學裏的研究生班活躍起來，他也很高興能在電臺上講話。並不是他不喜歡律師這個職業，相反他很同情那些被告；他想了解他們的罪行，爲他們找出一個犯罪的原因。「我不是一個律師，而是一個辯護詩人！」他開玩笑似地說，他故意要讓自己完全站在違法分子的一邊，把自己看作是（不能說沒有某種虛榮心）一個叛徒，一個第五縱隊，一個（被不合人情的法律所統治的世界上的）心地善良的游擊戰士；這些不合人情的法律在他總是以一個醒悟了的知情人的神態，稍許有點厭惡地捧在手裏的厚厚的書中，都有詳盡的註譯。所以他希望在法院的牆外維持人際關係，和大學生、作家以及新聞記者聯繫，爲了保持自己是他們中的一員的信心（不僅僅是幻想）。他跟他們難捨難分，因此很難忍受大褐熊那封把他打發回辦公室和法院的信。

使他感到沮喪還有另一個原因。在大褐熊昨天把他稱之爲他自己的掘墓人的同盟者時，保羅以爲他的話只是一種沒有具體內容的惡作劇。「掘墓人」這個詞並未使他想起什麼事情。可是現在他收到了信，他應該清楚了：掘墓人果然存在，他們早已經認出了他，並且在等待他了。

他突然醒悟，別人眼中的他和他自己眼中的他是不一樣的，和他以爲的別人眼中的他也是不一樣的。在這個電臺的所有合作者中，他是唯一不得不離開的，而且大褐熊（他並不懷疑他）還曾竭力爲他說好話。他什麼地方惹惱了這些廣告商了？而且，如果以爲只有這些人認爲他是不可接受的，那也未免太天眞了，還有很多其他的人大概也和他們一樣意見。他的形象發生了什麼問題？肯定有問題，他不知道是什麼問題，而且永遠也不會知道。因爲事情就是如此，這個法則對所有人都是有效的：我們永遠不會知道爲什麼和在哪件事上惹惱了別人，在哪件事上討了他們的喜歡，在哪件事上使他們覺得我們可笑。我們的形象對我們自己來說也是神秘莫測的。

保羅知道他這一整天都不會去想別的事情了；於是他取下電話聽筒，邀請貝爾納到飯店裏去共進午餐。他們面對面坐著；保羅一心想馬上談談那封信，不過他是個有教養的人，一開始總得客套幾句：「今天一早我便聽到了你的節目。你對那個演員窮追不捨，就像追一隻兔子一樣。」

「是啊，」貝爾納說，「也許我做得有點兒過分了。可是我當時的情緒很壞。昨天有人來拜訪我，這是我永遠也忘不了的。一個陌生人來看我，他比我高一個頭，腆著一個大肚子。在作自我介紹時，他對我微笑著，神態親切得使我發冷。『我榮幸地把這張證書交給您。』他一面說一面把一隻硬紙筒塞到我手裏，他一定要我當著他的面把硬紙筒打開；裏面有一張證書，是彩色的，用非常端正的字體寫著：貝爾納・貝特朗被晉升爲十足的蠢驢。」

「什麼？」保羅哈哈大笑地說，可是他很快便忍住了，因爲他看到他面前的那張臉嚴肅認眞，一點也沒有開玩笑的意思。

「是的，」貝爾納語氣陰沉地重複著說，「我被晉升爲十足的蠢驢。」

「可是，是誰晉升你的呢？是不是有一個組織？」

「沒有，只有一個看不清楚的簽名。」

貝爾納又重複了幾次他遇到的事情，隨後說：「我一開始幾乎不相信自己的眼睛。我有一個印象，好像自己成了一次謀害事件的受害者。我想喊叫，想報告警察局，後來我懂得了我什麼也不能幹。這個傢伙微笑著伸手對我說：『請允許我向您表示祝賀。』我心慌意亂，竟握住了他的手。」

「你和他握手了嗎？你眞的感謝他了嗎？」保羅說，他幾乎忍不住要笑出來。

「在我知道我不能請警察局把他抓起來以後，我想表現得十分冷靜，似乎一切都很正常，我沒有受到任何傷害。」

「這是肯定無疑的。」保羅說，「一個人晉升爲蠢驢，那麼他的行動也得像蠢驢。」

「唉。」貝爾納說。

「而你不知道他是誰嗎？他不是自我介紹了嗎？」

「我當時非常緊張，他的名字我一下子便忘記了。」

保羅再也忍不住了，放聲大笑起來。

「是的，我知道，你會說這是一個玩笑，當然囉，也許你是對的，這是一個玩笑。」貝爾納接著說，「可是沒有辦法，從那以後，我心裏一直在想這件事。」

保羅不再笑了，他知道貝爾納沒有說謊：毫無疑問，他從昨天以來就沒有想過別的事情。在拿到這樣一張證書以後，保羅會有怎樣的反應呢？和貝爾納完全一樣。如果有人把您看作是十足的蠢驢，這就意味著至少有一個人把您看成是蠢驢，並一定要讓您知道他的看法。這件事本身就很惱人的了，而且它一開始完全有可能不是一個人想出來的，而是由十來個人想出來的。這些人也很可能在策畫另一件事，譬如說在報紙上登啓事，以致每個人都可通過明天《世界報》的婚事、喪事和授勛專欄，知道貝爾納被晉升爲十足的蠢驢了。

貝爾納接著又告訴了他（保羅不知道他該爲他的朋友笑還是哭），自從拿到這張證書以後，他便遇到什麼人就會給什麼人看；他不想獨個兒陷在屈辱之中，而想把其他人也拖進來；他向所有的人解釋說，他不是唯一被人瞄準的：「如果他們只針對我一個，那麼他們應該把證書送到我家裏去，可是他們是到電臺來交給我的！這是對所有新聞記者的攻擊，是對我們大家的攻擊！」

保羅在他的盆子裏切肉，喝著咖啡想道：「這兒是兩個好朋友：一個是十足的蠢驢，另一個是他自己的掘墓人的傑出的同盟者。」他很清楚，即使在心裏，他以後再也不會叫他貝爾納，而將永遠叫他十足的蠢驢。這倒並不是他有什麼惡意，而是因爲這樣一個漂亮的頭銜是不可抗拒的。還有那些在貝爾納激動得喪失理智時向他們出示過那張證書的人，肯定也會永遠這樣叫他。

他還想到，大褐熊在一次普通的圍桌而談中把他叫作「他自己的掘墓人的傑出的同盟者」時是相當友好的。總之，他本來是可以授與他證書的，這樣也許事情更糟。保羅就因爲他朋友的憂傷幾乎忘了自己的痛苦；所以在貝爾納對他說「你好像也遇到了什麼麻煩」時，他只是說「沒什麼大事」；貝爾納跟著又說：「我馬上想到你是不會有什麼的，你有上千的更有趣的事情要做。」

在貝爾納陪他上車時，保羅神情憂鬱地對他說：「大褐熊錯了，意象學家是對的。人只不過是自己的形象。哲學家很可能向我們解釋說輿論不值一提，唯一重要的是我們究竟是什麼。可是哲學家什麼也不懂。只要我們生活在人類之中，我們必將是人們看待我們的那個樣子。當一個人不斷地自問別人是怎麼看我們的，盡力想得到別人的好感時，他就可以被看作是一個騙子或者一個滑頭。可是在我的『我』和另外一個人的『我』之間，如果沒有眼睛作中間媒介，究竟有沒有直接關係？如果在他所愛的人的思想中，沒有對他自己的形象的苦苦追求，愛情還能想像嗎？當我們不再關心別人看我們的方式時，我們便不再愛他了。」

「你說得對。」貝爾納用憂鬱的聲音說。

「這是一種天眞的幻想：以爲我們的形象是一種普通的外表，在它的後面藏著獨立於人們視線之外的我們的『我』的眞正的實體。意象學家們厚顏無恥地證明了事情恰恰相反：我們的『我』是一種普通的、抓不住的、難以描繪的、含糊不清的外表，而唯一的幾乎不再容易抓住和描繪的眞實，就是我們在別人眼裏的形象。最糟的是，你不是你形象的主人。你首先試圖描繪你自己，隨後至少要保持對它的影響，要控制它，可是沒有用：只要有一句不懷好意的話就能把你永遠變成可憐的漫畫。」

他們在車子旁邊停下，保羅看到他面前的是一張比剛才還要焦慮、還要蒼白的臉。他原來是想鼓勵他的朋友，可是他現在深信，他的話打擊了他。他感到內疚：他是在想到他自己和自己的情況時才有這些考慮的。可是不良的後果已經造成了。

在告辭的時候，貝爾納侷促不安地（他這種神態使保羅很感動）說：「請你別對洛拉說這些事，甚至也別對阿涅絲說。」

他友好地使勁握了握貝爾納的手說：「你可以相信我。」

回到辦公室以後，他開始工作。他和貝爾納的會見奇怪地使他得到了安慰，他覺得比上午要好受多了。傍晚，他回到家裏，又見到了阿涅絲。在向她談到大褐熊那封信時，他沒有忘了補充說這件事沒有什麼大不了。他在講這件事時他還試著打哈哈，可是阿涅絲發現在他的講話和笑聲之中，還夾雜著咳嗽。她很熟悉這種咳嗽；在保羅有煩惱時，他總是能控制自己，唯有這種侷促不安的咳嗽洩漏了他內心的煩惱，不過他自己並不知道。

「他們想使廣播節目更加輕鬆有趣一些。」阿涅絲說。她這個說明是想挖苦一下那些取消了保羅的廣播節目的人，隨後她輕輕地捋了捋他的頭髮；可是她實在不應該這麼幹：在阿涅絲的眼睛裏，保羅看到了他自己的形象，一個被人認定既不年輕、又毫不逗趣的人的形象。

母貓

我們每個人都希望違反常規，違反愛情的禁忌，心醉神迷地進入被禁止的王國。可是我們又如此缺少膽量……搞一個年紀比較大的情婦，搞一個年紀比較輕的情夫；這是人們可能推薦的最容易的，而且也是人人都能接受的違反常規的方法。洛拉第一次有了一個比她年輕的情夫，貝爾納第一次有了一個比他年齡大的情婦；他們兩人都是第一次生活在這種很刺激的罪孽之中。

在洛拉對保羅斷言貝爾納使她年輕了十歲時，她講的是眞話：當時她感到精力突然非常充沛。可是這並不是說她感到自己比他年輕。正相反，她一想到自己有一個年輕的情夫，就感到了一種直到那時還從來沒有過的樂趣。這是一個想到自己經驗豐富的情婦，以及把他和她過去的情夫相比較時便感到害怕的情夫。情慾方面的事情和跳舞方面的事情相同：一對舞伴中總有一個是引導另一個的。洛拉第一次在引導一個男人；洛拉對能引導別人而感到陶醉，貝爾納則對能被別人引導而感到陶醉。

年紀較大的女人所能奉獻給年紀較輕的男人的，首先是可以使他深信，他們的愛情不太會有發展成夫妻關係的危險，因爲，無論如何，沒有人能想像，一個有遠大前途的男人會娶一個比自己大八歲的女人，所以貝爾納對洛拉的看法，就像保羅過去對那位後來變成了他的紫水晶的太太的看法一樣。他想像有一天在他能把一位比較年輕的妻子介紹給他的父母，而不會使他們感到尷尬時，他的情婦就能隨之消聲匿跡。他對洛拉的母性的智慧很有信心，相信她能出席他的婚禮，並使年輕的新娘完全蒙在鼓裏，不讓她知道自己曾經是（或者甚至永遠是，爲什麼不能呢？）他的情婦。

他們過了兩年的幸福生活，後來貝爾納被晉升爲蠢驢，變得沉默寡言了。洛拉對那張證書的事一無所知（保羅信守諾言），她沒有詢問貝爾納工作情況的習慣，也不知道他在事業上遇到了什麼別的挫折（大家都知道，禍不單行），所以她把他的寡言少語看作是他不再愛她的證明。她已經抓住他好幾次了；他不知道她剛才對他說了些什麼；所以她肯定這種時候他是在想別的女人。唉，在愛情上只要有一點點小事便會使人灰心失望！

有一天他到她家裏來的時候，滿腦子都是陰鬱的想法，她到隔壁房間去換衣服，他則一個人待在客廳裏和那隻大暹邏貓作伴。他對那隻雌貓並沒有什麼特殊的感情，但是他知道在他情婦的眼裏，牠是神聖不可侵犯的。他坐在一把扶手椅裏悶悶不樂地在想心事，一面心不在焉地將手向貓伸去，因為他覺得應該愛撫牠一下。可是雌貓開始低聲怒叫，還在他手上咬了一口。最近幾個星期以來他遭到了一連串挫折和屈辱，現在又加上了這個創傷，使他勃然大怒：他從扶手椅上跳起來，對著雌貓揮舞著拳頭。雌貓逃到一個角落裏，弓起背脊，發生嚇人的尖叫聲。

這時他回過頭來看到了站在門口的洛拉，她肯定這場戲的全部過程都看在眼裏了。「不，」她說，「別懲罰牠，牠完全有權利這樣做。」

貝爾納好奇地打量她。傷口很痛，他在等待她作出反應：即使她不和他站在一邊來對付這隻貓，至少也應該表示一些最基本的正義感吧。他眞想把這隻小畜生狠狠踢一腳，把牠踢到天花板上，黏在上面掉不下來。他費了好大的勁才克制住自己沒有這樣幹。

她聲音響亮地說：「誰要撫摸牠，就不能心不在焉：我也一樣，我受不了別人身子和我待在一起，心裏卻在想別的事情。」

幾分鐘以前，在看到她的暹邏貓面對貝爾納的神不守舍的神態作出如此強烈的反應時，她突然感到自己和這隻小動物是完全一致的：幾星期以來，貝爾納對她的態度和對這隻雌貓的態度是完全一致的：他撫愛她，可是他在想別的事情：他裝作在陪伴她，可是並不聽她講話。

在她看到雌貓咬她的情人時，她似乎覺得她的另一個「我」，象徵性的和神秘的「我」，也就是她的貓，想用這種辦法來鼓勵她，向她指出應該怎麼辦，並爲她作出了榜樣。她心裏想，有些時候，應該伸出爪子進行還擊。她決定當天晚上和他一起在飯店裏吃飯時，她將最終找到付諸行動所必須的勇氣。

我要預先說，很難想像有比她的決定更愚蠢的了。她想要做的事情完全不符合她的利益。應該指出，貝爾納自從認識她兩年以來，和她一起生活得很幸福，也許甚至比洛拉想像的還要幸福。對他來說，她是他的避難所，他可以遠離他的姓和名相同的父親貝特朗•貝特朗自童年時就爲他準備好的生活。他終於能符合他自己願望地自由生活了；他有了一個秘密的角落，他的任何家人都不會到這兒來好奇地探探腦袋，在這個角落裏，生活有它自己的習慣：他非常喜歡洛拉放蕩不羈的作風、她有時彈彈的鋼琴、她帶他去參加的音樂會，她的情緒和她古怪的脾氣。有她作伴，他感到自己脫離了和他父親交往的、使人生厭的有錢人。可是他們的幸福是有條件的：他們兩人都得保持獨身。如果他們結了婚，一切都將迅速改變：貝爾納的家屬馬上會進行干涉；他們的愛情不僅將失去魅力，甚至會失去意義。到那時候，洛拉對貝爾納的影響力也許將全部消失。

她怎麼會下這樣一個愚蠢的、完全和她的利益相悖的決心呢？她對她的情人就這麼不了解，不懂得他的心情嗎？

是的，不管這件事顯得多麼古怪，她的確對他不了解，不懂得他的心情。她甚至對自己只關心貝爾納的愛情感到驕傲。她從來不過問他的父親，她對他的家庭一無所知，有時候他主動談起他的家庭情況，她一聽就厭煩，馬上叫他住口，不願意浪費她原來可以貢獻給貝爾納的時間。更奇怪的是：在發生證書事件那幾個陰沉的星期中，他幾乎不講話，說是有心事，而她總是回答說：「是的，我知道心事是怎麼回事。」卻從來不向他提一個再簡單不過的問題：「你有什麼心事？到底發生了什麼事？說啊，把你的心事告訴我！」

這是很奇怪的：她發瘋似地愛貝爾納，可是又不關心他。我甚至要說：她發瘋似地愛貝爾納，而就是爲了這個緣故，她才不關心他。如果我們埋怨她不關心人，責備她不了解她的情人，她也許會聽不懂我們的話。因爲洛拉不知道「了解人」是什麼意思。因爲她就像一個懼怕和情人接吻太多會懷上孕的處女！最近一段時間以來，她幾乎無時無刻不在想貝爾納。她不斷地在想像他的身軀、他的臉，覺得自己從來沒有離開過他，他們兩人已經合二爲一了。所以她以爲她已經把他了解透了，比任何人都要了解他。愛情用了解這種幻想欺騙我們大家。

在經過這些解釋以後，我們也許可以終於相信她在吃餐後點心時的宣告（爲了替她找藉口，我也許可以強調指出，他們兩人已經喝了一瓶葡萄酒和兩杯白蘭地，可是我可以肯定，即使她一口沒喝，她也同樣會說的）：「貝爾納，娶我吧！」

對侵犯人權表示抗議的姿勢

布麗吉特上完德語課出來時已經下定決心以後不再來了。一方面歌德的語言在她看來已經沒有實際用處（是她母親逼她學的），另一方面她好像跟德語完全合不來。這種語言和缺乏邏輯性的現象使她很惱火，這一次更到了使人無法容忍的地步：前置詞 ohne（毫無）要求後面跟賓格，前置詞 mit（和）要求後面跟與格。

爲什麼要這樣呢?事實上這兩個前置詞表示的是同一種關係的否定和肯定的兩個方面，因此它們對後面格的要求應該是同樣的。布麗吉特向教師提出了這個問題。教師是一個年輕的德國人，他對這個反對意見感到很尷尬，馬上便感到這是他的錯誤。這個給人好感的、敏銳的青年，因爲自己屬於一個曾經被希特勒統治過的民族而忍受著痛苦。他準備把他祖國的所有缺陷都承擔下來，他馬上便同意這兩個前置詞有不同的格的要求，是沒有任何站得住脚的理由的。

「這不合乎邏輯，我知道，可是這是在幾個世紀中形成的習慣。」他說，好像他想引起年輕的法國少女對一種被歷史罰入地獄的語言的憐憫。

「您能承認這一點，我很高興。這不合乎邏輯，不過語言是應該合乎邏輯的。」布麗吉特說。

年輕的德國人贊同地說：「唉，我們沒有笛卡爾⑱(Descartes)。這是我們歷史中一個不可原諒的缺陷。德國沒有你們那種理性和條理清楚的傳統，它充滿著形而上學的疑雲，德國是華格納的音樂，而我們大家都知道誰最欣賞華格納：希特勒！」

布麗吉特根本沒有把希特勒和華格納放在心上，繼續把她的道理說下去：「孩子可以學習沒有邏輯的語言，因爲孩子還沒有理性。可是一個外國成年人就永遠也學不會了。因此在我的眼裏，德語不是一種世界通

⑱笛卡爾(1596-1650)：法國哲學家、物理學家、數學家、生理學家。著有《方法論》、《形而上學的沉思》、《哲學原理》、《論世界》、《音樂提要》等。

用的語言。」

「您講得非常有道理，」德國人說，接著他又輕輕地加了一句：「您看到了，德國想統治全世界的野心是多麼愚蠢。」

布麗吉特得意地坐上她的汽車，到福雄食品雜貨商店去買一瓶葡萄酒，她怎麼也找不到可以停車的空處；一公里範圍以內，沿著人行道排著好幾列車子，保險桿頂著保險桿。她繞來拐去兜了一刻鐘以後，還是沒有找到空處，感到既吃驚又氣憤。她索性把車子開到人行道上面，熄了火。隨後她徒步走向商店。她遠遠地看到了發生了什麼奇怪的事情；走到跟前，她明白了：

這家有名的食品雜貨商店裏的商品要比其他地方貴十倍，以致到這兒來買東西的都是這樣一些顧客，對他們來說付錢比吃是一個更大的樂趣。這時候，這家商店的店堂裏和周圍，被一百來個穿著簡樸的失業者占據著。這是一次古怪的示威運動：他們不是來砸碎什麼東西，也不是來大聲恫嚇，也不是來呼叫口號，他們只是到這裏來讓有錢人感到尷尬，敗壞他們喝高級葡萄酒和吃魚子醬的雅興。事實上，售貨員和顧客們一樣，臉上都突然漾起了惶恐不安的微笑，好像買賣雙方都無法進行下去了。

布麗吉特在人群中擠出一條路，走了進去。她並不討厭那些失業者，她不責怪那些穿貂皮大衣的濶太太。她聲音響亮地說要買一瓶波爾多葡萄酒，她的堅決果斷的行動使女店員吃了一驚，並使她明白了示威者（他們的在場並未構成任何威脅）不應該阻止她爲這位年輕顧客服務。布麗吉特付錢以後便回頭向她車子走去：汽車前面有兩個手拿鋼筆的警察在等她。

兩位警察告訴她說，她的車子停得不是地方，阻塞了人行道，她指指排成長蛇陣的汽車大聲斥責他們：「那麼你們說說看應該停在什麼地方！既然允許我們買車，就得保證我們有停車的地方，不是這樣嗎？應該合乎邏輯！」

我講這些事只是爲了這個細節：在斥責兩名警察時，布麗吉特想起了在食品雜貨商店門口的失業者，並突然產生了對他們的強烈的同情心，她感到自己和他們在同一個戰鬥中連在一起了。這種想法給了她勇氣，她拉大了嗓門。兩個警察（他們和失業者面前的穿貂皮大衣的濶太太同樣感到侷促不安）只是傻乎乎地支支吾吾地重複著「禁止」、「不准」、「條例」、「規則」等幾個詞，最後沒有對她簽發違警通知便讓她走了。

在這次爭吵的時候，布麗吉特在謾罵時還急速並短促地搖著頭，一面聳著肩膀和眉毛。在回到家裏把這件事告訴她父親時，她的腦袋的動作和剛才爭吵時完全一樣。我們已經看到過這種姿勢了，它表示一種在遇到有人想不承認我們最基本的權利時，既驚奇又憤怒的感情：對侵犯人權表示抗議的姿勢。

人權的概念在兩個世紀以前已經形成了，可是一直要到我們這一世紀七〇年代的下半葉才達到它光榮的頂峯。就是在那個時候，亞歷山大·索忍尼辛⑲（Alexandre Soljenitsyne）被俄國驅逐出境：他的那個蓄有一臉鬍子、戴著一副手銬的奇特的造型，迷惑了西方的在爲前途感到苦惱的知識分子。虧得有了他，儘管晚了五十年，他們終於承認在共產黨的俄國存在著集中營：即使是他們之中的進步人士，也突然確認，爲了一

⑲亞歷山大·索忍尼辛（1918-　）：蘇俄作家。代表作爲《古拉格群島》。

個人的思想而監禁他是不公正的。爲了和他們新的態度取得一致，他們找到了一個絕妙的論據：俄國共產黨侵犯了法國大革命莊嚴宣告的人權。

就這樣，虧得有了索忍尼辛，「人權」這個詞在我們這個時代的詞彙表裏又找到了它的位置。我不知道有哪個政治家每天不講十遍「爲人權而鬥爭」或者「被嘲笑的人權」。可是因爲在西方，人們並不生活在集中營的威脅之下，可以隨便說、隨便寫，所以隨著人權鬥爭的逐步開展，它的具體內容都全部失去了，直到最後變成了所有人對所有事情的共同態度，一種把所有的願望變成權利的力量。世界變成了一種人權，一切都變成了權利：愛情的願望變成了愛情的權利，休息的願望變成了休息的權利，友誼的願望變成了友誼的權利，開快車的願望變成了開快車的權利，幸福的願望變成了幸福的權利，出版書的願望變成了出版書的權利，深夜在街上大喊大叫的願望變成了深夜在街上大喊大叫的權利。失業者有權占領豪華食品雜貨商店，穿貂皮大衣的濶太太有權買魚子醬，布麗吉特有權在公共的人行道上泊車；失業者，穿貂皮大衣的濶太太，布麗吉特，全都屬於同一支爲人權而鬥爭的大軍。

保羅坐在布麗吉特對面的扶手椅裏，深情地看著她從左向右搖著頭。他知道他女兒很喜歡他，這比他討他妻子喜愛更重要。因爲他女兒的仰慕的眼光給了他阿涅絲不能給他的東西；證據就是他沒有失去青年，他始終是青年中的一員。這事發生在阿涅絲聽到他的咳嗽，撫摸他的頭髮兩個小時以後。對這種使人丟臉的撫愛，他還是喜歡布麗吉特的搖頭！他女兒的在場對他來說就像是一個能量儲存器，他可以從中汲取力量。

絶對現代化

啊，這個想挖苦挖苦歷史、貝多芬、畢加索，來刺激大褐熊，惹他光火的親愛的保羅，他在我腦海裏和我的一本小說的人物賈羅米爾(Jaromil)混淆起來，這本小說我完成初稿到今天整整有二十年了，讀者將在後面的一章裏看見我爲了阿弗納琉斯教授放一本在蒙派那斯⑳(Montparnasse)的一家酒吧間裏。

一九四八年的布拉格，賈羅米爾十八歲，對現代詩、德思諾斯㉑(Desnos)、艾呂雅㉒(Eluard)、布烈東㉓(Breton)、奈茲瓦爾㉔(Vitezslav Nazval)愛得要死‥學他們的樣，他把藍波㉕(Rimbaud)在《地獄裏的一季》中寫的句子「應該絕對現代化」當做自己的口號。而在布拉格突然之間表現得絕對現代化的，是社會

⑳蒙派那斯：巴黎市內的一個區。

㉑德思諾斯(1900–1945)：法國詩人，早年曾參加超現實主義文藝團體。作品有《自由或愛情》。

㉒艾呂雅(1895–1952)：法國詩人，早年曾和安德烈·勃勒東等人一起創建超現實主義文藝團體。作品有《詩歌和眞理》等。

㉓布烈東(1896–1966)：法國詩人、評論家。一九二二年發表《超現實主義宣言》，創建超現實主義文藝團體。

㉔奈茲瓦爾(1900–1958)：捷克詩人。作品有《希望的母親》等。

主義革命，它立即粗暴地譴責賈羅米爾愛得要死的現代藝術。於是我們的主人公在幾個朋友（對現代藝術同樣愛得要死）的面前，冷嘲熱諷地否定他曾經喜愛過的一切（他曾經眞正地、由衷地喜愛過的一切），爲的是不違背「絕對現代化」的偉大命令。在他的否定裏，他投入了一個希望通過粗暴行動，進入成年人生活的少年的全部狂熱、全部熱情。他的朋友們看見他怎樣固執地否定他曾經視爲最珍貴的一切，他曾經爲之生活過也願意爲之生活的一切，看見他否定畢加索、達利、布烈東和藍波，看見他以列寧和紅軍（在當時代表了現代化的頂峯）的名義否定他們，他的朋友們喉嚨哽住，先是感到驚奇，接著感到噁心，最後感到了害怕。這個少年贊成那些聲明自己是現代化的事物，並不是出於卑怯（爲了自己的飛黃騰達）而贊成，而是像忍受著痛苦，犧牲自己心愛東西的人那樣出於勇敢而贊成；他的這種公開表現，是的，他的這種公開表現確實有著可怕的成分（預兆著迫在眉睫的「恐怖」的可怕，監禁和絞刑的可怕）。也許當時有人一邊觀察他，一邊對自己說：「賈羅米爾是他自己的掘墓人的同盟者。」

當然，保羅和賈羅米爾一點兒也不相像。他們唯一的共同點正是滿腔熱情地堅信「應該絕對現代化」。「絕對現代化」是一個內容變化不定而且難以把握的概念。在一八七二年，藍波肯定沒有想到，在這些字裏面有著幾百萬座列寧和斯大林的半身像，他更加沒有想到廣告影片，彩色照片或者搖滾歌星的心醉神迷的臉。但

㉕藍波(1854-1891)：法國詩人。信奉象徵主義，作品中充滿悲觀絕望思想，並認爲幻覺和曖昧的主觀世界構成詩的「眞實」。

是，沒有什麼關係，因爲絕對現代化意味著：決不把現代化的內容重新提出討論，完全聽命於它，正如完全聽命於絕對一樣，也就是說沒有任何懷疑。

完全和賈羅米爾一樣，保羅知道明天的現代性和今天的現代性不同，對現代化的「永恆需要」來說，應該善於拋棄它的暫時的內容，正如對藍波的「口號」來說，應該善於拋棄藍波的「詩」。在一九六八年的巴黎，大學生們採用了一種比賈羅米爾在一九四八年的布拉格採用的還要激進得多的術語，拒絕接受眼前的世界：起居設備、市場、廣告的表面世界；把連續劇塞滿人腦袋的愚蠢的大衆文化的世界；父輩的世界。在這個時期，保羅在街壘上度過了幾天，他的噪音響得像二十年前賈羅米爾的噪音一樣堅決：任什麼也不能使他屈服，在大學生的造反伸給他的手臂的支持下，他離開了父輩們的世界，在三十五歲上終於變成了成年人。

接著歲月流逝，他的女兒長大了，在眼前的世界裏，在電視、搖滾樂、廣告、大衆文化及其連續劇的世界裏，在歌星、汽車、時裝、豪華食品和上升到明星之列的工業界風雅人士的世界裏，感到很舒服自在。保羅能夠毫不動搖地堅持自己的立場來對付教授、警察、市長和部長，卻完全不知道怎樣堅持自己的立場來對付自己的女兒；她喜歡坐在他的膝頭上，不像他爲了進入成年所做的那樣，一點兒也不急於離開父輩的世界。正相反，她希望盡可能長久地和她的寬大爲懷的爸爸住在同一所房屋裏，他（幾乎感動地）允許她每個星期六跟她的小情人睡在父母臥房的旁邊。

一個人不再年輕，又有了一個和自己在她那個年紀時完全不同的女兒，絕對現代化意味著什麼呢？保羅毫不困難地找到了答案：絕對現代化，在這種情況下，意味著與自己的女兒絕對同化。

我設想保羅在阿涅絲和布麗吉特的陪同下，坐在晚飯桌前。布麗吉特在椅子上側轉身子，一邊望著電視螢幕，一邊咀嚼。三個人中沒有一個人說話，因爲電視的聲音太響。保羅腦子裏一直響著大褐熊的那句令人沮喪的話，大褐熊把他稱爲他自己的掘墓人的同盟者。接著布麗吉特的笑聲打斷了他的思路：螢幕上出現了廣告，一個剛滿一歲的赤身裸體的男孩坐在便盆上，一邊立起來，一邊拉背後的那卷衛生紙，潔白的衛生紙像新娘的結婚禮服的莊嚴的拖裙一樣攤開。保羅記起了他最近十分驚訝地發現，布麗吉特從來沒有念過藍波的任何一首詩。由於他自己在布麗吉特這個年紀上多麼喜愛藍波，他可以完全有理由把她看成是自己的掘墓人。

他聽著女兒的爽朗笑聲，感到了幾分憂鬱，他女兒不知道大詩人，卻十分欣賞電視裏的那些荒唐東西。接著他問自己：說實在的，他爲什麼這麼喜愛藍波？怎麼會產生這種喜愛的？他是被藍波的詩迷住了嗎？不。藍波當時在他心中是和托洛斯基(Trosky)、毛澤東、卡斯特羅混同起來，形成了一個獨特的革命大雜燴。他首先知道藍波的東西是大家反複高喊的口號：「改變生活」。(爲了提出這樣一個平庸的說法，倒好像需要一個天才詩人似的……)毫無疑問，保羅後來念了藍波的一些詩，其中有些他熟記在心，而且喜愛上了它們。但是他從來沒有念過他所有的詩：只念過他接近的人向他談起的那些爲他所喜愛的詩，而他接近的人談到它們，也多虧了另外一些接近的人的推薦。藍波因此不是他的從審美觀點出發的愛，也許他就從來不曾有過任何從審美觀點出發的愛。他站到藍波的旗幟下，正像別人站到一面軍旗底下一樣，正像別人加入一個政黨一樣，正像別人去支持一支足球隊一樣。實際上藍波的詩給他帶來了什麼變化呢？只有屬於喜愛藍波的詩的那種人的驕傲。

保羅經常回想起他新近和大褐熊之間的一次談話：是的，他誇大其辭，他讓自己被一些悖論所左右，他向大褐熊以及所有別的人挑釁，但是總而言之，他說的不是眞情實話嗎？大褐熊懷著那麼大的敬意爲「文化」的東西，不是我們的幻想嗎？當然有幾分美，幾分寶貴，但是對我們來說，遠沒有我們敢於承認的那麼重要。

幾天以前保羅在布麗吉特面前，力求重新使用相同的詞語，發揮那些觸怒大褐熊的想法。他想知道他女兒有什麼反應。她不僅沒有對那些挑釁的用語感到憤慨，反而準備走得更加遠得多。對保羅來說最重要的是這個。因爲他越來越依戀他的女兒，近幾年來他不論遇到什麼問題都要徵求她的意見。他這樣做也許出於一種符合教育學的關切，是爲了迫使她關心一些重大的事，但是很快地角色就不知不覺地互相掉換了：他不再像一位用提問來鼓勵一個害羞的女學生的老師，而是像一個對自己沒有信心的、向女通靈者求敎的人。

人們對一個女通靈者並不要求她掌握巨大的智慧（保羅對他女兒的才能和知識並沒有抱太大的幻想），而是要求他通過看不見的渠道，與位於她身體以外的一座智慧庫連接起來。當布麗吉特向他陳述自己的意見時，他並不認爲這些意見是他女兒的個人獨創，而是出於通過她的嘴表達出來的年輕人巨大的集體智慧；因此他懷著不斷增長的信心聽她講話。

阿涅絲站起來，把飯桌上的盤子收拾起來送到廚房裏去，布麗吉特已經把椅子轉過去，從此臉朝著螢幕，保羅單獨留在飯桌前。他想到了他的父母玩的一種集體遊戲。十個人圍著十把椅子轉圈子，一聲令下，大家全都應該坐下。每把椅子上有一個題詞。在他碰巧坐上的那把椅子上可以看到：「他自己的掘墓人的傑出的同盟者」。他知道遊戲已經結束，這把椅子他將永遠坐下去了。

怎麼辦？沒有辦法。況且爲什麼一個人不應該是自己的掘墓人的同盟者？他應該和他們動拳頭相打嗎？爲了讓他們朝他的棺材上吐唾沫嗎？

他再次聽見布麗吉特的笑聲，另外一個定義立刻出現在他腦海中，最荒謬的、最激進的定義。他喜愛它，甚至忘掉了自己的憂愁。以下就是這個定義：絕對現代化，就是成爲自己的掘墓人的同盟者。

成了自己光榮的犧牲品

對貝爾納說「娶我吧！」不管怎麼樣都是一個錯誤：在他被晉升爲十足的蠢驢以後，這更是一個像勃朗峯一樣大的錯誤。因爲有一個情況必須考慮，這個情況乍看上去似乎完全不可能，但如果想瞭解貝爾納，提一提它還是有必要的：除了小時候出過一次痲疹以外，他從來沒有生過病，他唯一的一次貼近見到過的死亡是他父親的獵兎狗的死亡，除了考試有過很少幾個壞分數，他沒有遭到過任何失敗；他生活在確信中，確信自己生來就應該得到幸福，就應該得到大家的好感。他晉升到蠢驢這個等級是他遭到的第一次命運的打擊。

在當時出現了一個奇怪的巧合。意象學家們就在那時候，爲了貝爾納所在的電台發起一個大規模的宣傳運動，因此，編輯成員的彩色像出現在大幅宣傳畫上，貼遍了整個法國：他們一個個全部都在藍色天空的背景上，穿著白色襯衫，袖子捲起來，嘴張開，他們在笑。在巴黎街頭散步，貝爾納起初感到得意得忘乎所以。

但是在享受了一兩個星期的完美無瑕的光榮後，大腹便便的吃人妖魔笑容滿面地來交給他一個硬紙筒。如果這件事早些發生，巨大的相片還可貼出去讓人人都看到，貝爾納毫無疑問能夠稍微忍受這個打擊。但是相片的光榮給證書的恥辱帶來了一種共鳴，它擴大了恥辱。

在《世界報》上看到了一個默默無聞的人，一個叫貝爾納•貝特朗的人，被晉升爲十足的蠢驢是一回事。光榮給我們遇到的任何一件事添加了百倍的回聲。一個人身後帶著一個回聲在人群中散步，這可不是一件愉快的事。貝爾納突然明白了自己的最新弱點，他想到光榮確確實實是他從來沒有妄想到的東西。當然他曾經希望得到成功，但是成功和光榮是不同的東西。光榮意味著許多人認識您而您不認識他們；他們相信自己想對您怎麼樣都可以，他們希望知道您的一切，而且他們的舉止表現就像您是屬於所有。演員、歌星、政治家肯定從把自己這樣地貢獻給別人中感到一種快樂。但這種快樂，貝爾納並不嚮往。他新近採訪一位兒子捲進了一件不光彩的案子的演員，非常高興地看到這個人的光榮怎樣變成了他的阿喀琉斯㉖(Achilles)的腳踵，他的弱點，他的缺陷，變成了鬣毛，人們抓住鬣毛就抓住了他，搖他，不再放開他。貝爾納希望做提問的人，而不願意做被迫回答的人。然而光榮屬於回答的人，而不屬於提問的人。回答的人在聚光燈的燈光照耀下，提問的人被拍攝到的是後背。出現在強烈燈光下的是尼克森而不是伍德沃德。貝爾納並不嚮往被聚光燈對準

㉖阿喀琉斯：希臘神話中的英雄。出生時被母親海洋女神忒提斯握住腳踵倒浸在冥河水中，因此除沒有浸水的踵部外，任何武器不能傷害他的身體。後被敵人用箭射中腳踵而死。「阿喀琉斯的腳踵」意即致命弱點。

的人的光榮，而是站立在半明半暗處的人具有的權力。他嚮往殺死一頭老虎的獵手的力量，而不是被那些把用來做自己的牀前小塾毯的人所讚賞的老虎的光榮。

但是光榮並不爲著名人物所專有。每個人至少可以有一次得到自己的小小的光榮，至少在短短的時間裏嘗到葛麗泰・嘉寶(Greta Garbo)、尼克森或者一隻被剝皮的老虎所嘗過的東西。貝爾納張開的嘴在城裏所有的牆上笑著，他感到自己被釘在犯人示衆柱上：人人都在看他，研究他，評論他。「貝爾納，娶我吧！」當洛拉對他這麼說時，他想像她在他身邊的犯人示衆柱上。猛然間（這種情況以前從來不曾有過），她在他眼裏顯得老了，怪誕得讓人感到不愉快，而且有點可笑。

正因爲他從來沒有這麼需要她，所以這一切變得愚蠢了。對人最有益的愛在他看來仍然是一個年紀比較大的女人的愛，只要這種愛變得更加秘密，這個女人表現出更多的小心和謹愼。如果洛拉不是愚蠢地向他提出結婚，而是下決心把他們的愛情建成一座遠離社會生活的豪華的城堡，她就不必害怕會失掉貝爾納。但是看到每個街角都有巨大的照片，洛拉把照片跟她情夫的新態度，跟他的沉默，跟他的心不在焉的表情聯繫起來，毫不遲疑地得出的結論是：成功把另外一個占據了他的全部思想的女人送到了他的道路上。洛拉不希望不戰而降，所以她轉入了進攻。

您現在明白了爲什麼貝爾納後退。一個進攻，另一個後退，這是規則。退卻，正如人人都知道的，是最困難的軍事演習。貝爾納以一個數學家的精確度進行：不久以前，他還每個星期在洛拉家裏過四夜，現在給自己限定爲兩夜；他原來每個周末都和她出去，現在隔一個星期陪她一次，而且還準備進一步縮減。他覺得自己就像一個宇宙飛船的駕駛員，回到同溫層以後，應該猛然刹車。因此他謹愼而又堅決地刹車，而他那個優雅的、慈母般的情婦卻在他的眼前消失得無影無踪了。代替她的是一個喜歡吵架的女人，正像缺乏成熟一樣缺乏文靜，活躍得讓人討厭。

大褐熊有一次對他說：「我認識了你的未婚妻。」

貝爾納臉羞得通紅。

大褐熊繼續說：「她和我談起你們之間的誤會。她是個討人喜歡的女人。對她要多加體貼一些。」

貝爾納氣得臉發白。他知道大褐熊這個人嘴快，因此他肯定整個電臺現在都知道他的情婦的身分。和一個比自己年紀大的女人有私情，過去在他看來是一種有趣的反常行爲，甚至幾乎可以說是一個大膽行爲；但是現在他明白了他的同事們只會把這看成他的驢性的新證明。

「爲什麼妳去向外人抱怨？」

「向外人？你指的是誰？」

「大褐熊。」

「我以爲他是你的朋友呢！」

「即使他是我的朋友，妳爲什麼把我們的私生活講給他聽？」

她傷心地回答：「我不向人隱瞞我對你的愛，難道我應該不說出去嗎？你也許爲我感到羞恥吧！」

貝爾納什麼也沒有回答。是的，他爲她感到羞恥，即使他跟她在一起感到快樂。但是只有在忘了他爲她感到羞恥的時候，跟她在一起他才能感到快樂。

鬥爭

在愛情的宇宙飛船上，洛拉經不住減速。

「你怎麼啦？我求你，給我解釋解釋。」

「我沒有什麼。」

「你變了。」

「我需要一個人待著。」

「發生了什麼事嗎？」

「我有煩惱。」

「如果你有煩惱，那就更有理由別一個人待著。一個人有煩惱時，就需要有別的人。」

一個星期五，他到自己的鄉間住宅去，卻沒有邀請她。可是星期六她突然來到。她知道自己不應該這樣做，但是很久以來她已經習慣了做不應該做的事，她甚至還爲之感到驕傲，因爲男人正是爲了這個才讚賞她，貝爾納更比別的男人有過之無不及。往往在她感到不滿意的音樂會或者演出中途，她會站起來表示抗議，並且在感到不快的鄰座的不以爲然的目光注視下，響聲很大地公然退場。一天，貝爾納讓女看門人的女兒送一封她正焦急等待著的信到她的舖子裏去交給她；她欣喜若狂，在貨架上取了一頂至少值兩千法郎的毛帽子，送給這個十六歲的少女。另外有一次，她和貝爾納到海濱的一座出租的別墅裏住上兩天，不知爲了什麼原因想懲罰他，把整個下午的時間用來跟一個十二歲的小男孩，他們鄰居一個漁夫的兒子，玩了整整一個下午，倒好像她連她的情夫的存在都忘得一乾二淨。貝爾納當時甚至感到自己自尊心受到了傷害，奇怪的是他最後還是在她的行爲裏看到了一種迷人的自發性（爲了這個孩子，我差點忘了整個世界！），這種迷人的自發性是和使人沒法生氣的女人特性（她不是像慈母般地被一個孩子打動了嗎？）結合在一起，第二天她忘掉了漁夫的兒子，只關心他，從此他的怒火完全消失了。在貝爾納的多情的，讚賞的目光注視下，洛拉的變化莫測的怪念頭紛紛出籠，簡直可以說像玫瑰花一樣盛開；她的不恰當的行動，她的有欠考慮的話語，在她自己看來就像她的獨創性的標誌，她的自我的魅力；她感到很幸福。

當貝爾納開始逃避她時，她的怪誕雖然沒有消失，但是立即失去了它的美好的、自然的特性。她決定不邀而上他家門的那一天，知道這一次這樣做不會爲她贏得讚賞，她走進房子時的憂慮心情，使得她的行爲的放肆，不久以前還是天眞的，甚至還是迷人的放肆，變成爲咄咄逼人的，怒氣沖沖的了。她了解這一點，不能原諒貝爾納使她喪失了她新近還能從她是她自己中感到的快樂，如今這種快樂突然間顯得脆弱了，沒有了根，而且完全受貝爾納的支配，受他的愛情的讚賞的支配。但是這反而更促使她採取更古怪、更不合理的行動，更增強了她的惡意。她想引起一次爆發，內心裏隱隱約約抱著一個希望，希望在暴風雨後烏雲會消散，一切又會變得和從前一樣。

「我來了，」她笑著說，「我希望這使你感到高興。」

「是的，這使我感到高興。但是我在這兒是爲了工作。」

「我不打攪你工作。我什麼也不要求。我僅僅想跟你待在一起。難道我過去打攪過你工作嗎？」

他沒有回答。

「總之，我常常在你準備廣播稿時陪你到鄉下來。難道我打攪過你嗎？」

他沒有回答。

「我打攪過你嗎！」

沒辦法。他應該回答：「不，妳沒有打攪過我。」

「那麼爲什麼我現在打攪你呢？」

「妳沒有打攪我。」

「不要說謊！你要盡力表很得像個男子漢，至少要拿出勇氣來對我說，我不邀而來，讓你感到惱火。我不能容忍懦夫。我寧可聽見你對我說『滾開』。說呀！」

他爲難地聳聳肩膀。

「爲什麼你是懦夫？」

他又聳了聳肩膀。

「別聳肩膀！」

他還想第三次聳肩膀，但是他沒有聳。

「你怎麼啦？我求你，給我說說清楚。」

「我沒什麼。」

「你變了。」

「洛拉！我有煩惱！」他提高了嗓門說。

「我也有煩惱！」她也提高了嗓門回答。

他知道他的表現很愚蠢，像一個被媽媽斥責的孩子；他恨她。他應該怎麼辦呢？他懂得怎樣對女人們親切，怎麼顯得有趣，也許還有怎樣才顯得有誘惑力，但是他不懂得怎樣對她們兇狠，沒有人教過他這個，相反的所有的人都往他腦袋裏塞的是對她們不應該兇狠。對一個不經邀請來到自己家的女人，一個男人應該怎麼表現呢？哪一所學校能夠學到這些東西呢？

他不打算再回答她，走進隔壁的房間裏，躺在長沙發上，隨手拿起一本書。這是一本本袖珍本的偵探小說。他仰臥著，打開的書拿在胸前，他裝著在看。一分鐘以後，她進來，坐在他對面的單人沙發上。接著她望著裝飾這本書封面的彩色照片，問：「你怎麼能看這種東西？」

他吃了一驚，朝她轉過頭來。

「這種封面！」洛拉說。

他仍舊不懂是怎麼回事。

「你怎麼能把這麼低級趣味的封面放在面前？如果你一定要當著我的面看這本書，那就請你把封面撕掉。」

貝爾納什麼也沒有回答，撕掉封面遞給她，重新專心地看書。

洛拉恨不能大喊大叫。她想她應該站起來走掉，永遠不再看見他。或者是她應該把書推開幾釐米，朝他臉上吐口唾沫。但是她沒有勇氣這麼做，也沒有勇氣那麼做。她寧可撲到他身上（書掉落在地板上），一邊發瘋般連連吻他，一邊雙手摸遍他的全身。

貝爾納一點也不要做愛。但是他敢於拒絕爭論，卻不知道怎麼來拒絕愛的召喚。況且在這方面他和所有各個時代的男人都一個樣。有哪個男人膽敢對一個滿懷柔情地把手伸進他褲襠的女人說「別碰我！」呢？就是這同一個貝爾納剛剛還懷著極端的輕蔑，把一本書的封面撕下來遞給受辱的情婦，現在突然對她的撫摸溫順地做出了反應，一邊抱吻她，一邊解開自己褲子上的鈕扣。

但是她也不希望做愛，把她推向他的是不知該怎麼辦的絕望，以及必須做什麼事的需要。她的急躁的、熱情的撫摸表達了對一個行動的盲目嚮往，對一句話的無聲的嚮往。當他們開始做愛時，她盡力使他們的擁抱比以往更加粗野，像火災一樣來勢兇猛。但是在一次無言的性交中（因爲他們喘不過氣來，除掉悄悄說的幾句抒情的話以外，一直是在沉默中做愛），怎麼才能達到這個程度呢？是的，怎麼才能達到這個程度呢？用迅速而猛烈的動作嗎？用喘息的音量的增大嗎？用姿勢的變換嗎？由於不知道其他的方法，她使用了這三種方法。特別是她主動地時時刻刻都在變換姿勢：時而手脚著地，時而騎在他的身上，時而想出一些他們從未試過的絕對新奇的、極其困難的姿勢。

進行這樣出人意外的體育表演，貝爾納把它看成是他不能不接受的挑戰。他又重新有了他從前的那種害怕別人低估他的做愛的才能和成熟的年輕人的憂慮。這種憂慮使洛拉重新掌握了一個比自己的搭檔年紀大的女人的能力，這種能力不久前她剛失去，而他們的關係從前就是建立在它上面。他重新有了這種不愉快的感覺：洛拉比他有經驗，她知道他所不知道的東西，她能夠拿他和別人做比較，能夠評價他。因此他異乎尋常地賣力去完成要求的動作，只要洛拉稍微有個暗示，表示她要換個動作，他像一個出操的士兵一樣既順服而又敏捷地做出反應。這種愛的體操需要那麼專心，他甚至沒有時間問一問自己是不是處在衝動之中，他是不是感到了可以稱之爲淫逸之樂的東西。

她更不關心什麼快樂和衝動。「我不放開你，」她心裏說，「我不讓自己被排除掉，我將爲了保留你而鬥爭。」於是她的性器官上上下下地動著，變成了她開動和操縱的武器。她對自己說，這個武器是最後的武器，她唯一剩下的武器，但是它是全能的。隨著動作的節奏，就像樂曲中的一個固定低音，她不斷地爲自己重複著：「我將鬥爭，我將鬥爭，我將鬥爭。」她一定能獲得勝利。

只要翻開一本詞典就行了。鬥爭的意思是用自己的意志去對抗另外一個人的意志，爲的是打垮他，使他屈服，可能還要把他殺死。「生活是一場鬥爭，」這一句話當第一次說出來時，聽上去一定像一聲傷感的、聽天由命的嘆息。我們這個樂觀主義和大屠殺的世紀，能夠把這句可怕的慣用語改變成爲一首歡樂的小調。也許你會說「對」某個人進行鬥爭有時是可怕的，但是「爲」某件事進行鬥爭卻是高尙的、美好的。努力爲幸福（愛情，正義等等）做出貢獻，毫無疑問是美好的，但是如果您眞喜歡用「鬥爭」這個詞來表示您的努力，這就意味著在您的高尙的努力裏隱藏著把某個人打翻在地的願望。「爲……」的鬥爭是和「對……」的鬥爭不可分割的，在鬥爭中，鬥爭者常常爲了前置詞「對」的利益忘掉了前置詞「爲」。

洛拉的生殖器強有力地上上下下地動著。洛拉在鬥爭。她在做愛，也在鬥爭。她爲貝爾納而鬥爭。但是對誰呢？對她緊抱在懷裏，接著又爲迫使他改變姿勢而推開的人。在沙發上和地毯上的這種消耗體力的表演使得他們出汗，使得他們喘不過氣來，好像一場殊死鬥爭的啞劇：她攻擊，他防衛，她發布命令，他服從。

阿弗納琉斯教授

阿弗納琉斯教授沿著曼因街往下走，繞過蒙派那斯車站，因爲沒有什麼急事，決定穿過拉斐特百貨公司。在婦女用品部，他又到了一些穿著最新流行時裝的蠟製人體模型中間，她們從四面注視著他。阿弗納琉斯喜歡跟她們在一起。這些女人固定在一個瘋儍的動作中，嘴大大地張開，表達出的不是笑（嘴唇沒有拉長），而是激動，他發覺她們有一種特殊的誘惑力。在阿弗納琉斯教授的想像中，所有這些僵化的女人剛覺察到了他的生殖器挺然勃起，它不僅僅是巨大的，而且由於裝飾在頂端的那個長角魔鬼的腦袋，與一般的陰莖大不相同。在流露出旣讚賞又恐懼的表情的那些女人旁邊，另外一些女人把她們鮮紅的嘴唇噘得圓圓的，兩片嘴唇中間有一個舌頭隨時隨刻都可能伸出來，要和他接一個色情的吻。還有第三種類型的女人，她們的嘴唇上浮現出一種夢幻般的微笑。她們的眼睛半閉著，不容人有任何懷疑：她們剛剛長時間地、默默地嘗到了性交的快樂。

這些人體模型的神情好像經過一個核能源的輻射，卻在任何人身上得不到反應。人們在貨物中間來來往往，疲乏、憂鬱、惱怒，對性器官完全不感興趣，只有阿弗納琉斯教授在那兒經過時，相信自己在主持著一個規模巨大的放蕩聚會，因而感到很快樂。

唉，最美的東西也有個結束：阿弗納琉斯教授走出了大百貨公司，爲了避開林蔭大道的車流，朝通往地鐵的地道的扶梯走去。他對這些地方很熟悉，所以對出現在眼前的景色並不感到驚奇。在過道裏總有相同的一幫人。兩個流浪漢在通過休息之後來醒醒酒，他們中間的一個手上沒有放開他的紅葡萄酒瓶，有時候招呼行人，露出一臉使人沒法生氣的笑容，沒精打采地要求爲一瓶新的葡萄酒做出捐助。一個年輕人坐在地上，背靠著牆，臉一直用雙手捂住；在他面前有用粉筆寫的告白，說他剛從牢房出來，沒法找到工作，在受著饑餓的煎熬。最後還有一個顯得疲勞的音樂家立在牆旁邊（在從牢房出來的那個人的對面）；他的脚跟前一邊放著一頂裏面有幾個零錢的帽子，另一邊放著一個喇叭。

這一切都很正常，只有一個不常見的情況引起了阿弗納琉斯教授的注意。正好在從牢房出來的人和兩個醉醺醺的流浪漢之間的半當中，不是靠近牆，而是在過道中間站著一位太太，相當漂亮，不超過四十歲。她手上拿著一個紅色捐款箱，帶著煥發出女性特徵的微笑，把捐款箱伸向行人。在捐款箱上可以看到這樣一句告白：「請援助麻瘋病人。」她衣服雅緻，和背景形成了強烈對比，她的熱情像一盞明燈似的照亮了昏暗的過道。她的存在顯然使那些習慣於在這兒度過他們的工作日的求乞者感到不快，放在音樂家脚邊的喇叭已經在一場不公平的競爭面前表示投降。

這位太太每一次吸引住一個人的眼光，都要淸晰地發出聲音說話，但是聲音又低得幾乎聽不見，逼得行人在她嘴唇上念出：「痲瘋病人！」阿弗納琉斯也準備在她嘴上辨讀出這幾個字，但是這個女人看見他，只說出了一個「痲」字，讓「瘋病人」三個字縮了回去，因爲她認出了他。阿弗納琉斯也認出了她，卻不明白她怎麼會出現在這種地方。他奔上扶梯，從林蔭大道的另一邊出去。

到了那兒他明白了他取道地下過道是枉費心機，因爲交通已經阻塞：從法蘭西學院到雷恩街有一群遊行示威的人占了整個街面，緩緩前進。因爲他們的臉都是晒黑了的，所以阿弗納琉斯教授相信是阿拉伯人在抗議種族主義。他對他們不關心，走了幾十米，推開一家酒吧的門。老闆對他說：「昆德拉先生要遲到了。這是他給您留下的一本書，供您在等他的時候解解悶。」說著遞給他我的小說《生活在別處》，是叫做富利奧的那種廉價版。

阿弗納琉斯教授把書塞進口袋，絲毫沒有對它注意，因爲正好這時候他想起了拿著紅色捐款箱的那個女人，他希望再見到她。「我馬上就回來。」他一邊出去一邊說。

根據橫幅上標語口號，他終於明白了遊行的不是阿拉伯人，而是土耳其人，他們抗議的不是法國的種族主義，而是抗議保加利亞的土耳其少數民族的保加利亞化。示威者舉起拳頭，舉得有點有氣無力，因爲在人行道上閑逛的巴黎人抱著無限冷漠的態度，把他們推到了絕望的邊緣。但是他們一看見有個男人腆著嚇人的大肚子在人行道上朝著同一個方向一邊走，一邊舉起拳頭跟他們一齊叫喊「打倒俄國人，打倒保加利亞人！」

他們立刻精神振作起來，比較起勁地在林蔭大道上呼著口號。

阿弗納琉斯在地鐵入口處，幾分鐘前他剛上來的那座扶梯旁邊，看見兩個相貌醜陋的年輕女人在忙著分發傳單。爲了進一步了解反保加利亞的鬥爭，他問她們中的一個：「您是土耳其人？」——「感謝上帝，我不是！」那個女人趕緊回答，倒好像他指控她做了什麼可怕的事似的。「我們跟這個示威遊行毫不相干，我們在這兒是爲了向種族主義進行鬥爭！」阿弗納琉斯向她們每人要了一張傳單，迎面碰到了一個年輕人的微笑，這個年輕人懶懶散散地把胳膊肘支在地鐵欄桿上。他也遞過來一張傳單，臉上帶著一種高高興興的挑釁神情。

「這是反對什麼？」阿弗納琉斯教授問。

「這是爲了卡納克(Kanak)人民的自由。」

阿弗納琉斯教授因此帶了三張傳單下到地底下去；他一下去就立刻感覺出地下墓穴的氣氛變了；疲乏和厭倦已經一掃而空，有什麼事發生啦：阿弗納琉斯聽見活潑的喇叭聲、拍手聲、笑聲。接著他看清楚了是怎麼回事：拿著紅色捐款箱的女人還在那兒，但是被兩個流浪漢圍著，一個抓住空著的左手，另一個輕輕握住拿著捐款箱的左胳膊。抓住手的那個人邁著小舞步，三步向前，三步向後。握住胳膊抬起肘部的那一個把音樂家的帽子伸向行人，嘴裏叫喊著：「爲了麻瘋病人！爲了非洲！」音樂家在他旁邊吹著喇叭，吹得上氣不接下氣，啊，他從來還沒有這麼吹過。人越聚越多，他們感到有趣，露出了微笑，向帽子裏扔零錢，甚至扔票子，那個醉漢在謝他們：「啊，法蘭西多麼慷慨呀！謝謝！代麻瘋病人謝謝！沒有法蘭西他們將全都像可憐的畜生一樣活活餓死！啊，法蘭西多麼慷慨呀！」

那位太太不知怎麼辦：時而她試著掙脫身子，時而在鼓掌聲的鼓勵下向前和向後邁出小舞步。那個流浪漢突然想讓她朝他旋轉過來，要跟她身子貼著身子跳舞。她聞到了一股強烈的酒氣，笨拙地自衛著，害怕和不安從她臉上流露出來。

從監獄出來的那個人突然站起來，開始指手劃脚，好像通知那兩個流浪漢出現了危險。兩名警察走過來。阿弗納琉斯教授看見他們，連忙也參加了跳舞。他讓他的大肚子左右搖擺，兩條胳膊半彎曲著輪流伸向前，朝著人群微笑，在他周圍散布了一種無法形容的無憂無慮的和平氣氛。警察來到他們旁邊時，他朝拿捐款箱的太太有默契似的笑笑，接著開始隨著喇叭和他的舞步的節奏拍手。兩名警察目光陰沉，朝他轉過身來，繼續向前巡邏。

獲得這樣的成功，阿弗納琉斯喜出望外，他更加起勁，就地打轉，輕盈得讓人意想不到，他朝前跳，朝後跳，高高地舉腿，用兩隻手模仿跳康康舞的舞女撩起裙子的動作。這立刻讓握住太太的肘部的那個流浪漢有了一個主意，他彎下腰，抓住她的裙子的底邊。她想自衛，但是眼睛不能離開那個帶著鼓勵她的微笑的大肚子男人。當她試圖回他一個微笑時，那個流浪漢撩起裙子，一直撩到腰部，露出了光腿和綠短褲（和粉紅裙子挺協調）。她又想自衛，但是她被迫處於無能爲力的境地：一隻手拿著捐款箱（雖然沒有人朝裏面扔過一個銅子兒，她還是牢牢地攥住，就像是她的榮譽，她生活的意義，也許還有她的靈魂都藏在裏面似的），另外一隻手被流浪漢握住不能動。如果有人把她兩條胳膊捆住強姦她，她的處境也不會比這更壞。流浪漢高高地撩起裙子，同時叫喊：「爲了麻瘋病人！爲了非洲！」太太的臉上淌著受辱的眼淚。然而她拒絕顯露出自己受辱（承認自己受辱是加倍的受辱），她竭力露出微笑，就像這一切是在她同意下，爲了非洲的利益而發生的，她甚至朝空中揚起一條腿，雖然短一點，但是很漂亮。

一股可怕的臭氣味湧進她的鼻孔：流浪漢的呼吸跟他的衣服一樣發出難聞的臭味。他的衣服不分日夜穿了好多年，最後嵌進了他的皮膚裏（如果他在一次意外裏受傷，把他放到手術台上以前，一組外科醫生要刮上一個鐘頭才能把這些衣服完全刮掉）；她受不了，最後一次使勁，從他的摟抱裏掙脫出來，把捐款箱抱在胸口上，朝阿弗納琉斯教授逃來。他張開胳膊，抱住她。她緊貼住他，身體顫抖，抽抽噎噎地哭起來。他迅速地使她平靜，拉住她的手，把她領出了地鐵車站。

肉體

「洛拉，妳瘦了。」在吃中飯時阿涅絲帶著關心的神情說。她和她的妹妹在飯店吃的中飯。

「我胃口不好，吃什麼都想吐。」洛拉喝了一口礦泉水，她沒有像往常一樣叫葡萄酒，叫了礦泉水。「太衝了。」她又補了一句。

「礦泉水？」

「我應該摻些不帶汽的水。」

「洛拉！……」阿涅絲想表示反對，但是她僅僅說：「別這麼折磨你自己了。」

「一切都完了，阿涅絲。」

「你們之間到底什麼變了？」

「一切。可是我們做起愛來還從來不曾像這樣過。像兩個瘋子。」

「如果你們像瘋子一樣做愛，那什麼變了？」

「這是我能夠確信他跟我在一起的唯一時刻。我們一停止做愛，他的思想就到別的地方去了。我們即使更頻繁地做上一百次愛也沒有用，一切都完了。因爲做愛並沒有什麼了不起的，它對我並不重要，重要的是要他想著我。我一生中有過許多男人，現在他們每一個都對我一無所知，我也對他們一無所知，我問我自己：如果連極小的一點我的痕跡都沒留下，那我過去爲什麼活著？我的一生還剩下什麼？什麼也沒有剩下，阿涅絲，什麼也沒有剩下！但是近兩年裏，我眞的感到很幸福，因爲我知道貝爾納想著我，我停留在他的腦海裏，我生活在他的心中。因爲眞正的生活，對我來說，就是這樣的：生活在別人的思想裏。沒有這個，儘管活著，我也是個死人。」

「可是妳一個人在家裏，聽一張唱片時，難道妳的馬勒不能給妳一種爲了他值得活下去的、最起碼的小小幸福嗎？這對妳還不夠嗎？」

「阿涅絲，妳說的是蠢話，而且妳自己也知道。如果我單獨一個人的時候，馬勒對我來說，不代表什麼，完全不代表什麼。只有我和貝爾納在一起的時候，或者我知道他想著我的時候，馬勒才能給我快樂。他不在的時候，我甚至沒有力氣舖牀。我甚至不想洗澡，不想換內衣。」

「洛拉！妳的貝爾納不是世上唯一的男人！」

「他是，」洛拉回答：「爲什麼妳要我不跟自己講實話呢？貝爾納是我最後一個機會。我已經不是二十歲，也不是三十歲。在貝爾納之後，是一片荒漠。」

她喝了一口礦泉水，又說了一遍，「這水太衝。」接著他叫侍者，要一瓶淸水。

「一個月後他要到馬提尼克(Martinique)去過上十五天，」她繼續說下去，「我已經和他到那邊去旅行過兩次。這一次他通知我，他要一個人去。我有兩天什麼也吃不下。不過我知道我要做什麼。」

水瓶放在桌上，洛拉在侍者的驚奇的眼光注視下，把水斟進自己的礦泉水杯子裏；然後她又說了一遍：「是的，我知道妳要做什麼。」

她閉上嘴，彷彿她想用她的沉默來促使她姐姐進一步問她。阿涅絲明白，故意不提任何問題。但是沉默的時間延長下去，她讓步了。「妳要做什麼？」

洛拉回答說，最近幾個星期裏她至少看過五個醫生，請每個醫生都給她開了些巴比妥酸劑。

洛拉用一些影射自殺的話把她的慣常有的抱怨補充完畢，從這時候起阿涅絲感到自己很厭倦，很疲憊。已經有過許多次她使用一些合乎邏輯的，或者動眞感情的理由來反對她的妹妹；她使她妹妹確信她的愛（「爲了『我』妳不能這麼做！」），但是毫無結果；洛拉重新談到自殺，就像她什麼也沒有聽見似的。

「我比他早一個星期動身到馬提尼克去，」她接著說下去，「我有一把鑰匙。別墅是空的。我要設法把自己安排得讓他在那裏發現我。讓他永遠不能夠忘掉我。」

阿涅絲知道洛拉能夠幹出一些不理智的事，聽到「我要設法把自己安排得讓他在那裏發現我」這一句話，心裏害起怕來了：她想像洛拉的肉體一動不動地躺在熱帶別墅的客廳中央：這個畫面，她心驚膽戰地知道，完完全全是可能的，是可以理解的，是洛拉幹得出來的。

愛一個人，在洛拉看來，就意味著把肉體獻給他。就像她過去把架白鋼琴讓人送到她姐姐那兒去一樣，把肉體送到他那兒去。把肉體放在他的套房中央：我在這兒，這是我的五十七公斤，這是我的肉和我的骨頭，它們是給你的，我把它們拋棄在你的家裏。這個奉獻對她說來是一個性愛的表示，因爲在她眼裏肉體不僅僅是在衝動的特殊時刻有性特徵，而且正像我說過的，從一開始，先天地，經常不斷而整個地，在表面和內部，在睡著時，在醒著時，甚至在死後都有。

對阿涅絲說來，性愛只限於衝動的片刻；在這片刻裏，肉體變得令人嚮往，變得美好。只有這片刻的時間爲肉體進行了辯解，拯救了肉體；一旦這照明的燈光熄滅，肉體又重新變成一個骯髒的機械，她應該保證它的維修。正是因爲這個緣故阿涅絲決不會說「我要設法把自己安排得讓他在那裏發現我」。她想到她心愛的男人看見她像一具被剝奪了性別的普通肉體，失去了一切誘惑力，臉扭歪著，姿勢是她再也沒有能力控制的姿勢，她就嚇得毛骨悚然。她會感到羞恥。羞恥心能阻止她自願地變成一具屍體。

但是阿涅絲知道她的妹妹和她完全不同：把毫無生命的肉體陳列在一個情夫的客廳裏，像這樣的一個想法來自洛拉和肉體之間的關係，來自她愛的方式。就是這個緣故阿涅絲害怕了。她身子俯在桌子上，抓住妹妹的手。

「請妳了解我，」洛拉低聲說：「妳有保羅。他是妳所能希望得到的最好的男人。我有貝爾納。既然他離開了我，我什麼也沒有了，我什麼人也沒有了。妳知道我不是一個很容易滿足的人！我不準備去看我自己生活的不幸。我對生活有很高的評價。我希望生活能給我一切，否則我就離開。妳了解我。妳是我的姐姐。」

暫時的沉默，阿涅絲心裏在琢磨怎麼回答。她感到疲乏。同樣的對話一個星期一個星期地重複，阿涅絲所能說的話顯得沒有效用。突然間在這疲乏和無能爲力的時刻裏，響起了幾句完全難以置信的話：

「老貝特朗・貝特朗在議會裏又對自殺熱大發雷霆！他是馬提尼克的那座別墅的房主人。妳想想我要讓他感到多麼高興！」洛拉說著哈哈大笑起來。

這笑聲雖然神經質，而且很勉強，但是對阿涅絲說來卻是一個意外的同盟者。她也開始笑了，她們的笑很快就失去了勉強的成分，突然之間變成了眞正的笑，寬慰的笑，兩姐妹笑得流出了眼淚，她們知道她們相親相愛，洛拉不會自殺了。她們倆同時開口講話，握著的手沒有放開，她們講的是一些充滿了愛的話，在這些話的後面隱隱約約顯出了一座瑞士花園裏的別墅；垂直投去的手的動作，像一隻彩色的球，像一個旅行的邀請，像一個難以形容的未來的許諾，這個許諾從來沒有兌現，但是它的回聲對她們說來還一直是那麼具有吸引力。

眩暈的時刻過去以後，阿涅絲說：「洛拉，不應該幹蠢事。任何一個男人都不值得妳爲他痛苦。想著我，想著有我在愛妳。」

洛拉說：「可是我想做點什麼事，我那麼想做點什麼事。」

「什麼事？什麼事？」

洛拉盯住她姐姐的眼睛深處看，同時聳聳肩膀，彷彿在承認「事」的內容她自己還不太清楚。接著她把頭微微朝後仰，露出她的那張帶著憂鬱的模糊笑容的臉，用手指點了點自己的心窩，一邊重複說「什麼事」，一邊把兩條手臂投向前。

阿湼絲感到輕鬆：毫無疑問她一點也不能想像出這個「事」的具體內容，但是洛拉的手勢不容有任何懷疑：這個「事」涉及崇高的目標，決不可能與躺在熱帶客廳的地板上的一具屍體有絲毫共同之處。

幾天以後，洛拉到貝爾納的父親主持的法國非洲協會去，志願地上街去為痲瘋病人募捐。

希望不朽的手勢

貝蒂娜頭一個愛的對象是她的哥哥克萊芒斯，未來的浪漫派大詩人，後來正如我們所知道的，她愛上了哥德，崇拜貝多芬，愛她的丈夫，也是大詩人的阿辛・馮・阿尼姆，接下來她迷戀赫爾曼・馮・皮克勒——穆斯科伯爵，他不是大詩人，卻寫過一些書（而且她就是把《歌德和一個女孩子的通信》獻給他的），後來在近五十歲時她對兩個年輕人，菲利普・納多西阿斯（Philipp Nathusius）和朱利阿斯・杜林（Julius Döring），有了一種半性愛半母愛的感情，他們不寫書，卻與她互相通信（她發表了其中一部分信件），她欽佩卡爾・馬克思，有一天她正在他的未婚妻燕妮家裏作客，逼著他在一次長時間的夜間散步中陪伴她（馬克思絲毫不想散步，他喜歡陪伴燕妮勝過喜歡陪伴她；然而這個能使世界來個翻天覆地變化的人，卻沒有力量抵抗曾經和歌德十分親近的女人），她對弗蘭茲・李斯特㉗(Franz Liszt)有過偏愛，不過是在暗中的，因爲她很快地就宣布爲了自己的光榮對李斯特的排他性的興趣感到厭惡，她試圖滿腔熱情地幫助染上一種精神病的畫家卡爾・布萊希爾(Karl Blecher)（她蔑視他的妻子正如她從前蔑視歌德夫人），她和薩克森—魏瑪(Saxe-Weimar)的王位繼承人查理—亞歷山大(Charles-Alexandre)書信來往，她爲普魯士國王腓特烈・威廉(Frédéric-Guillaume)寫了《國王的書》，書中陳述了國王對臣民的責任，後來她出版了《窮人的書》，書中描寫了人民的可怕的苦難，她再次找國王，要他釋放被控告策畫共產主義陰謀的威廉・弗里德里希・施羅費爾(Wilhelm Friedrich Schloeffel)，不久以後她又出面找他幫忙，爲的是救出路易・梅洛斯瓦夫斯基㉘(Ludwick Mieroslawski)，波蘭革命的領導人之一，當時關在普魯士監獄等候處決。她崇拜的最後一個人，她從來沒有和他相遇；這是雅諾士・裴多菲㉙(Janos Petöfi)，匈牙利詩人，二十四歲死於一八四九年起義軍的隊伍中。因此她讓全世界不僅僅知道了一位大詩人（她叫他Sonnengott「太陽神」），而且在知道他的同

㉗弗蘭茲・李斯特(1811–1886)：匈牙利音樂家、鋼琴家、指揮家。主要作品有交響詩《塔索》、交響樂《但丁神曲》等。

㉘路易・梅洛斯瓦夫斯基(1814–1878)：波蘭小貴族，一八四八年組織波茲南起義，失敗被捕；一八四八年再次組織起義，又爲普魯士人所鎮壓。

時還知道了歐洲在當時幾乎還對她的存在一無所知的他的祖國。一九五六年匈牙利的知識分子發起了第一次反斯大林的大規模起義，起來反抗俄羅斯帝國，如果我們還記得當時他們給自己起了一個名字叫「裴多菲俱樂部」，我們就會認識到貝蒂娜通過她的那些愛，出現在從十八世紀到我們這個世紀中葉的廣大的歐洲歷史領域裏。英勇的、頑強的貝蒂娜：歷史的仙女，歷史的女祭司。我說女祭司說得很正確，因爲歷史對她來說，是（所有她的朋友都用相同的隱喩）「上帝的化身」。

有時她的朋友責備她對自己的家庭，對自己的物質狀況想得不夠，責備她毫不計較地爲別人犧牲自己。

「你們說的那些我不感興趣。我不是一個會計。瞧，我就是我！」她回答，指尖點著胸口，正好是兩只乳房中間。接著她頭微微向後仰，臉上蒙著微笑，把她雙臂突然但是優美地朝前投去。在動作開始時，手指節還都挨在一起；胳膊到動作結束時才分開，手掌張開得很大很大。

不，您不會弄錯。洛拉在上一章也曾有過相同的手勢，那是在她宣布想做點「什麼事」的時候。讓我們回憶當時的情況：

「洛拉，不應該幹蠢事。任何一個男人都不値得妳爲他痛苦。想著我，想著有我在愛妳。」當阿涅絲這麼說了以後，洛拉回答：「可是我想做點什麼事，我那麼想做點什麼事！」

㉙雅諾士·裴多菲（1823–1849）：匈牙利詩人、民主主義革命家。作品有《愛國者之歌》、《反對國王》等。一八四九年在反抗沙俄軍隊的戰鬥中犧牲。

這樣說的時候，她隱隱約約地想到了跟另外一個男人睡覺。她已經常常有這個念頭，而且跟她自殺的願望絲毫不矛盾。這是兩種極端的，然而在一個受辱的女人身上完全合法的反應。她的矇矇矓矓的不忠實的夢想被阿涅絲的不適當的介入打斷了，阿涅絲想把事情問個清楚：

「什麼事？什麼事？」

洛拉明白在剛提到自殺之後立刻又提到不忠實會顯得可笑，因此感到很窘，僅僅又重複了一次她的「什麼事」。因爲阿涅絲的眼光要求一個比較明確的答覆。所以她至少要用一個手勢盡可能給這句如此不明確的話一個意義：她把雙手放在胸口上，然後又把雙手投向前。

她是怎麼突然想起做出這個手勢的呢？很難說清楚。她以前從來沒有這麼做過。正像給忘了台詞的演員提台詞一樣，一定有一個不知其名者給她提了提該做這個手勢。這個手勢雖然沒有表達出什麼具體的東西，但是它讓人明白了「做點什麼事」意味著自我犧牲，把自己奉獻給世界，把靈魂像一隻白鴿一樣送向蔚藍的遠方。

幾分鐘以前，拿著一個捐款箱到地鐵車站去的計畫肯定和洛拉格格不入，如果她不把手指放到她的兩個乳房中間，再把兩臂投向前，顯然她也決不會想出這個計畫來。這個手勢彷彿具有自己的意志：它指揮，她照著做。

洛拉的手勢和貝蒂娜的手勢是相同的，在洛拉想幫助遙遠國家的黑人的願望，和貝蒂娜想救被判處死刑的波蘭人的努力之間，肯定也有一定的聯繫。然而拿她們做比較肯定是不恰當的。我不能想像貝蒂娜・馮・

阿尼姆拿著一個捐款箱在地鐵車站乞討。貝蒂娜對慈善事業毫無興趣。她不是一個無所事事的有錢女人，爲了打發時間，籌辦募捐活動去救濟窮人。她對待僕人很嚴厲，甚至招來了她丈夫的指責（「僕人也有一個靈魂。」他在一封信上提醒她）。促使她行動的並不是對善行的熱愛，而是想直接地、親身地與上帝接觸的願望，她相信上帝化身在歷史裏。所有她那些對名人（其餘的人她不感興趣）的愛只是一張蹦牀，她讓自己的全部分量落在上面，然後彈起來，彈得很高，一直彈到她的（化身在歷史裏的）上帝存在的這片天空裏。

是的，這一切都是眞實的。但是請注意！洛拉也不像那些主持慈善協會的善心太太。她沒有養成習慣去給乞丐施捨。她在他們跟前，離著僅僅兩三米，她也看不見他們。她得了精神上的老花眼症。黑人身上的肉一塊塊地掉，他們離開她四千公里，因此離著她比較近。他們正好在她的手臂的動作把她的痛苦的靈魂送去的、天邊的那個地方。

然而在一個被判處死刑的波蘭人和那些生麻瘋病的黑人之間，有著一個區別！在貝蒂娜身上是介入歷史，在洛拉身上變成了普通的慈善行爲，但是洛拉在歷史裏也不是微不足道的。世界歷史連同它的革命，它的烏托邦，它的希望，它的恐懼，已經離開了法蘭西，只留下了懷舊情緒。正是因爲這個原因法國人才使慈善事業國際化。激發她去從事做好事的不是基督教的對鄰人的愛（譬如像美國人那樣），而是對失去的歷史的懷念，想把它給自己召回來的願望，希望自己至少能以爲黑人募捐用的紅色捐款箱的形式出現在它中間。

讓我們把貝蒂娜的手勢和洛拉的手勢叫做希望不朽的手勢。貝蒂娜渴望偉大的永存不朽，希望說：「我拒絕與現在及其煩惱一同消失，我希望超越我自己，成爲歷史的一部分，因爲歷史是永恆的記憶。」洛拉即使是渴望微小的永存不朽，也抱著相同的希望：超越她自己，超越她穿過的這個不幸的時刻，做點「什麼事」來留在所有認識她的人的記憶裏。

曖昧

布麗吉特從小就已經喜歡坐在她父親的膝頭上，但是我覺得她上了十八歲之後，好像從中得到了更大的樂趣。阿涅絲並不覺得這件事有什麼不對。布麗吉特常常鑽到他們的牀上（譬如說，當他們熬夜看電視時），在他們三個人之間出現一種肉體的親密氣氛，遠比從前出現在阿涅絲和她的父母之間的要強烈得多。儘管如此，阿涅絲還是衡量了這幅畫面的曖昧程度：一個個子高高的年輕姑娘，胸部豐滿，臀部肥大，坐在一個精力還算充沛的漂亮男人的膝頭上，用鼓得高高的胸部擦著這個男人的肩膀和臉，叫他「爸爸」。

有天晚上他們邀請了一幫歡樂的朋友，其中有洛拉。布麗吉特坐在她父親的膝頭上。洛拉一時高興說：「我也想照樣做！」布麗吉特讓給她一個膝頭，兩個人分別騎坐在保羅的兩條大腿上。

這個情況使我們又一次想到貝蒂娜，既然這是靠了她而不是別人，坐在膝頭上才被樹立成性愛的曖昧關係的典型。我曾經說過，貝蒂娜在童年的擋箭牌的掩護下，穿越她一生中的愛情戰場。她把這塊擋箭牌舉在身前，一直舉到五十歲，才把它換成一塊母親的擋箭牌，輪到她讓年輕人坐在她的膝頭上：這情況再一次變得曖昧得令人驚奇：懷疑一位母親對兒子有性的企圖，這是不允許的，正是因爲這樣，一個年輕人坐在一個成熟女人的膝頭上（這僅僅是用隱喻）的畫面才充滿了性愛的含義，而這些性愛的含義被霧籠罩著，所以越發顯得強烈。

我敢斷言，沒有曖昧術就沒有眞正的性愛變態。曖昧越是強大，衝動越是強烈。誰不記得在童年時玩過高尙的醫生遊戲。小女孩躺在地上，小男孩藉口做體格檢查，脫掉她的衣裳。小女孩表現得很聽話，因爲檢查她的人不是一個好奇的小男孩，而是一位關心她的健康的、嚴肅的專家。這種情況中的性愛的分量既巨大，而又神秘，兩個人都喘不過氣來。小男孩越是喘不過氣來，他越是一刻也不停地充當醫生，在脫掉她短褲時，還用「您」稱呼她。

童年生活中的這個幸福時刻在我心裏喚回了一個更加美好的回憶，對一個捷克外省城市的回憶。有一個年輕女人在巴黎旅居後於一九六九年回到這個城市定居。一九六七年她到法國去求學，兩年後發現她的祖國被俄國人占領；人們對什麼都害怕，他們唯一的願望是到別處去，到有自由存在，有歐洲存在的什麼地方去。在兩年裏，年輕的捷克女人勤奮地經常參加大學研究班的討論會，在當時一個人如果想讓自己處在智力生活的中心，就得經常不斷地參加這些討論會。在討論會上她懂得了，我們在童年的最初時期，伊底帕斯階段以前，要經過著名的精神分析學家所謂的「鏡子階段」，因爲在拿自己和母親的以及父親的身體比較以前，已經發現了自己的身體。年輕的捷克女人回到祖國後，對自己說，她的許多同胞在對他們自己極爲不利的情況下，完全跳過了他們個人進化中的這個階段。頭上帶著巴黎和那些著名的討論會的盛譽的光輪，她組織了一個年輕婦女的俱樂部。她給她們上理論課，這些理論課誰也聽不懂，她還指導她們實習，理論複雜，可是實習很簡單：所有的女人都要赤身裸體，每人對著一面大鏡子端詳自己，然後她們全都聚到一起，極其仔細地互相觀察，最後她們從隨身帶的小鏡子裏觀看自己，每個人都把這種小鏡子伸向另外一個人，伸得讓她看見她平常看不見的地方。女輔導員沒有一分鐘停止講她的理論。這些理論使人懾服的不透明性，讓她們遠遠地離開了俄國人的占領，遠遠地離開了她們的那個省份，而且還給她們帶來了一種她們決不對人談起的、既神秘而又無法形容的衝動。女輔導員毫無疑問決不僅僅是偉大的拉康㉚(Lacan)的弟子。她還是一個搞同性戀的女人。我承認，在所有這些女人中，最占有我沉思默想的是一個年輕姑娘，非常純潔，在聽課時對她說來，除了翻成捷克文翻得很不好的拉康的那些晦澀難懂的話以外，什麼也不存在。啊，赤身裸體的女人的這些科學聚會，在捷克小城市的一套公寓裏的這些講課，當俄國的巡邏隊在外面巡邏時，啊，比那種酒神節還要富於刺激性，在那種酒神節上每個人都竭力完成要求的動作，一切都是約定好的，而且只有一個含義，可悲地只有一個含義！但是讓我們趕快離開捷克的小城，回到保羅的膝頭上來吧：洛拉坐在一個膝頭上；在另外一個膝頭上坐著的，為了一些試驗性的理由，讓我想像，不是布麗吉特而是她母親。

對洛拉來說，讓自己的屁股和一個她心裏想得到的男人的大腿接觸，是一種愉快的感覺；正因為她不是以情婦的資格，而是以跟他的妻子關係極其和睦的小姨子的資格，坐定在保羅的身上，所以這種感覺就更加讓她興奮。洛拉是嗜曖昧上癮的毒物癖者。

㉚拉康(1901-1981)：法國著名的精神分析學家、哲學家。

對阿涅絲來說，這種情況沒有一點刺激性，但是她不能趕走在她腦袋裏翻騰的一句可笑的話：「在保羅的每個膝頭上坐著一個女人的肛門！」阿涅絲是曖昧的清醒觀察者。

保羅呢？他高聲說話，一邊開玩笑，一邊輪流地抬起每個膝頭，讓姐妹倆相信他那種像準備給外甥女們當馬騎著玩的舅舅才會有的詼諧。保羅是不懂曖昧的大傻瓜。

洛拉在她的愛情的煩惱最無法忍受時，常常求救於保羅，在各種不同的咖啡館和他見面。我們應該注意到，自殺在他們的談話中不曾出現過。洛拉曾經要求阿涅絲爲她的病態的計畫保守秘密，她自己在保羅面前也從來不曾提起。因此過於粗暴的死亡的景像沒有來破壞質地脆弱的、環境美好的憂鬱氣氛，保羅和洛拉面對面地坐著，不時地他們都要互相接觸。保羅按按她的手或者肩膀，好像是在重新給她力量和信心，因爲洛拉愛貝爾納，而愛人的人是值得人去支持的。

我正想說，在這種時候他望著她的眼睛，但是這句話不確切，因爲洛拉這時候又戴上了墨鏡，保羅不知道原因：她不願意露出含著淚水的腫脹的眼皮。突然間眼鏡具有了多麼重大的含義：它給了洛拉一種幾乎是嚴肅的，幾乎是難以達到的高雅風度，但是它同時也代表了一種很肉感，很性感的成分：一隻淚汪汪的眼睛，一隻突然變成身體的口子的眼睛，阿波里耐㉛(Apollinaire)的那首著名的詩裏，談到女人身體上的那九個美麗的門戶之一——一個隱藏在黑玻璃的葡萄葉後面的、濕漉漉的口子。對出現在眼鏡後面的眼淚的想法，有

㉛阿波里耐(1880-1918)：法國現代主義詩人。主張「革新」詩歌。作品有《酒精集》。

時候是那麼強烈，而想像中的眼淚又是那麼灼熱，以致於它化成了蒸氣把他們兩人包圍起來，使他們失去了判斷力和看法。

保羅覺察到了這股蒸汽。但是他理解它是怎麼回事嗎？我不相信。讓我們設想這麼一個情況：一個小女孩剛看到一個小男孩。她開始一邊脫衣服，一邊說：「醫生，您應該給我檢查檢查。」聽，小男孩是這樣說的：「可是，我的小姑娘！我不是醫生！」

保羅的表現正是這樣。

女通靈者

如果保羅在和大褐熊的爭論中，表現得像一個輕浮態度的積極支持者，他對坐在他膝頭上的姐妹倆怎麼又表現得這麼不輕浮呢？請聽解釋：在他的頭腦裏，輕浮是一帖有好處的灌腸劑，他希望把它用來對付文化、公共生活、藝術、政治，一帖對歌德和拿破崙適用的灌腸劑，但是（請您牢牢記住！）肯定對洛拉和貝爾納不適用。保羅對貝多芬和蘭波感到的深深的不信任，被他在愛情上表現出的無限信任所彌補了。

愛情這個概念，在他心裏，是和海洋這種最狂暴的自然力聯繫在一起的。他和阿涅絲度假時，讓旅館房間的窗子開得大大的，好讓他們愛情的喘息聲和波濤聲滙合在一起，他們的熱情和這偉大的聲音混成一體。他和他妻子在一起感到很幸福，而且愛她，但是他想到他的愛情從來沒有增加一點戲劇，內心深處感到了一種輕微的，一種戰戰兢兢的失望。他幾乎羨慕洛拉在她的道路上遇到障礙，因爲照他看來，只有障礙能把愛情轉變爲愛情的歷史。因此他對她有了一種情意深切的休戚相關的感情，爲了她的痛苦而難受，就像她的痛苦也是他的痛苦一樣。

一天，她打電話告訴他，貝爾納幾天後到馬提尼克他自己家裏的別墅去，儘管他沒有邀請她，她還是決定去找他。如果她在那邊發現有一個不認識的女人陪著他，那就活該倒楣了。至少一切都淸楚了。

爲了使她避免無益的衝突，他試圖勸阻她。但是談話長時間地繼續下去；洛拉一再重複相同的理由，保羅讓步了，準備對她說：「去吧，既然妳這樣深信妳的決定是好的決定！」但是不容他有時間說，洛拉先開口宣布：「只有一件事可以阻止我從事這趟旅行：你的制止。」

她這是相當淸楚地通知他，爲了改變她的計畫，同時又要保住她做爲一個下決心，走到絕望和鬥爭盡頭的女人的尊嚴，他應該說些什麼話。我們回憶一下她和保羅的第一次見面；她當時聽見自己的腦海裏一字不差地出現了拿破崙曾經對歌德說的話：「這纔是一個男子漢！」如果保羅眞的是一個男子漢，他就會連一剎那的猶豫也沒有，立刻制止這趟旅行。唉！他不是一個男子漢，而是一個有原則的男子漢：很久以來他就把「制止」這個詞兒從他的詞彙裏抹掉了，而且還爲之感到驕傲。他提出反對：「妳知道我從來不制止任何人做任何事。」

洛拉堅持：「可是我『希望』你制止，你下命令。你也知道，別人誰也沒有權利制止我。我將照你說的去做。」

保羅感到爲難：他用了一個小時來向她解釋她不應該去，而一個小時來她一直證明她應該去。爲什麼她不讓自己給說服，偏偏要他制止呢？他沉默了。

「你害怕了？」她問。

「害怕什麼？」

「怕把你的意志強加給我。」

「如果我沒有能夠說服妳，我也沒有權利在任何事上制止妳。」

「這正是我剛才說的：你害怕了。」

「我希望通過理智來說服妳。」

她笑了：「你躲在理智後面，因爲你害怕把你的意志強加給我。我讓你害怕！」

她的笑聲把他投入更深的爲難之中，他趕緊結束這次談話：「讓我考慮考慮。」

接著他向阿涅絲徵求意見。

她說：「她不應該去。那會是一件天大的蠢事。如果你再跟她談，盡一切可能阻止她去！」

但是阿涅絲的意見算不了什麼，保羅的首席顧問是布麗吉特。

他把她的阿姨處在怎樣的一種情況之下解釋給她聽，她聽了立刻做出反應：「爲什麼她不上那邊去？一個人應該永遠做自己想做的事。」

「可是，」保羅提出反對意見，「萬一她發現貝爾納跟一個女人在一起呢？她會鬧出可怕的事來的。」

「他對她說過會有一個女人陪他嗎？」

「沒有。」

「他應該說。如果他沒有說，這是他卑鄙可恥，她就沒有任何理由遷就他。洛拉會失去什麼呢？什麼也不會失去。」

我們會感到奇怪，布麗吉特爲什麼偏偏會給保羅出這麼主意，而不是別的主意。因爲她和洛拉團結一致嗎？我不相信。洛拉常常表現得就像她是保羅的女兒，這一點布麗吉特覺得既可笑又討厭。她絲毫不想和她的阿姨團結一致；她唯一關心的是怎樣討她父親的喜歡。她預感到保羅求教女通靈者一樣向她求教，她希望鞏固這種魔法般的權力。她完全有理由猜測到她母親反對洛拉的這趟旅行，所以她想採取相反的態度，讓青年人的意見從她嘴裏說出來，而且用一個不加思索的勇敢動作把她父親迷惑住。

她的頭迅速地從左搖到右，又從右搖到左，同時聳聳肩膀和眉毛，保羅又一次有了他女兒是一個他汲取力量的能量蓄存器的那種美妙感覺。他心裏想，如果阿涅絲經常跟踪他，坐著飛機到遙遠的海島去追逐他的情婦，也許他會更幸福一些。他在自己的一生中一直嚮往著：被他愛的女人隨時準備爲了他把頭朝牆上撞去，在套房裏絕望地叫喊或者快樂地蹦跳。他心裏想，洛拉像布麗吉特一樣，她們是站在勇敢和瘋狂一邊；沒有一點兒瘋狂，生活就不值得過。就讓洛拉去聽憑內心的呼聲的引導吧！爲什麼要把我們的每一個行動像一塊薄餅似的在理智的煎鍋上翻來翻去地煎呢？

「不過我們還是不要忘了，」他還在提出反對理由，「洛拉是一個感情容易衝動的女人。這趟旅行只可能使她痛苦！」

「換了我是她，我會去，沒有人能攔住我。」布麗吉特用不容辯駁的口氣說。

接著洛拉又打電話給保羅。爲了長話短說，他一上來就說：「我反對考慮了，我的意見是妳應該準確地做妳想做的事。如果妳想去，就去吧！」

「我已經幾乎決定放棄了。這趟旅行曾經讓你那麼不放心。但是既然這一次你贊成，我明天就走。」

這簡直像一盆冷水澆在保羅頭上。他明白了，沒有他的鼓勵，洛拉決不會動身到馬提尼克去。但是他已經不可能補充什麼，談話到此爲止。第二天一架飛機在大西洋上空載著洛拉，保羅覺得他個人對她的這趟旅行負有責任，在他內心裏他完全像阿涅絲一樣，把這趟旅行看成一件十分荒謬的行動。

自殺

從她登上飛機起兩天過去了。早上六點鐘，電話鈴響了。這是洛拉。她告訴她姐姐和姐夫，馬提尼克是午夜十二點。她的嗓音裏有著一種勉強的快樂，阿涅絲立刻得出結論，事情不很妙。

她沒有猜錯：貝爾納看見洛拉出現在通到別墅來的那條邊上種著椰子樹的小路上，臉一下子氣得發了白，聲色俱厲地對她說：「我曾經要求妳不要來。」她試圖爲自己辯解，但是他一句話也不說，把兩件襯衣扔進一隻包裹，登上汽車走了。剩下一個人，她在房子裏轉來轉去，在一口大衣櫃裏發現了她上一次來遺留下的紅游泳衣。

「只有這件游泳衣在等我。僅僅只有這件游泳衣。」她說時，笑著笑著流出了眼淚。她繼續淚著說下去：「眞卑鄙。我嘔吐了。接著我決定留下來。一切都將在這座別墅裏結束。貝爾納回來，將在這兒發現我穿著這件游泳衣。」

洛拉的聲音在他們的臥房裏響著，他們倆都在聽，但是他們只有一個電話聽筒，兩人傳來傳去。

「我求求妳，」阿湼絲說，「冷靜，特別是要冷靜。盡力保持鎭定。」

洛拉又笑了，「動身前我買了二十盒巴比妥酸劑，沒想到全都忘在巴黎了。因爲我是如此地激動。」

「太好了，太好了！」阿湼絲說，立刻感到眞正的輕鬆。

「但是這兒，抽屜裏，我找到了一把手槍，」洛拉繼續說，笑得更厲害了：「貝爾納一定爲他的生命擔憂！他怕遭到黑人的襲擊。我看到了一個徵兆。」

「什麼徵兆？」

「他給我留下這把手槍。」

「妳是瘋啦！他什麼也沒有留給妳！他沒有料到妳會來！」

「他肯定不是特地留下的。但是他買了一把除了我沒有別人會使用的手槍。因此他是給我留下的。」

阿湼絲重新又有了一種無能爲力的絕望感情。「我求妳，」她說，「把這把手槍放回原處。」

「我不知道怎麼用。但是保羅……保羅，你在聽我說話嗎？」

保羅拿過聽筒。「我在聽。」

「保羅，我聽見你的聲音眞高興。」

「我也是，洛拉，可是我求妳……」

「我知道，保羅，可是我受不了啦……」她說著嚎啕大哭起來。

一陣沉默。

接著洛拉又說：「手槍在我面前。我的眼睛不能離開它。」

「那就把它放回原處。」保羅說。

「保羅，你服過兵役。」

「當然。」

「你是軍官！」

「少尉。」

「這就是說你會使用手槍。」

保羅感到爲難，但是他只好回答：「是的。」

「怎麼知道一把手槍上了子彈？」

「如果打得響，那就是已經上了子彈。」

「如果我扣扳機，就能打響？」

「有可能。」

「怎麼會是有可能？」

「如果保險卡槽扳起來了，才打得響。」

「怎麼知道它扳起來了？」

「哎呀，你總不至於教她怎麼自殺吧！」阿涅絲叫了起來，從保羅手裏奪過聽筒。

洛拉繼續說，「我僅僅想知道怎麼使用它。其實人人都應該知道怎麼使用手槍。保險卡槽怎麼才能扳起來？」

「夠了，」阿涅絲說，「一句話也別再提這把手槍了。把它放回去。夠了！玩笑也開得夠了！」

洛拉的嗓音突然變了，變成一種嚴肅的嗓音：「阿涅絲！我不是開玩笑！」她重新又嚎啕大哭。

談話沒完沒了地繼續下去：阿涅絲和保羅重複說著相同的句子，要她確信他們的愛，求她跟他們待在一起，不再離開他們，到最後她總算答應把手槍放回抽屜裏，去睡覺。

他們掛上了聽筒，感到精疲力竭，過了好久也不能說一句話。

後來阿涅絲說：「她爲什麼這麼做！她爲什麼這麼做！」

保羅說：「這都怪我。是我把她推到那邊去的。」

「不管怎樣她都會去的。」

保羅搖搖頭：「不。她已經準備留下來了。我幹了我這一生中最大的蠢事。」

阿湼絲想讓保羅丟開這種犯罪感。不是出於同情，而寧可說是出於嫉妒：她不願意他感到自己對洛拉負有這麼大的責任，也不願意他在精神上跟洛拉這麼親密地結合在一起。就是因爲這個緣故她說：「你怎麼能這麼肯定她找到了一把手槍？」

保羅沒有立刻明白過來。「妳這是什麼意思？」

「也可能根本沒有什麼手槍。」

「阿湼絲！她不是在演戲！這可以感覺出來！」

阿湼絲力圖更謹愼地提出她的懷疑：「也許她有一把手槍。但是也有可能她有巴比妥酸劑，談到手槍僅僅是爲了欺騙我們。我們也不能排除她既沒有巴比妥酸劑，也沒有手槍，只是想折磨我們。」

「阿湼絲，」保羅說，「妳眞壞。」

保羅的責備重新又提高了她的警惕，近來甚至連他自己都沒有覺察到，他接近洛拉的程度超過了接近阿湼絲；他想著她，注意她，對她關懷備至，甚至被她所感動。阿湼絲突然間被迫去想像，他拿她和她的妹妹做比較，她自己在這個比較裏顯得是兩個人中缺乏同情心的一個。

她試圖爲自己辯護：「我並不壞。我僅僅是想說，洛拉準備做一切事情來引人注意。這是正常的，既然她在痛苦中。大家都傾向於對她的愛情煩惱採取嘲笑的態度，聳聳肩膀。等她抓起一把手槍，就沒有人再笑了。」

「如果她的想引人注意的願望，促使她走上自殺的道路呢？這不可能嗎？」

「可能。」阿涅絲承認，一陣長時間的極端不安的沉默又籠罩著他們。

接著阿涅絲說：「我呢，我也能理解一個人想來個結束，再也不能忍受自己的痛苦，再也不能忍受別人的邪惡，想離開，永遠離開。每人都有權自殺。這是我們的自由，我一點也不反對自殺，只要自殺是做爲一種離開的方法。」

她停頓了一秒鐘，什麼也不想再補充，但是她對她妹妹的所作所爲恨到了咬牙切齒的地步，忍不住又接下去說：「但是她的情況不同。她並不想『離開』。她想到自殺僅僅是因爲這對她說來是一種『留下來』的方式。留下來跟他在一起。永遠留在我們的記憶裏。整個兒倒在我們的生活裏，把我們壓垮。」

「妳不公正，」保羅說，「她在忍受痛苦。」

「我不知道。」阿涅絲說，她開始哭起來了。她想像她的妹妹死了，她剛說過的所有這些話在她看來是氣量小，卑劣，不可原諒。

「如果她答應把手槍收好僅僅是爲了安安我們的心呢？」她一邊說，一邊撥馬提尼克的別墅的電話號碼，沒有人接電話，他們感到額頭上沁出了汗珠；他們知道他們不能把電話掛斷，只能無限期地聽著這意味著洛拉死亡的鈴聲。最後他們聽見了她的聲音。聲音乾巴巴的，叫人感到奇怪。他們問她到那兒去了：「在旁邊的房間裏。」她說。阿涅絲和保羅同時對著電話聽筒說話。他們講到他們的焦慮不安，不能不再打電話給她。他們一再讓她確信他們的愛，讓她相信他們急著盼望能在巴黎見到她。

他們很遲才出門去工作，整天都在想著她。晚上他們又打電話給她，又跟她談了一個小時，又讓她確信他們的愛和他們的焦急。

幾天以後，她按門鈴。保羅一個人在家。她站在門口，戴著墨鏡。她倒在他的懷裏。他們到客廳去，面對面地坐在沙發上，但是她是那麼激動，不一會兒以後就站起來，開始在屋裏走來走去。她興奮地說著。這時候他也站了起來，也在屋裏走來走去，說著話。

他以鄙視的口吻談到他從前的學生，他的被保護人，他的朋友。他這麼談當然可以有理由說是出自他的關心，他指望這樣能減輕分手在洛拉心裏造成的痛苦，但是他使自己感到驚奇的是，他看到他心裏那麼眞誠地、嚴肅地想著的，也正是他嘴裏所說的：貝爾納是一個寵壞了的孩子，一個富家子弟，一個傲慢的人。

洛拉胳膊肘支在壁爐臺上，望著保羅。保羅突然發現她不再戴墨鏡。她把墨鏡拿在手上，一雙腫脹的、淚汪汪的眼睛盯著保羅。他明白了洛拉已經有一會兒沒有聽他說話了。

他閉上了嘴。寂靜湧進客廳，像一股無法解釋的力量，促使他去接近她。「保羅，」她說，「爲什麼你和我，我們不早點遇到呢？在所有其他人以前……」

這些話如同霧一樣布滿他們之間。保羅伸著胳膊，像摸索前進的人那樣鑽進了霧幕；他的手碰到了洛拉。洛拉嘆了口氣，讓保羅的手留在她的皮膚上。接著她朝旁邊邁了一步，又戴上了眼鏡。這個動作把霧驅散，他們又作爲小姨子和姐夫面對面地站立。

不一會兒以後，阿涅絲下班回來，走進了客廳。

墨鏡

洛拉從馬提尼克回來後，阿涅絲第一次看見她，沒有把她像倖免於難的人那樣抱在懷裏，而是保持一種出人意外的冷淡態度。她沒有看見她的妹妹，她看見了墨鏡，墨鏡決定了重逢的調子。「洛拉，」她說，彷彿她沒有注意到這個假面具，「妳瘦得厲害。」她接著才走近她，按照法國的熟人之間的習慣，抱住她，在她的雙頰上輕輕吻了兩下。

鑒於這是那些戲劇性的日子以來說的頭一句話，我們聽了可以認爲說得很不禮貌。這句話談的對象不是生、死、愛，而是消化。就其本身來說，這句話並不太嚴重，因爲洛拉喜歡談她的肉體，把她看成是她的感情的隱喩。糟而又糟的是這句話說出來時，沒有一點關懷，沒有對洛拉消瘦應負責任的痛苦表示任何感傷的驚訝，而是帶著顯而易見的疲乏厭惡。

洛拉當然完全聽出了阿涅絲所用的口吻，懂得它的含義。但是她也假裝不知道她姐姐想的是什麼，用痛苦的聲音回答：「是的，我失掉了七公斤。」

阿涅絲想喊出來：「夠了！夠了！所有這一切也拖得太長了！停止吧！」但是她控制住自己，什麼也沒有說。

洛拉舉起手：「看，這不再是一條胳膊，成了一根細棍兒了……我不能再穿裙子。沒有一件衣服我穿了不嫌太寬鬆。我還流鼻血……」好像爲了進一步說明她剛說的話，她把頭往後仰，用鼻子長時間地呼吸。

阿涅絲懷著無法控制的厭惡心情望著這個瘦削的肉體，心裏想：洛拉失去的這七公斤到哪兒去了呢？像被消耗的精力分解到天上去了嗎？還是隨著糞便排泄到陰溝裏去了？洛拉的七公斤不可替代的肉體到哪兒去了呢？

在這時候洛拉取下她的墨鏡，放在她胳膊肘靠在其上的壁爐臺上。她把淚汪汪的、腫脹的眼睛轉向她的姐姐，正像片刻前轉向保羅一樣。

她取下眼鏡，這就如同是將她的臉裸露出來，如同是脫掉衣服。不過不是按照一個女人在情夫面前脫衣服的方式，寧可說是像在一位醫生面前，她把醫治她肉體的責任交付給了他。

阿涅絲不能夠阻止住在她腦海裏翻騰的那些句子，她把它們高聲說了出來：「夠了！停止吧。我們全都失去了耐心。妳和貝爾納分手，這和幾百萬女人跟幾百萬男人分手完全一樣，可她們並沒有因此就威脅說要自殺。」

在幾個星期的沒完沒了的談話以後，這一次發作，我們認爲，它一定會讓洛拉感到驚奇，因爲在這幾個星期沒完沒了的談話過程中，阿涅絲一再向她的妹妹保證她非常愛她。但是奇怪的是洛拉並沒有感到驚奇；她對阿涅絲的這幾句話的反應就像她早就期待著似的。她極其冷靜地回答：「讓我把我想的說給妳聽聽。妳一點不知道愛情是什麼，妳從來就一點不知道，妳將來也決不會知道。愛情從來就不是妳的長處。」

洛拉知道她的姐姐在什麼上面是脆弱的，阿涅絲開始害怕了。她了解洛拉這麼說僅僅是因爲有保羅在場。

突然間一切都清楚了，問題不再與貝爾納有關：所有這場自殺的戲和他毫不相干，很可能他一點也不知道；這場戲僅僅是對保羅和阿涅絲演的。她還對自己說：一個人如果開始鬥爭，調動的力量決不會停止在第一目標上；對洛拉說來第一目標是貝爾納，在這第一目標後面還有其他人。

不可能再迴避鬥爭。阿涅絲說：「如果妳爲貝爾納失去七公斤，這是駁不倒的愛情證據。然而我對妳難以理解，如果我愛一個人，我希望對他好。如果我恨一個人，我希望對他不好。妳呢，好幾個星期以來妳折磨貝爾納，妳也折磨我們。與愛情有什麼關係？沒有任何關係。」

讓我們把客廳想像成一座舞臺：最右邊是壁爐，左邊靠枱邊是書櫥。在中間，最靠裏有一張長沙發，一張短桌子和兩張單人沙發。保羅站在客廳中央，洛拉立在壁爐旁邊，注視著兩步外的阿涅絲。洛拉的腫脹的眼睛指責她姐姐殘忍、不理解人、冷漠。隨著阿涅絲說下去，洛拉朝房間中央，朝保羅站的地方退過去，彷彿用這個後退來表示：她在她姐姐的不公正的攻擊面前感到害怕和驚奇。

到了離保羅兩步遠以後，她停下，重複地說：「妳一點不知道愛情是什麼。」

阿涅絲朝前走，占據了她妹妹剛離開的、靠近壁爐的那個位置。她說：「我很知道愛情是什麼。在愛情上，重要的是妳愛的那個人。有關係的是他，而決不是別人。我在考慮，對一個眼睛裏只知道看見自己的女人來說，愛情是什麼。換句話說，我在考慮對一個絕對自我中心的女人來說愛情這個詞兒到底有什麼意義。」

「考慮愛情是什麼，這毫無意義，我親愛的姐姐，」洛拉說：「愛情是什麼就是什麼，就這麼回事。人們看見它或者看不見它。愛情是一只翅膀，它像在籠子裏一樣在我胸膛裏搧動，激勵我去做一些在妳看來是不理智的事。這是妳從來沒有遇到過的事。妳說，我只知道看見我自己。可是我把妳看得很清楚，甚至看到妳內心深處。最近妳要我確信妳的愛，我完全知道在妳嘴裏，這個詞兒毫無意義。這僅僅是一個詭計。爲了讓我冷靜下來的一個手段。爲了阻止我打攪妳的平靜。我了解妳，我的姐姐：妳這一生一直是在愛情的另一邊。完全在另一邊。在愛情以外。」

談到愛情，兩個女人用牙齒狠狠地互相撕咬。和她們在一起的那個男人感到十分難過。他想說點什麼來緩和難以忍受的緊張空氣：「我們三個人全都失去了耐心。我們三個人全都需要走到遠遠的什麼地方去，忘掉貝爾納。」

但是貝爾納已經不可挽回地給忘記了，保羅的介入只起了一個作用，就是使沉默代替了爭吵。在這沉默中，兩姐妹之間沒有任何同情，沒有任何共同的回憶，連一點手足之情的影子也沒有。

別讓我們的眼睛離開舞臺上的整個場面：右邊，靠著壁爐枱站著阿涅絲；在客廳中間，離保羅兩步外，洛拉站著，臉轉向她的姐姐。在他愛的兩個女人之間如此荒唐地爆發的仇恨面前，他用手做了一個絕望的動作。他好像希望盡可能走得離她們遠些來表示他的譴責，轉身朝書櫥走去。他背靠在書櫥上，頭轉向窗子，力圖不再看她們。

阿涅絲看見了放在壁爐枱上的墨鏡，不自覺地把它抓住。她充滿仇恨地仔細看著，就像她拿在手上的是她妹妹的兩大粒黑色淚珠。她對所有來自洛拉肉體的東西都感到厭惡，這兩粒玻璃的淚珠在她看來好像是這個肉體的分泌物之一。

洛拉看見了在阿涅絲手裏的眼鏡。這眼鏡突然間她失去了。她需要一塊擋箭牌，一塊面紗，在她姐姐的仇恨前遮住她的臉。但是她同時又沒有力氣邁上四步，一直走到成爲敵人的姐姐那兒去，把它取回來。她害怕阿涅絲。因此她懷著一種受虐狂的熱情，把自己和她的臉的脆弱的裸露等同起來，在她的臉上銘刻著她的痛苦的所有痕跡。她淸楚地知道她的肉體，她說的關於它，關於失掉的七公斤的話，使阿涅絲惱火到了極點，她本能地，直覺地知道這一點，也正是爲了這個，她當時希望通過挑戰，通過反抗，使自己盡可能地變成肉體，不再是任何別的，僅僅是一個肉體，一個被拋掉、被丟棄的肉體。她希望把這個肉體陳放在他們的客廳中央，把它留在那兒。把它留在那兒，沉重，而且一動不動。如果他們不希望它在他們家裏，還迫使他們一個抓住手腕，一個抓住脚，把這肉體抬起來，就像人們夜裏偷偷扔破舊的牀墊一樣，把它扔到人行道上去。

阿涅絲站在壁爐旁邊，手上拿著墨鏡。洛拉在房間中央望著她的姐姐，繼續倒退著遠離她的姐姐。接下來她邁了最後一步，背靠在保羅的身上，靠得很緊很緊，保羅背靠著書櫥，洛拉把雙手堅定地貼在保羅的大腿上，頭朝後仰，她把頸背靠在保羅的胸口上。

阿涅絲在房間的一頭，手裏拿著墨鏡，在另一頭，在她對面，離她遠遠的，洛拉背靠著保羅的身體，像一座雕像那樣豎立著。他們一動不動地待著，像僵化了似的，沒有一個人開口說點什麼。一段時間過去了，阿涅絲張開了拇指和食指。墨鏡，這悲傷的象徵，這變形的淚珠，落在圍繞壁爐的那一圈石板上，摔得粉碎。

第四部　感情的人

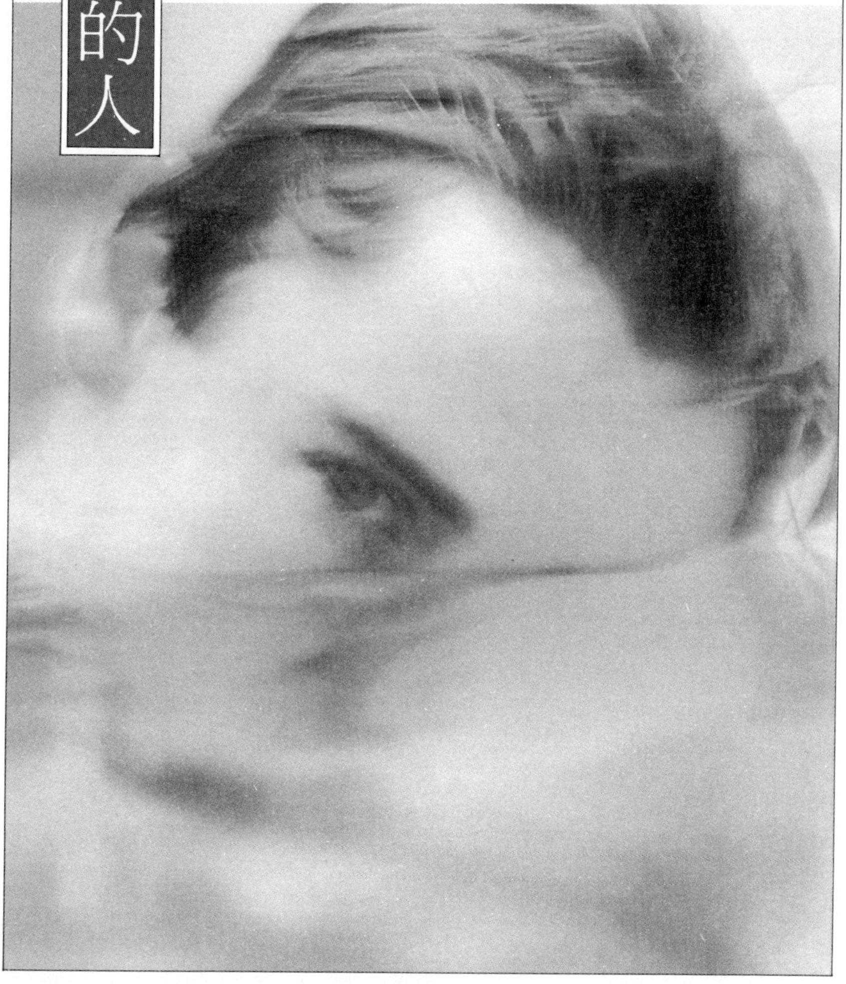

1

在向歌德提出的永恆的訴訟過程中，宣讀了不可勝數的起訴狀，也提供了不可勝數的關於貝蒂娜案件的證詞。爲了不把那些無關緊要的東西一一列舉出來，使讀者感到厭煩，我只保留了三份我認爲是主要的證詞。

首先是勒內·馬里亞·里爾克❶(Rainer Maria Rilke)的證詞，他是歌德之後最偉大的德國詩人。

其次是羅曼·羅蘭❷(Romain Rolland)的證詞，他是二、三〇年代的烏拉山和大西洋之間，擁有最廣泛讀者的小說家之一，而且享有進步人士的崇高威望，又是反法西斯主義者，人道主義者，和平主義者和革命的友人。

第三是詩人保羅·艾呂雅❸(Paul Eluard)的證詞，他是所謂的「先鋒派」的傑出代表，愛情的偉大歌手，或者更確切地按照他自己的說法，是「愛情—詩歌」的偉大歌手，既然這兩個概念（正如他那本正好題名爲《詩歌的愛情》的最完美的集子所證明的）在他的心裏滙合成爲一個概念。

---

❶勒內·馬里亞·里爾克(1875–1926)：奧地利象徵主義詩人。作品有《象徵的書》等。

❷羅曼·羅蘭(1866–1944)：法國作家，音樂學家，社會活動家。作品有《約翰·克里斯朶夫》等。

❸保羅·艾呂雅(1895–1952)：法國詩人，社會活動家。作品有《詩與眞理》等。

2

里爾克作爲證人被傳到永恆的審訊中，他使用了和一九一○年出版的他最著名的散文作品《馬爾特·勞里茨·布里格記事》裏相同的措詞。在《馬爾特·勞里茨·布里格記事》裏他對貝蒂娜發出這段很長的斥責：

「怎麼可能大家不再談論你的愛情呢？以後發生了什麼更值得紀念的事呢？是什麼把他們完全吸引住了呢？你自己知道你的愛情的價值，你高聲向你最偉大的詩人談論它，爲的是他能使它更富有人性；因爲這種愛情還是元素。但是詩人寫給你的信中勸人放棄這個打算。大家都讀過他的回信，更加相信這些回信，因爲詩人對他們說來比大自然還要可以理解。但是也許有一天他們會懂得，他的偉大正是在此處到了極限。這個深情的女人(diese Liebende)被強加(auferlegt意思是「強加」，正如把功課或考試強加於人）給他，他失敗了(er hat sie nicht bestanden意思很明確：對他說來貝蒂娜這個考試他失敗了，沒有能夠通過）。他沒能回報(erwidern)她的愛情，這意味著什麼？像這樣的愛情並不需要回報，它本身包含著召喚和回答；它自己滿足自己。但是詩人本來應該在這壯麗輝煌的愛情面前卑躬屈節，把它口述的，像在佩特莫斯島的約翰❹一

❹約翰：基督教《聖經》故事人物，耶穌十二使徒之一。傳說《新約聖經》中的《約翰福音》、《約翰書信》和《啓示錄》等書均爲他所著。佩特莫斯島是希臘的一個島嶼，傳說約翰在這個島上寫成《啓示錄》。

樣跪著，用雙手記下來。面對這「行使天使職能的」(die "das Amt der Engel verrichtete") 聲音，沒有其他的選擇，這聲音把他包了起來，帶向永恆。這就是載著他穿越天國的這趟輝煌旅行用的馬車。這就是爲了他的死亡準備下的，他讓它空白著的黑暗的神話 (der dunkle Mythos)。」

3

羅曼・羅蘭的證詞談到歌德、貝多芬和貝蒂娜之間的關係。小說家一九三〇年在巴黎發表的論文《歌德和貝多芬》裏詳細地加以說明。儘管他的態度有保留，但是他並沒有隱瞞他的同情，主要是在貝蒂娜這方面的：他幾乎是和她同樣地解釋那些事件。歌德使他感到難受，儘管他並不否認他的偉大：不論是美學上的還是政治上的小心謹愼都不適合天才。還有克莉斯蒂安娜呢？啊，最好不要談她，這是一個「智力貧乏的人」。

這個觀點，我再重複一遍，是掌握住分寸感，很巧妙地表達出來的。模仿者總是比他們的啓示者來得激進。我手中有一本六〇年代法國出版的、內容豐富的《貝多芬傳》。書裏明確地談到了歌德的「卑怯」，他的「奴性」，他「對新事物感到的老年性的恐懼」等等，等等。相反的，貝蒂娜具有「洞察力和預見力，這幾乎使她有了天才的主要條件。」而克莉斯蒂安娜，像通常一樣，僅僅是一個可憐的「肥胖的妻子」。

4

里爾克和羅蘭即使站在貝蒂娜一邊，他們還是懷著敬意地談到歌德。保羅・艾呂雅在一九四九年寫的《詩歌的羊腸小道和康莊大道》的文本裏（換句話說，我們應該對他公正，是寫在詩人生涯中不幸的時刻，當時他是斯大林的狂熱的信奉者），做爲「愛情—詩歌」的眞正的聖茹斯特❺（Saint-Just），態度要比里爾克和羅蘭嚴厲得多：

「歌德在他的日記裏，僅用以下這幾個字來標出他和貝蒂娜・布倫塔諾的第一次見面：『布倫塔諾小姐』。享有盛譽的詩人，《維特》的作者，喜愛他家庭的和平勝過熱情的積極性瘋狂。貝蒂娜的全部想像力，還有全部才華都沒有打擾他做奧林匹斯山上的神的美夢。如果歌德屈服，他的詩歌也許會跌落到地上，但是我們還是會照樣地愛他，因爲他十之八九不可能使自己擺脫廷臣的角色，但是他也不會玷汚人民，使人民相信不公正比混亂更可取。」

---

❺聖茹斯特（1767－1794）：十八世紀末法國大革命時期雅各賓派領袖之一。是雅各賓專政時期的公安委員會的委員。

5

「這個深情的女人被強加給他。」里爾克這麼寫道，而我們會考慮：這個被動的語法形式意味著什麼呢？換句話說，這個深情的女人，是誰把她強加給他的？

我們在一八〇七年六月十五日貝蒂娜寫給歌德的一封信裏看到：「我不應該害怕沉緬於這種感情，因爲這不是我把它在我的心裏種下的。」

那麼是誰種下的呢？歌德？這肯定不是貝蒂娜要說的。把愛情種在她心裏的是超越於她之上，也超越於歌德之上的某一個人，不是上帝，至少也是里爾克所說的那些天使中的一個。

達到這一步，我們就可以爲歌德辯護：如果某一個人（上帝或者一個天使）把一種感情在貝蒂娜的心裏種下，不言而喻，她將聽從這種感情。但是看來並沒有人在歌德的心裏種下感情。貝蒂娜被「強加」給他的，像規定好必須盡到的一個職責。Auferlegt，因此，里爾克怎麼可以指責歌德抗拒違背他的意志，也可以說，連招呼也不打一個，就強加給他的一個職責呢？爲什麼他應該跪下來，「用雙手」記下一個來自上面的聲音，授給他的東西呢？

不能合理地回答這個問題，我不得不求助於一個比較：讓我們想像西門❻(Simon)在提比里亞湖(Lac de Tibériade)裏捕魚，耶穌走過來，要他放下魚網跟他走。西門說：「別打攪我。我更喜歡我的魚網和我的魚。」這樣的一個西門就立刻變成了一個喜劇人物，變成了《福音書》裏的福斯泰夫❼(Falstaff)：歌德也就是這樣在里爾克的眼裏變成了愛情的福斯泰夫。

6

里爾克談到貝蒂娜的愛情：「這愛情不需要回報，它本身包含著召喚和回答，它自己滿足自己。」被天使的一個園丁在世人心裏種下的愛情，正像貝蒂娜說的，不需要任何對象，任何反響，任何「Gegen-Liebe」(反愛情，回報的愛情)。被愛的男人(譬如歌德)既不是愛情的原因，也不是愛情的目的。

貝蒂娜在和歌德通信的時期，她也寫信給阿尼姆。她在她的一封信中說：「眞正的愛情(die wahre Liebe)是不可能有不忠實行爲的。」這種不想得到回報("die Liebe ohne Gegen-Liebe")的愛情「尋找在種種變形下的被愛的人」。

如果愛情不是被天使園丁，而是被歌德或者阿尼姆在貝蒂娜的心裏種下，那麼對歌德或者對阿尼姆的愛情就會在她身上開放，這愛情無法模仿，不可變換，保留給把它種下的人，給被愛的人，因此這愛情不會變

❻西門：基督教《聖經》故事人物，耶穌的十二使徒之一，他原是一個漁夫。

❼福斯泰夫：英國戲劇家莎士比亞的劇本《亨利四世》和《溫莎的風流娘兒們》中的滑稽角色。

形。我們可以把這種愛情確定爲一種「關係」：兩個人之間的享有特權的關係。

相反，貝蒂娜所謂的"Wahre Liebe"（眞正的愛情）不是「愛情—關係」，而是「愛情—感情」：是一隻天上的手在一個人的靈魂裏點燃的火焰：是火炬，愛人的人在它的火光的照耀下「尋找在種種變形下的被愛的人」。像這樣的一種愛情（愛情—感情）不知道不忠實行爲，因爲即使對象變了，愛情仍然是：相同的天上的手點燃的相同的火焰。

我們的考慮進展到了這一步，也許我們可以開始理解爲什麼貝蒂娜在她的大量信件中，只向歌德提出那麼少的問題。我的上帝，請您設想一下，有人同意您和他交換信件！您還有什麼不能問他！問所有他寫的書。問他同時代人寫的書。問詩。問散文。問繪畫。問德國。問歐洲。問科學和技術。您可以對他窮問到底，讓他表明他的態度。您可以和他進行辯論，逼他說出他直到那時還不曾說出過的話。

然而貝蒂娜不和歌德辯論。甚至關於藝術的爭論也沒有。只有一次例外，她向他闡述自己的關於音樂的見解。但是這是她在上課！她知道得很清楚，歌德不會同意她的意見。那麼她爲什麼不要求他講出他不同意的理由呢？如果她能提出一些問題，那麼歌德的回答就可以向我提供對音樂方面的浪漫主義的最初評論！

但是不，我們在這大量的信件中一點也找不到：這些信件能告訴我們有關歌德的內容並不多，這僅僅是因爲貝蒂娜遠沒有我們相信的那麼對歌德感興趣。她的愛情的原因和意義不是歌德，而是愛情。

7

歐洲文明被認爲是建築在理智之上的。但是我們同樣地可以說，歐洲是感情的文明，它孕育產生了一種人的類型，我喜歡把這類型稱之爲感情的人：homo sentimentalis。

猶太教對它的信徒規定了法律。這法律希望能夠合情合理地爲人所理解（猶太教法典是對聖經中的那些規定的永恆推理）；它既不要求教徒有超自然的不可思議的感覺、特殊的狂熱，也不要求教徒有燃燒靈魂的神秘火焰。善與惡的標準是客觀的：應該了解和遵守的是成文的法律。

這個標準基督教把它完全顚倒了：「愛上帝，做你希望的事！」聖奧古斯丁❽(Saint Augustin)說。轉移到個人靈魂裏，善與惡的標準變成主觀的了。如果某人的靈魂充滿了愛，一切都會好得不能再好：這個人是善良的，他做的一切都是好的。

貝蒂娜在她寫信給阿尼姆時和聖奧古斯丁想的一樣：「我找到了一個美好的諺語：眞正的愛永遠有理，哪怕它錯了。至於路德❾(Luther)，他在一封信裏說過：眞正的愛常常是不公正的。這句在我看來並不像我

❽聖奧古斯丁(354-430)：基督教神學家，哲學家，拉丁教義的主要代表。主要著作有《論上帝之城》等。

❾路德(1483-1546)：十六世紀歐洲宗教教徒改革運動的發難者，遺著有《席間漫談》等。

的諺語那麼好。然而路德在別的地方說過：愛先於一切，甚至先於犧牲，甚至先於祈禱。我從中得出結論，愛是最高的美德。愛使我們失去對塵世的知覺(macht bewusstlos)，使我們心裏充滿了天堂；因此愛使我們擺脫了一切犯罪(macht unschuldig)。歐洲法學及其犯罪的理論就是建立在：對純潔的愛這個確信的基礎上。這種犯罪的理論考慮被告的感情：您要是爲了金錢，冷靜地殺一個人，您就沒有任何藉口；您要是因爲他冒犯了您，殺了他，您的憤怒爲您贏得了減輕罪刑的條件，處刑會輕些；最後，您要是在一種受到傷害的愛的情感驅使下，在嫉妒的驅使下殺了人，陪審團會同情您，而保羅作爲負責爲您辯護的律師，會要求對受害者判最重的刑。」

8

應該不僅僅把 Homo Sentimentalis 解釋成爲一個有感情的人(因爲我們全都能有情感)，而且更應解釋成爲把感情上升爲「價值」的人。感情一旦被看成一種價值，大家都願意去感受它；因爲我們全都對我們的價值感到驕傲，所以炫耀我們的價值的誘惑是巨大的。

這種從感情到價值的轉化是十二世紀前後產生在歐洲的：那些行吟詩人歌誦他們對一位貴夫人，對一個他們難以接近的心愛女人的無限熱愛時，他們顯得那麼值得羨慕，那麼美，人人都學他們的樣，希望能誇耀自己受著內心的什麼無法遏制的衝動的折磨。

沒有人曾經能用比塞萬提斯⑩(Cervantès)更高的洞察力去深入了解感情的人。唐吉訶德決定愛一位夫人杜爾西內婭時，雖然他對她幾乎可以說是並不了解（這沒有什麼好讓我們驚奇的：當涉及到"Wahre Liebe"，眞正的愛情時，我們已經知道，被愛的人並不重要）。在第一部第二十五章裏他在桑丘的陪伴下，退隱到荒涼的山區裏去，在那裏他想讓桑丘看看他的熱情有多麼偉大。但是怎麼來證明一股火焰在他心靈裏燃燒呢?而且怎麼來向一個像桑丘這樣天眞、粗魯的人證明?於是在陡峭的小路上，唐吉訶德脫掉衣服，只剩下襯衫；爲了向他的僕人炫耀他的感情有多麼巨大，開始在他前面往空中跳，同時還翻跟頭。每次他頭朝下，襯衫滑落到他的肩膀上，桑丘都看到了他搖晃的生殖器。騎士的這個純潔的陰莖看上去是那麼可笑地悲慘，那麼令人心碎，甚至連心靈粗鄙的桑丘都再也忍受不了，騎著羅西南特，盡快地逃走了。

阿涅絲在她父親去世後，安排葬禮的節目。她希望儀式上不發表講話，音樂用她父親特別喜歡的馬勒第十交響曲中的慢板。但是這段音樂極其悲哀，阿涅絲擔心自己在儀式中會忍不住流淚。她覺得當衆哭泣是不能容許的，於是在她的電唱機上放慢板的錄音唱片聽。一次，兩次，接著三次。音樂喚起了對她父親的回憶，她哭了。但是當慢板在房間裏響起第八九遍時，音樂的力量就減弱了，到了聽第十三遍，阿涅絲不再激動，

---

⑩塞萬提斯（1545-1616）：西班牙作家。代表作爲長篇小說《唐吉訶德》，小說主人公窮貴族唐吉訶德閱讀騎士小說入迷，帶同侍從桑丘出門行俠，但耽於幻想，脫離實際，結果在現實面前四處碰壁。羅西南特是唐吉訶德騎的一匹瘦馬。

就像在她面前放的是巴拉圭國歌。靠了這番訓練，她在葬禮上沒有哭出來。

感情很顯然是在我們不知不覺之間，而且常常是在我們無可奈何的情況下，出現在我們心裏。當我們「希望」去感受它（我們如同唐吉訶德決定愛杜爾西內婭那樣，「決定」去感受它），感情就不再是感情，而是感情的模仿，它的炫耀。是通常所謂的歇斯底里。就是因爲這個緣故，「感情的人」（換句話說，把感情上升到「價值」的人）事實上等同於 homo hystericus ⓫。

這並不是說模仿一種感情的人不能感受它。扮演年邁的李爾王⓬(roi Lear)的演員在舞臺上面對觀衆，感受到了一個被拋棄和被背叛的人的眞正的悲傷，但是這種悲傷在演出結束的那一刻也就化爲烏有了。就是因爲這個緣故，「感情的人」在以他偉大的感情使我們讚嘆不已以後，又以他無法解釋的冷漠使我們感到困惑。

9

唐吉訶德是童男。貝蒂娜單獨和歌德在特普利采的旅館房間裏，她第一次乳房上感到一個男人的手，這時她二十五歲。歌德，如果我相信他的那些傳記，他是在他那趟著名的意大利旅行中才嘗到肉體的愛，當時

⓫拉丁文：意思是歇斯底里的人。

⓬李爾王：英國戲劇家莎士比亞的悲劇《李爾王》中的主人公。

他已經差不多是四十歲的人了。不久以後，在魏瑪他遇到了一個二十三歲的女工人，他把她變成了她的第一個永久性的情婦。這就是克里斯蒂安娜・武爾皮烏斯，在幾年的共同生活以後，到了一八〇六年變成了他的妻子，她在一八一一年這個値得紀念的年代裏有一天把貝蒂娜的眼鏡扔在地上。她忠誠地把自己奉獻給她的丈夫（據說，她面對拿破崙的僱佣兵，曾經用自己的身體保護他），而且肯定是個極好的戀人，歌德的詼諧可以作爲證明，他把她叫做“mein Bettschatz”，這個詞組我們可以翻譯成「我牀上的寶藏」。

然而在歌德的過分美化的傳記裏，克里斯蒂安娜是處在愛情的外邊的。十九世紀（還有我們這個世紀，我們這個世紀的靈魂一直是上一個世紀的俘虜）拒絕使克里斯蒂安娜進入歌德的愛人的陳列廊，排列到綠蒂（她應該是《維特》裏的綠蒂的原型）、弗里德里克、莉莉、貝蒂娜或者烏爾莉克的旁邊。您會說，這是因爲她是他的妻子，而我們已經習慣了把婚姻看成是沒有詩意的東西。但是我相信眞正的原因更加深刻：公衆拒絕把克里斯蒂安娜看成歌德的一個愛人，這僅僅是因爲歌德跟她睡覺。因爲愛情的寶藏和牀上的寶藏是兩樣不可調和的東西。如果說十九世紀的作家喜歡用結婚來結束他們的小說，這不是爲了保護愛情故事受到婚姻煩惱的傷害，而是不受到性交的傷害。

歐洲的那些偉大的愛情故事是在一個性交之外的空間展開的：克萊芙公主⑬(la princesse de Clèves)的故事，保爾和薇綺尼⑭(Paul et Virginie)的故事，弗羅芒坦⑮(Fromentin)的小說，其主人公多米尼克

⑬克萊芙公主：法國女作家拉法耶特夫人(1634-1693)的長篇小說《克萊芙公主》中的主人公。

(Dominique)一生愛著一個他從來沒有抱吻過的女人，當然還有維特的故事，維多利亞・德・漢遜(Victoria de Hamsun)的故事，以及比埃爾和呂絲⑯(Pierre et Lucie)的故事，羅曼・羅蘭的這兩個人物曾經在他們那個時代使整個歐洲的女讀者灑下了眼淚。在《白癡》(L'idiot)裏，杜思妥也夫斯基⑰(Dostoievski)讓娜斯塔霞・菲立波夫娜(Nastassia Philippovna)隨便跟一個商人睡覺，但是當牽涉到眞正的熱情時，也就是當娜斯塔霞處在梅詩金公爵(prince Mychkine)和羅果仁(Rogojine)之間時，他們的性器官溶解在三顆偉大的心裏，就像糖塊溶化在三杯茶裏。安娜・卡列尼娜和伏倫斯基⑱的愛情隨著他們的第一次性行爲一起結束，它僅僅成了它自身的衰退。我們甚至不知道爲什麼？他們如此可悲地做愛嗎？還是正相反，這麼勇猛地相愛，以致於淫樂的力量使他們產生了犯罪感？不管答覆是什麼，我們總可以達到相同的結論：在先性交(pré-

⑭保爾和薇綺尼：法國作家貝納丹・德・聖畢哀爾(1737–1814)的長篇小說《保爾和薇綺尼》中的一對男女主人公。

⑮弗羅芒坦(1820–1876)：法國作家，畫家。多米尼克是他的長篇小說《多米尼克》中的主人公。

⑯比埃爾和呂絲：法國作家羅曼・羅蘭的小說《比埃爾和呂絲》中的一對男女主人公。

⑰杜思妥也夫斯基(1821–1881)：俄國作家。娜斯塔霞・菲立波夫娜和梅詩金等人是他的長篇小說《白癡》中的人物。

⑱安娜・卡列尼娜和伏倫斯基：俄國作家托爾斯泰(1828–1910)的長篇小說《安娜卡列尼娜》中的一對男女主人公。

coïtal)的愛情之後不再有偉大的愛情，也不可能有。

這絲毫不意味著性交之外的愛情是天眞的、天使般的、稚氣的、純潔的；正相反，它包含著我們能想像到的塵世中所有一切罪惡的東西。娜斯塔霞·菲立波夫娜能夠心安理得地跟庸俗的富豪們睡覺，但是她一遇到梅詩金和羅果仁，他們的性器官，正像我們說過的，溶化在感情的茶炊裏，她進入了一個災難的地帶，她完蛋了。讓我們也回憶一下弗羅芒坦的《多米尼克》裏那極精彩一段情節：一對戀人已經相愛了好些年，卻沒有互相碰過，他們騎著馬出去玩，溫柔的、聰明的、嬌弱的馬德萊娜明明知道多米尼克騎馬的本領很差，有摔死的危險，她還是殘忍得讓人感到吃驚，把自己騎的馬趕得像發狂一樣飛奔。性交之外的愛情：一口架在火上的鍋子，鍋裏是感情，達到了沸騰點，轉變成熱情，震動了鍋蓋，鍋蓋開始像瘋子一樣跳動……

歐洲的愛情概念紮根在性交之外的土壤裏。二十世紀誇口說解放了性慾，喜歡嘲笑浪漫主義的情感，卻不能賦予愛情的概念作任何新的含義（這是這個世紀的失敗之一），因此一個年輕的歐洲人默默地說出這個偉大的詞兒時，他們就在魔力的翅膀上，被準確地帶回到維特體驗他對綠蒂的愛，以及多米尼克差點兒摔下馬的那一點上。

10

很有意義的是貝蒂娜的讚賞者里爾克也讚賞俄國，甚至有一陣子把俄國看成是他的精神祖國。因爲俄國特別是還存在著基督教的多愁善感。俄國沒有受到中世紀經院哲學的唯理論的影響，它沒有經歷文藝復興。建立在笛卡爾主義的批判思想上的現代，要遲一兩個世紀才能趕上它。「感情的人」因此在俄國沒有找到足夠的平衡力量，他在那兒變成了他自身的誇張，通常稱之爲「斯拉夫靈魂」。

俄國和法國是歐洲的兩極，它們彼此之間都有一股永恆的吸引力。法國是一個疲乏的古老國家，感情在法國只能作爲形式而繼續存在。作爲一封信的結束，一個法國人會給您寫下：「請接受，親愛的先生，我的崇高的感情的保證。」我第一次接到由加里瑪爾出版社的一位女秘書簽名的這樣一封信時，我還住在布拉格。我高興地跳得頭頂到了天花板：在巴黎有一個女人愛上了我！在一封公函的最後幾行裏，她成功地悄悄塞進了一個愛情的表示！不僅僅她對我有了感情，而且她明確地強調指出這感情是崇高的！從來沒有一個捷克女人對我說過像這樣的一句話！

過了很久以後，我定居到巴黎，有人向我解釋，用在寫信上的客套話有許許多多，意思相差無幾，可供選擇。一個法國人可以像藥劑師那樣，準確地挑選他希望向收信人表達自己並沒有的感情。在可供挑選的大量客套話中，「崇高的感情」代表了行政客套中的最低等級，幾乎接近於輕視。

呵！法國！你是形式的國家，正如俄國是感情的國家！就是因爲這個緣故，一個法國人被終身剝奪了：感覺任何火焰在自己胸中燃燒的權利，他帶著羨慕和懷舊的心情望著陀思妥耶夫斯基的國家，在那兒人們把友愛的嘴唇伸給別人，而且準備把拒絕抱吻他們的人殺死。（況且，如果他們殺人，應該立刻寬恕他們，因爲他是在受損害的愛的支配下行動的，貝蒂娜已經告訴我們，愛，證明愛的人無罪。至少有一百名巴黎的律師準備租一列火車到莫斯科去爲感情的殺人犯辯護。推動他們的不是什麼同情心——太外國化的，而在他們國內少見的感情——，而是成爲他們唯一的熱情的抽象原則。俄國殺人犯一點也不知道這一切，在宣告無罪後向他的法國辯護人撲過去，想把他抱在懷裏，吻他的嘴唇。法國人嚇得直往後退，俄國人受到冒犯，用匕首攮他，整個故事將像狗和豬血灌腸的兒歌一樣一再重複。）

11

啊，俄國人……

我還住在布拉格的時候，有人把關於俄國靈魂的這個有趣的故事講給我聽。一個捷克男人以驚人的速度勾引上一個俄國女人。在性交後，她用極其鄙視的口吻說：「我的身體，你得到了。我的靈魂，你永遠得不到！」

美好的小故事。貝蒂娜曾經給歌德寫了四十九封信。靈魂這個詞在裏面出現了五十次，心這個詞出現一百十九次。心這個詞極少用於解剖學上的字面意義（「我的心在跳動」），比較經常的用法是提喻法，爲了表示胸部（「我想把你緊緊摟在我的心上」），但是在大部分情況下，它的意思和靈魂這個詞的意思完全相同：「有感覺的我」。

「我思故我在」是低估牙痛的知識分子的話。「我感覺故我在」是一個具有比較普遍得多的意義的眞理，它涉及到每一個活著的人。我的「我」和您的「我」在思想上基本上沒有什麼不同。許多人，他們很少有見解：我們互相轉讓、借用或者竊取我們的見解，我們想的幾乎差不多一樣。但是如果有人踩到我的脚，只有我一個人感到疼痛。我的基礎不是思想而是痛苦——所有人的最基本的感情。在痛苦中甚至連一隻貓也不可能對牠那個唯一的、不可互換的「我」有所懷疑。當痛苦變得劇烈時，世界就消失了，剩下我們每個人單獨跟自己在一起。痛苦是自我中心的偉大學校。

「現在你非常瞧不起我，是不是？」伊波利特問梅詩金公爵。

「憑什麼？難道憑您比我們受過更多的痛苦，而且至今還在受痛苦嗎？」

「不，是因爲我有愧於自己所受的痛苦。」

我有愧於自己所受的痛苦。偉大的公式。它包含著痛苦不僅僅是我的基礎，我的唯一的、無可懷疑的、本體論的證據，而且也是所有感情中最值得敬重的感情：價值中的價值。就是因爲這個緣故，梅詩金公爵讚賞所有受痛苦的女人。他第一次看到娜斯塔霞・菲立波夫娜的照片時說：「這個女人一定受過許多痛苦。」這句話甚至在我們能看見她本人以前，就一下子規定了娜斯塔霞・菲立波夫娜位於其他所有人之上。「我是一個微不足道的人，而您受過許多痛苦。」在第一部第十五章裏被迷得神魂顚倒的梅詩金對娜斯塔霞這麼說，從這時起他就完蛋了。

我說過梅詩金讚賞所有受過痛苦的女人，但是反面也同樣是眞實的：只要他一喜歡上一個女人，他就立刻想像她正在受痛苦。他這個人管不住自己的舌頭，急急忙忙說給她聽。況且這是個極好的誘惑方法（可惜的是公爵不會更好地加以利用），因爲我們如果對一個女人說「您受過許多痛苦」，這就像是我們直接對她的靈魂說話，就像是我們撫愛這個靈魂並且頌揚它。任何女人在這種情況下，都準備對我們說：「你還沒有得到我的身體，但是我的靈魂已經屬於你！」

在梅詩金的注視下，靈魂不斷地增長，牠像一個巨大的蘑菇，和六層樓的房子一樣高，牠像一隻熱空氣氣球，隨時都可能帶著人飛到天上去。我把這個叫做「靈魂的惡性膨脹」。

12

當歌德從貝蒂娜那裏接到替他塑像的計畫時，如果您還記得的話，他感到自己眼睛裏有了一滴眼淚：當時他確信他的良心使他看到了眞情：貝蒂娜眞的愛他，他對她不公正。他僅僅到了後來才明白，眼淚並沒有讓他看到有關貝蒂娜的忠誠的任何驚人的眞情，頂多是看到有關他自己的虛榮心的平凡的眞相。他對通過蠱惑人心的宣傳，來讓人看見自己的眼淚感到羞恥。事實上，從五十歲起，他對自己的眼淚有長期的體會：每一次有人頌揚他，或者是他爲自己幹的一件高尙或好心的事而感到一陣自滿時，他的眼睛裏都有了眼淚。眼淚是什麼？歌德常常自己問自己，卻始終沒有找到答案。然而有一件事對他說來是淸淸楚楚的：眼淚經常而且過分經常在歌德身上是由看到歌德而激發起的情緒產生出來的。

在阿涅絲不幸身亡以後的一個星期左右，洛拉去看被痛苦壓倒的保羅。

「保羅，」她說，「只剩下我們在這個世界上了。」

保羅感到眼淚湧上了眼睛，扭過頭去掩飾他的痛苦。

正是這個頭部的動作促使洛拉堅決地抓住他的胳膊：「保羅，不要哭！」

他透過眼淚望著她，看到她的眼睛也是潮濕的。他露出微笑。「哭的寧可說是妳。」他用顫抖的嗓音說。

「如果你需要什麼，隨便什麼，保羅，你知道我在這兒，我完全和你在一起。」

保羅回答她：「我知道。」

洛拉眼睛裏的眼淚，是看到一個留在死去姐姐的丈夫身邊的，決定做出犧牲的洛拉在洛拉身上激發起的情緒的眼淚。

保羅眼睛裏的眼淚是一個除了同自己死去的妻子的亡靈，不能夠同另外一個女人，同他妻子的仿製品，同他妻子的妹妹生活的保羅的忠誠，在保羅身上激發起的情緒的眼淚。

後來有一天他們躺在一張大床上，眼淚（眼淚的仁慈）把他們最後一點可能背叛死者的疑慮一掃而光。千年的性愛的曖昧術來幫他們的忙：他們並不像夫妻，而是像兄妹那樣互相挨著睡在一起。對保羅來說，洛拉曾經像宗教迷信忌諱和禁忌；他從來不曾把性的畫面和她結合起來，甚至在他的思想深處也不曾有過。他感到自己對她像個哥哥，從此以後他負起了代替她姐姐的責任。這種感情首先使他在道德上變得容易跟她一起上牀，其次使他充滿了一種從來不曾有過的衝動：他們彼此知道對方的一切（像一個哥哥和一個妹妹），使他們分開的，並不是陌生，而是禁止；一個長達二十年的禁止，隨著時間變得越來越不可違反。過去再沒有什麼比這個女人的身體離得更近，再沒有什麼比這個女人的身體更被禁止的了。懷著一種亂倫的衝動感情（而且眼睛裏含著淚），他開始和她做愛，就像他這一輩子不曾愛過女人一樣，狂暴地愛她。

13

從建築學的觀點看，有過一些高出於歐洲文化的文化，而古代的戲劇將永遠是不可超越的。但是任何文化都沒有從聲音出發，創造出這樣的奇蹟：歐洲音樂及其全部豐富的形式和風格的千年歷史！歐洲：偉大的音樂和「感情的人」並排躺在同一個搖籃裏的孿生兒。

音樂不僅僅把敏感性教給歐洲，而且把崇敬感情，崇敬敏感的我的能力教給歐洲。您知道這種情況：在臺上，小提琴手閉上眼睛，長久地拉響頭兩個音符。聽者也閉上眼睛，感到他的靈魂使他的胸膛膨脹，他嘆著氣說：「多美啊！」然而他聽見了兩個簡單的音符，這兩個音符本身不可能包含作曲家的任何思想，任何創作構思，因此不包含任何技巧，任何美。但是這兩個音符打動了聽者的心，正像迫使他的審美判斷力保持沉默一樣，迫使他的理智保持沉默。一個普通的樂音對我們所起的作用，和梅詩金的凝視的目光對一個女人所起的作用，在方式上幾乎完全一樣。音樂：一個使靈魂膨脹的打氣筒。過度膨脹的靈魂變成了巨大的氣球，在音樂廳的天花板下飄浮，而且在令人難以置信的擁擠中互相碰撞。

洛拉眞誠地、深深地喜愛音樂，在她對馬勒的愛好裏，我看出一個明確的含義：馬勒是還在天眞地、直接地向「感情的人」講話的最後一個偉大的音樂家。在馬勒以後，音樂中的感情變成可疑的了。德布西❶(Debussy)希望迷惑我們，而不是希望感動我們；斯特拉文斯基❷(Stravinski)對感情感到羞恥。馬勒對洛拉說來是「最後的一位作曲家」，當她聽見從布麗吉特的臥房裏升起搖滾樂的大喊大叫聲時，她的對一種在電吉他聲響下消失的音樂的愛好受到了傷害，使她不由得勃然大怒；因此她向保羅發出了最後通牒：或者是馬勒，或者是搖滾樂；這也就是說：或者是我，或者是布麗吉特。

可是在兩種同樣不喜愛的音樂中怎樣挑選呢？搖滾樂對保羅說來太吵鬧（像歌德一樣，耳朵靈敏），而浪漫主義音樂又在他心裏喚起一種焦慮的感覺。在戰爭中，他周圍的所有人都被歷史的威脅性的進軍所嚇到，有一天電臺沒有播放探戈舞曲和圓舞曲，卻開始播放一支憂鬱而莊嚴的樂曲的小調和弦；這種小調和弦就像災難的使者一樣，深深地刻在孩子的記憶中，永遠不會消失。後來他懂得了浪漫主義音樂的悲愴，把整個歐洲團結起來：每次聽見一個政治家被暗殺，或者一場戰爭爆發，每次把光榮塞滿人間的腦袋，好讓他們更心甘情願地讓自己被屠殺，我們都聽見它。希特勒和斯大林，戴高樂和墨索里尼，聽到蕭邦的《葬禮進行曲》

---

❶德布西（1862–1918）：法國作曲家。他開創了音樂上的印象派。主要作品有管弦樂《牧神午後前奏曲》，歌劇《佩利亞斯與梅麗桑德》等。

❷斯特拉文斯基（1882–1971）：俄國作曲家，一九三九年定居美國。是西方現代派音樂的重要代表人物。主要作品有：歌劇——清唱劇《伊底帕斯王》等。

和貝多芬的《英雄交響曲》的嘈雜聲，充滿了一種兄弟般相同的情緒。啊，如果這件事僅僅取決於保羅，世界上可以少掉許多搖滾樂和馬勒，但是兩個女人不容他有脫身之隙。她們逼著他做出選擇：在兩種音樂之間，在兩個女人之間。他不知該怎麼辦，因爲這兩個女人，他同樣都愛。

她們呢，完全相反，她們互相憎恨。布麗吉特懷著一種被折磨得很痛苦的憂鬱心情望著白鋼琴，一些年來這架白鋼琴一直用來放零碎雜物；它讓布麗吉特回想起阿涅絲，阿涅絲出自對妹妹的愛，曾經要布麗吉特學彈琴。阿涅絲剛死，鋼琴就復活了，每天都發出響聲。布麗吉特指望用瘋狂的搖滾樂來爲她被背叛的母親報仇，把闖入的女人趕走。當她明白了洛拉會留下來以後，走的是她。搖滾樂沒有了。唱片在唱機的轉盤上轉，馬勒的長號在套房裏迴響，撕碎了因爲布麗吉特的離走而陷入沮喪之中的保羅的心。洛拉捧住保羅的腦袋，直勾勾地望著他。「我要給你生一個孩子。」她說。兩個人都知道很久以來醫生一直不同意她再懷孕。就是因爲這個緣故，她又補充了一句：「我將接受所有必要的手術。」

夏天來了。洛拉關了舖子，兩個人動身到海邊去過半個月，海浪衝擊著海岸，保羅的胸膛裏充滿了海浪的呼叫聲。這是他唯一熱愛的音樂。他既幸福而又驚奇地看到洛拉和這音樂混爲一體；她是他覺得像海洋一樣的、他的生活裏的唯一女人；唯一是海洋的女人。

14

在向歌德提起的永恆的訴訟中，羅曼·羅蘭是控告一方的證人。他因爲有兩個優點而與衆不同：他是一個女人的崇拜者（「她是一個女人，正因爲這個緣故我們愛她。」他談到貝蒂娜時說）；他有跟隨人類進步一同前進的熱烈願望（對他說來這意味著：跟隨共產主義俄國和革命一同前進）。奇怪的是這個女性的崇拜者也同樣崇拜貝多芬，可是貝多芬拒絕向女人們行禮致敬。這就是問題的實質，如果我們了解了在特普利采這個礦泉城裏可能發生的事：貝多芬帽子牢牢扣在頭上，兩手抄在背後，面對著皇后和她的廷臣們走過去，這些廷臣中當然不光是男人，還有一些女人，不向她們行禮致敬簡直可以說是一件空前絕後的無禮行爲。這是難以想像的：貝多芬雖然古怪，粗暴，從來不曾像沒有教養的人那樣對待過婦女！這整個軼事是明顯的胡說八道：如果它能夠被人接受並且被人天眞地加以流傳，這是因爲人們（甚至一位小說家，這是個恥辱！）完全失去了現實感。

有人會向我提出來反對意見說，研究一則軼事的眞實性是多餘的事，這則軼事顯然不是證據，而是寓意。好吧；就讓我們把寓意當做寓意看，讓我們忘掉它誕生的環境（這環境將永遠是模糊不清的），讓我們忘掉這個人或者那個人希望它具有的帶偏見的含義，讓我們試圖抓住它的意義，可以說是客觀的意義。

貝多芬的低低地罩在腦門上的帽子意味著什麼呢？是不是意味著貝多芬蔑視貴族，因爲貴族是反動的、不公正的，而握在歌德謙卑的手裏的帽子是在哀求世界照現狀繼續下去？是的，這通常是可以接受的解釋，但是它很難自圓其說：貝多芬像歌德一樣，不得不爲了他自己，爲了他的音樂，對他那個時代進行妥協；因此他把他那些奏鳴曲時而獻給這一位王侯，時而獻給那一位王侯，爲了慶賀那些聚集在維也納的打敗拿破崙的戰勝者，他毫不猶豫地譜寫了一曲大合唱，在這曲大合唱中合唱隊唱道：「讓世界重新恢復原狀！」他甚至爲俄國皇后譜寫了一首波洛湼茲舞曲㉑，倒好像他希望能象徵性地把不幸的波蘭（正是這個波蘭，三十年後貝蒂娜曾經爲了它去如此勇敢地戰鬥）呈放在它的侵占者的腳下。

因此，在我們的寓意畫上，如果說貝多芬路遇一群貴族而沒有脫帽，這也不能意味著貴族是值得蔑視的反動分子，而他是一個值得欽佩的革命者；這意味著創造（雕像、詩歌、交響樂）的人比「統治」（僕人、官吏或者人民）的人更值得尊敬。意味著創造所代表的東西比權力所代表的多，藝術代表的東西比政治所代表的多。意味著不朽的是作品，而不是戰爭，不是王侯們的舞會。

（況且，歌德一定意見相同，除了他認爲沒有必要把這個不愉快的眞情在世界的主人活著時告訴他們。他相信在來世他們首先會向他脫帽致敬，這個確信使他得滿足。）

寓意是清楚的，然而它總是被曲解了，那些在寓意畫前的人急急忙忙向貝多芬鼓掌，一點也不懂得他的驕傲，這經常是一些被政治弄得頭腦糊塗的人，也就是那些喜歡列寧、卡斯特羅、甘迺迪或密特朗勝過喜歡

㉑波洛湼茲舞曲：一種來源甚古的波蘭舞曲，也可譯作波蘭舞曲。

畢加索或者費里尼(Fellini)的人。羅曼・羅蘭如果在特普利采的林蔭道上看見斯大林朝他走過來，他本人也肯定會脫掉帽子，而且腰彎得比歌德還要低。

15

羅曼・羅蘭對女性的敬重在我看來有點兒可笑。他讚賞貝蒂娜，原因僅僅是她是女人（「她是一個女人，正因爲這個緣故我們愛她」），他在克莉斯蒂安娜身上找不到一點可讚賞之處，可是克莉斯蒂安娜毫無疑問也是個女人！他談到貝蒂娜時說，她有一顆「溫柔而瘋狂的心」，她是「瘋狂而明智的」，「發瘋般的活躍而又愛說愛笑」，還有好多次使用過「瘋狂」這個字眼兒。然而我們知道，對「感情的人」來說，「fou」，「folle」，「folie」㉒這些詞兒（在法語裏它們有一種比在別的語言裏還要詩意的廻響！）意味著擺脫一切指責的感情的狂熱（「熱情的積極性的發狂。」正如保羅・艾呂雅說的），因此這幾個詞兒是以一種感動的讚賞心情說出來的。談到克里斯蒂安娜時，婦女和無產階級的崇拜者，沒有一次不違背對婦女殷勤有禮的規則，把「嫉妬的」，「臉色紅的和身材粗大的」，「肥的」，「討厭的」，「好奇心重的」這樣一些形容詞加在她的名字前面，而且連篇累牘地都是「肥胖的」。

㉒這是三個法語單詞：Fou 和 Folle 是形容詞「瘋狂的」的陽性和陰性形式。Folie 是名詞，意思是「瘋狂」。

奇怪的是，想到克莉斯蒂安娜從前是一個女工，想到歌德先公開和她生活在一起，後來又娶她爲妻，證明了他的勇氣有多麼大，婦女和無產階級的朋友，平等和博愛的使者卻沒有表示出一點激動之情。歌德可以肯定不僅受到在魏瑪的那些客廳的誹謗，而且還遭到他的知識界的朋友——小看她的赫爾德和席勒——的反對。我知道了：貴族們的魏瑪爲貝蒂娜的那句把歌德夫人形容成大紅腸的話鼓掌喝彩，並不感到詫異。但是我看見婦女和工人階級的朋友鼓掌喝彩卻感到了詫異。他怎麼能感到自己跟那個，在一個普通女人面前狡猾地炫耀自己學問的貴族女人如此接近呢？克莉斯蒂安娜喝酒，跳舞，不顧自己的身體線條愉快地發胖，怎麼從來沒有權利享用「瘋狂的」這個神聖的形容詞，在無產階級的朋友的眼裏，只是一個「討厭的」女人呢？

無產階級的朋友怎麼會沒有想到，把打碎眼鏡的那件事轉變成爲這樣的一幅寓意畫：一個平民女人對傲慢的女知識分子進行公正的懲罰，而歌德保護他的妻子，挺著腦袋（而且不戴帽子！），向貴族和他所憎恨的偏見的軍隊猛衝過去？

當然這樣的一個寓意和前面的一個寓意會是同樣的愚蠢。然而問題存在著：爲什麼無產階級和婦女的朋友喜歡這一寓意的蠢話，而不喜歡另一寓意的蠢話呢？爲什麼他喜歡貝蒂娜而不喜歡克莉斯蒂安娜呢？

這個問題引向事情的核心。

下一章將提供解答：

16

歌德勸貝蒂娜（在一封沒有註明日期的信裏）「跳出自我」。今天我們會說，他是指責她的自我中心。但是他有這個權利嗎？是誰曾經爲提洛爾㉓（Tyrol）的那些愛國者辯護？是誰保護了裴多菲死後的名聲，和死刑犯梅洛斯拉夫斯基的生命？是她還是他？是誰總是想著別人？兩人中的哪一個做好了犧牲的準備？

貝蒂娜。沒有絲毫懷疑。但是歌德的話並不因此就無效。因爲貝蒂娜從來沒有跳出她那個「我」。不論她到什麼地方，她那個「我」像面旗幟似的在她身後飄揚。促使她爲提洛爾的山民們辯護的，並不是山民，而是：對提洛爾山民們的鬥爭熱烈支持的貝蒂娜的「具有吸引力的形象」。促使她愛歌德的，不是歌德，而是：愛上年老詩人的孩子氣的貝蒂娜的「迷人形象」。

讓我回憶一下她的手勢，我把它叫做希望不朽的手勢：她首先把手指放在位於兩隻乳房中間的一點上，好像在指出被命名爲「我」的那個中心。接著她把雙手投向前，好像在把這個我投得很遠很遠，越過了地平線，投向無限。希望不朽的手勢只知道有兩個方位標：我在這兒，地平線在那兒，在遠處；僅僅有兩個概念：我的絕對和世界的絕對。這個手勢因此和愛情沒有什麼共同之處，既然另外一個人，他人，處在這兩極（世

㉓提洛爾：奧地利和意大利交界處的山區。

界和我）之間的任何人，事先已經排除在局外，被忘卻，沒有被看見。

二十歲上加入共產黨，或者拿起槍到山區去參加遊擊隊的男青年，被自己的革命者形象所迷惑：正是他自己的這個革命者形象使他與其他人有所區別，使他變成了他自己。在他的鬥爭剛開始時，有一種對他的我的極端而無法滿足的愛，在把他的這個我送往（正像我描寫過的，在希望不朽的手勢中）滙聚著成千上萬道目光的歷史的偉大舞臺前，他希望給他這個我一個清晰的輪廓。從梅詩金和娜斯塔霞・菲立波夫娜的例子我們知道在大量的目光注視下，靈魂不斷地長大，膨脹，體積增大，最後像被燈彩照得十分明亮的氣球那樣飛到藍天上去。

促使人舉起拳頭，握住槍，共同保衛正義的或者非正義的事業的，不是理智，而是惡性膨脹的靈魂。它就是碳氫燃料，沒有這碳氫燃料，歷史的發動機就不能轉動，缺少這碳氫燃料，歐洲會一直躺在草地上，懶洋洋地望著飄浮在天上的白雲。

克莉斯蒂安娜沒有生「靈魂惡性膨脹」這種毛病，她絲毫不嚮往在歷史大舞台上展現自己。我猜想她更喜歡躺在草地上，看飄浮在天上的白雲。（我甚至還猜想她在這種時刻是幸福的；對靈魂惡性膨脹的、被他的我的火焰燒毀的人來說，這是個討厭的想法。）羅曼・羅蘭，進步和眼淚的朋友，因此當他必須在克莉斯蒂安娜和貝蒂娜之間作出選擇時，他連一瞬間的猶豫也不曾有過。

17

海明威在彼世的小路上散步，遠遠地看見一個年輕人迎面走過來：這個年輕人穿得很雅緻，身子挺得很直。隨著這個高雅的人走近，海明威能夠在他的嘴唇上看清一絲淡淡的、淘氣的微笑。到了還剩幾步的距離，年輕人放慢步伐，好像爲了海明威留下最後機會認出他。

「約翰。」海明威驚奇地叫出來。

歌德露出滿意的微笑，他對自己的舞臺效果感到驕傲。我們不要忘記，他長時間領導一個劇院，懂得怎樣掌握他的效果。接著他挽住他朋友的胳膊（値得注意：雖然這時候他比較年輕，他繼續以一個長者的寬容態度對待海明威），拖著他進行一次長時間的散步。

「約翰，」海明威說，「您今天美得像一個天神！」他朋友的美使他感到由衷的快樂，他高興地笑了出來：「您的那双拖鞋怎麼樣了？還有您戴在頭上的那個綠遮光帽檐上哪兒去了？」他笑完了又說：「您就該這樣去參加永恆的訴訟。不是用您的理由，而是用您的美把那些法官壓垮了！」

「您知道在永恆的訴訟中，我從來沒有說過一句話。這是出於蔑視。但是我不能阻止自己不參加，不去聽聽。我爲之感到遺憾。」

「您想怎麼樣？人們把您判了永垂不朽之刑，是爲了懲罰你寫過一些書。您自己也向我解釋過。」

歌德聳聳肩膀，帶著幾分驕傲的神色說：「在某種意義上說，我們的書可能是不朽的。也許如此。」停頓了一下，他又口氣嚴肅地低聲說：「但不是我們。」

「正相反！」海明威辛酸地提出反對。「我們的書，很可能不久以後就沒有人再看它們。您的《浮士德》將來只剩下古諾㉔(Gounod)的一齣愚蠢的歌劇。也許還有這首談到：把我們帶往什麼地方去的永存的女性特點的詩……」

「Das Ewigweibliche zieht uns hinan」㉕，歌德背誦。

「是它。但是關於您生活中的那許多小事，人們將不會停止他們喋喋不休的饒舌。」

「您始終沒有明白他們談的人物與我們毫不相關？」

「您切不可說，約翰，在您和大家談的和大家寫的歌德之間毫無關係。我承認您和您留下的那個形象不完全一致。我承認您在那個形象裏遭到相當的歪曲。但是不管是怎麼說，您還是在其中存在。」

「不，我沒有在這形象之中存在，」歌德非常堅定地說：「我將來還會對您說。在我的書裏也沒有存在。不在的人不可能存在。」

「這種說法對我太具有哲理性。」

㉔古諾(1818–1893)：法國作曲家。所作歌劇十二部中以《浮士德》和《羅蜜歐與茱莉葉》最著名。

㉕德語：永恆的女性，領我們飛升。是《浮士德》最後兩行詩。

「請暫時忘掉您是美國人，絞一絞您的腦汁：不在的人不可能存在。它有那麼複雜嗎？從我死的那一瞬間起，我就放棄了我所占據的所有地方。甚至我的書。沒有我，這些書仍然在世界上存在。沒有人能在裏面再找到我。因爲我們不能找到不存在的人。」

「我很願意相信您，」海明威又說，「但是請告訴我：如果您的形象和您毫不相關，爲什麼您活著時爲它花費了那麼大的心思？爲什麼您邀請埃克曼到您家呢？爲什麼您開始寫《詩與眞》呢？」

「埃內斯特，您就老老實實承認我過去和您一樣荒唐可笑吧。爲自己的形象操心，這是人的不可救藥的不成熟的表現。對自己的形象漠不關心是那麼難以做到！這樣的漠不關心是超出人力之外的。人只有在死後才能獲得它。而且還不是立刻就能獲得的，要在死了很久以後。您還沒有到達這一步，您還沒有成年。不過您死了……已經有多久啦？」

「二十七年。」海明威說。

「還很短。您至少還得再等二、三十年。您只有到那時也許才能懂得人是必死的，並從中得出所有的結論。不可能過早一步達到這一步。在我死前不久，我還認爲我感到自己身上有一股那麼強大的創造力，它完全消失，在我看來是不可能的。當然我也相信留下我的一個形象會是我的一個延續。是的，當時我和您一樣。甚至在死了以後，我都很難老老實實承認自己已經不再存在了。這很奇怪，您也知道！必死是最基本的人生經驗，可是人從來就不能去接受它，去理解它，相應地採取應該採取的態度。人不知道自己是必死的。當他死了以後，他甚至不知道自己已經死了。」

「您呢，您相信您知道您已經死了?」海明威爲了緩和當時的嚴肅氣氛，問道。「您眞的相信死後的最好方式是浪費時間來跟我閒聊嗎?」

「別發傻了，埃內斯特，」歌德說：「您知道的很淸楚，我們此時此刻僅僅是一個小說家的毫無意義的幻想，他讓我們說出我們也許從來沒有說過的話。但是我們就別再談這個了。您注意到我今天的外貌?」

「我一認出您以後，立刻就說過了!您美得像一個天神!」

「在整個德國把我看成是可怕的勾引女人的能手的那個時期，我就是這個樣子。」歌德用幾乎是莊嚴的口吻說。接著他又激動的補充說：「我希望您能在今後幾年裏保留我的這個形象。」

海明威帶著突然產生的一種親切的寬容態度盯著他看：「約翰，您的 post mortem ㉖年齡有多大了?」

「一百五十六歲。」歌德有點靦腆地說。

「您一直沒有習慣於死了嗎?」

歌德露出微笑：「我知道，埃內斯特。我做的和我剛才對您說的有矛盾。如果說讓我自己流露出這種孩子氣的虛榮心，這是因爲我們今天是最後一次見面。」接著他像從此以後不再發表任何聲明的人那樣，慢吞吞地說出這些話：「因爲我終於知道了永恆的訴訟是一件荒謬的蠢事。我決定最後利用我的死亡狀態去睡覺，請原諒我用了這個不正確的說法，爲了去嘗一嘗完全的非存在的快樂，我的主要敵人諾瓦利斯談到非存在時，

㉖拉丁文：意思是〃死後的〃。

說它有一種淡淡的藍顏色。」

第五部　偶然

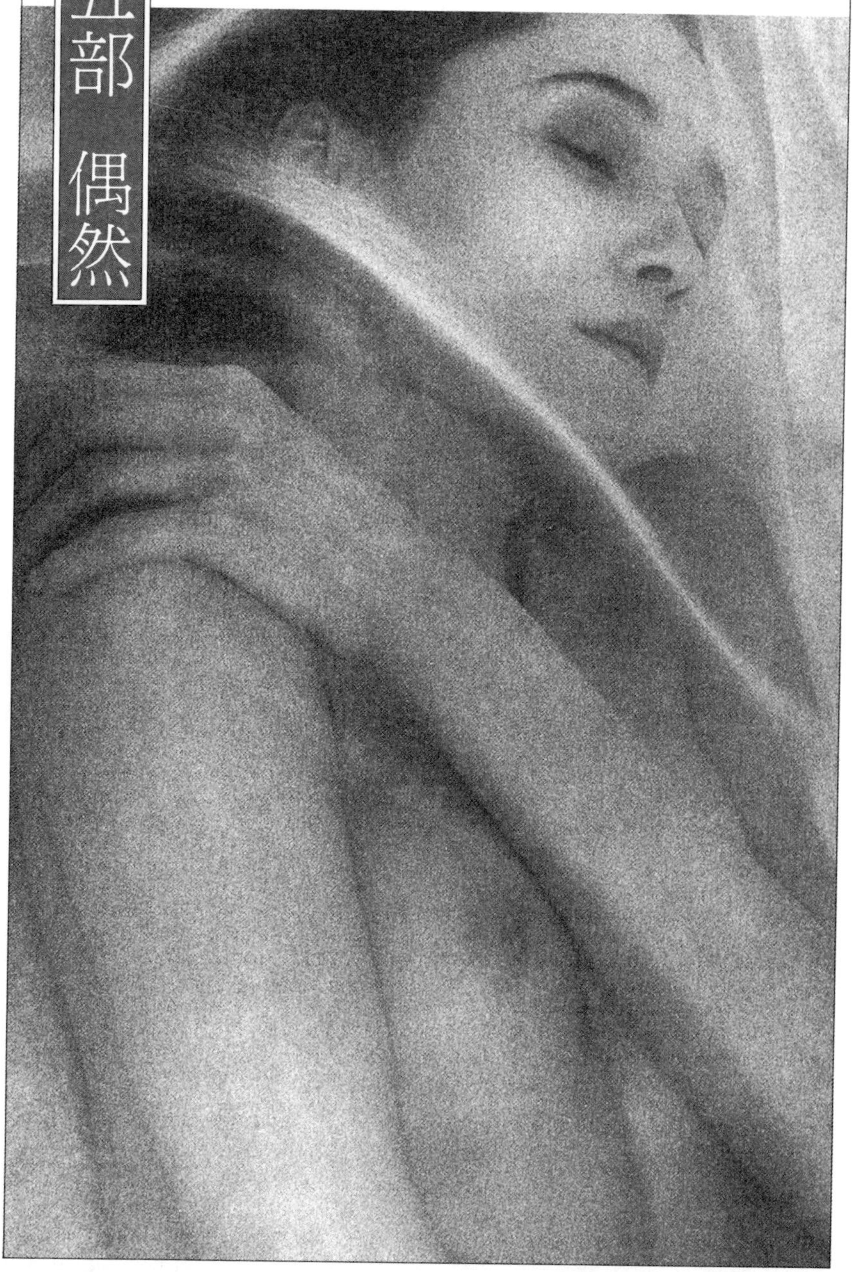

1

午飯之後，她又上樓回到自己的房間裏。這是一個星期日，飯店不用等待任何新來的顧客，沒有人催促她騰空地方；大床仍然沒有鋪好，就像早晨她離開時那樣。這幅景像使她心裏充滿幸福之感：她在這裏獨自度過了兩夜，除了自己的呼吸聲，聽不到別的聲響，她從這一角到另一角斜著睡覺，彷彿她想摟住只屬於她的身體和她的睡眠的這整個長方形面積。

手提箱攤開在桌子上，裏面的一切已經整理就緒：裝訂成册的藍波(Rimbaud)詩集躺在摺好的裙子上。她曾經把詩集帶走，因爲在最近幾個星期裏，她好想念保羅。布麗吉特出生之前，她時常坐在他的大型摩托車後面，他們跑遍了整個法國。在她的記憶裏，這個時期和這輛摩托車與藍波混爲一體：這是他們喜愛的詩人。

這些詩歌已經忘卻一半，她得之於手，宛若弄到一本破舊的私人日記，她好奇地想看看，天長日久已經泛黃的注釋是不是顯得動人心弦、滑稽可笑、迷人眼目或者毫無意思。詩句始終一樣優美，但是在這一點上詩句令他們吃驚：這些詩行與她從前和保羅一起騎坐的大型摩托車毫無干係。藍波的詩歌世界遠遠更加接近歌德的同時代人，而不是布麗吉特的同時代人。藍波曾經向全世界進言，要變得絕對現代化，他是一個描繪大自然的詩人和一個四處流浪的人，他的詩篇容納了今人已經遺忘了的詞彙，或者再也引不起今人絲毫興味的詞彙：蟋蟀、鮑、水田芥、榛樹、椴樹、歐石南、橡樹、美味的烏鴉、舊鴿舍的熱糞便；還有道路，尤其是道路。「在蔚藍的夏夜，我會漫步小徑，麥芒輕輕刺癢，踏著細草嫩木……我什麼也不說，什麼也不去想……我走得很遠，像吉卜賽人一樣，漫遊自然，——似女伴同遊地高興❶。」

她關上手提箱。然後，她來到走廊裏，奔跑著下樓，一直到飯店前面，將手提箱扔在後座上，坐在駕駛盤前面。

2

現在是兩點半鐘，她必須毫不耽擱地動身，因爲她不喜歡夜裏開車。但是她遊移不定，是不是轉動點火開關鑰匙。她好似來不及表露心中所思的情人一樣，她周遭的景致阻擋著她一走了之。她下了車，群山環繞著她；左邊的峰巒被絢麗的色彩照亮，冰川的白色在綠色的天際之上閃爍發光；右邊的峰巒包裹在暗黃色的霧氣中，只露出群峰的姿影。這是截然不同的兩種亮色；兩個迥異的世界。她將頭自左轉向右，又自右轉向左，決計作最後一次散步。她選擇一條小路，緩緩升高，在通往森林的草地中間穿行。

她同保羅騎著大型摩托車在阿爾卑斯山遊玩，要上溯到二十五年以前。保羅熱愛大海，群山勾不起他的興趣。她想讓他喜歡她的世界；她想讓他面對樹木和草坪出神著迷。摩托車停在大路邊上，保羅說：

❶此爲藍波《感覺》一詩中的詩句。

「一塊草坪只不過是一塊痛苦之地而已。在這美麗悅目的翠綠色中，一個人每秒鐘都在走向死亡，螞蟻在活吞蚯蚓，鳥雀在長空中潛伏著，窺伺一隻鼬或者一隻老鼠。妳看到草叢間那隻一動不動的黑貓嗎？牠就等待著撲殺的機會出現。人們對大自然懷有天眞的敬意，我則感到牴觸的情緒。妳認爲在虎口中，一隻母虎不像妳那樣驚惶失措嗎？如果有人說一隻動物不會像人那樣疼痛，這是因爲這種人不能夠忍受生活在弱肉強食、僅僅是弱肉強食的大自然中間的想法。」

保羅樂於看到人逐漸將混凝土覆蓋住全部地面。對他來說，這如同將一個咄咄逼人的槍眼用牆堵住。阿湼絲太瞭解他了，故而對於這種厭惡大自然沒有反感，可以說，他這種厭惡出於他的仁慈和正義感，是有理由的。

不過，也許寧可說這是一個丈夫竭力要一勞永逸地將愛妻從她父親那裏奪過來，而表現出相當庸俗的嫉妒心理。因爲阿湼絲正是從她的父親那裏沾上對大自然的熱愛。在他的陪伴下，她走過成百上千公里的路，對樹林的靜謐讚不絕口。

有一天，幾個朋友駕車讓她漫遊美國的大自然。這是一個樹木的王國，無邊無際，難以認識，被漫長的大路切割成塊。森林的寂靜在她看來像紐約的喧囂一樣，與人對立和格格不入。在阿湼絲喜愛的樹林裏，道路分成一條條小徑；森林看守人行走在這些小徑上。沿路設置著長凳，從這裏可以觀賞景色，處處遍佈在吃草的綿羊和母牛。這是歐洲，這是歐洲的心臟——阿爾卑斯山。

3

八天來，我在道路的石子中間
撕破了高幫皮鞋❷……

藍波這樣寫道。

道路：這是人們在上面漫步的狹長土地。大路有別於山路，不僅因爲可以在大路上驅車，而且因爲大路是一條普通的路線，從一點聯結另一點。大路本身沒有絲毫意義；唯有大路聯結的兩點才有意義。道路是對空間表示的敬意。每一段路本身都具有一種含義，催促我們歇歇脚。大路是對距離勝利的縮短，今日，距離不是別的，只是對人的運動的阻礙，只是時間的損失。

甚至從景致中消失之前，道路就已從人的心靈中消失：人不再有慢慢行走和從中得到樂趣的願望。人再也沒有生命力，不把生命看作一條小路，而是看作一條大路：宛如從這一站通到下一站的路線，從連長這一級到將軍這一級，從妻子的身分到孀婦的身分。生活的時間縮至普通的障礙，必須以不斷增長的速度去克服

❷摘自藍波的詩《在綠色的小酒館》。

它。

小路和大路也跟美的兩個概念有關聯。當保羅宣稱這樣一個地方有美景時，意思是說：倘若你在那裏停車，你就會看到一個花園掩映中的十五世紀的漂亮古堡；或者意思是說：那裏有一個湖，天鵝游弋在波平如鏡，消失在遠方的湖面上。

在大路組成的世界中，一幅美景意味著：一個美組成的島狀地帶，通過一條長線與其他由美組成的島狀地帶聯結起來。

在小路組成的世界中，美在繼續著，而且總是在變化著；每一步，美都在對我們說：「停下吧！」

小路組成的世界是父親的世界。大路組成的世界是丈夫的世界。阿涅絲的故事成環狀結束：從小路組成的世界到大路組成的世界，如今重新處在出發點上。因爲阿涅絲安頓在瑞士。她的決心就此下定了，因此，兩個禮拜以來，她感到自己持續不斷地異常幸福。

4

待她回到車上時，午後已經過了很久。正當她把鑰匙插入鎖孔時，阿弗納琉斯教授穿著游泳褲，走近小水池，我浸在熱水裏等待他，從浸沒的四壁噴射而出的洶湧渦流拍擊著我。

各種事件就是這樣同時發生。每當在Z區發生一件事，在A、B、C、D、E區也發生另一件事。「正當……」是具有魔力的格式之一，在所有小說中都能夠找到，在閱讀《三個火槍手》❸時，這個格式使我們著迷；這是阿弗納琉斯教授喜愛的小說。作爲問候，我對教授說：「正當你進入水池時，我的小說的女主人公終於轉動點火開關鑰匙，駛上開往巴黎的路。」

「神奇的巧合。」阿弗納琉斯教授帶著顯而易見的滿意神情說道，他浸到水裏。

「顯然，在世界上，每一秒鐘都發生幾十億這類巧合。關於這一方面，我渴望寫厚厚一本書：偶然的理論。第一部分：偶然支配巧合。將不同類型的巧合分門別類。譬如：『正當阿弗納琉斯教授進入水池，將後背對著渦流時，在芝加哥的公園裏，從一棵栗樹上掉下一片枯葉。』這是事情的巧合，但是這一巧合沒有絲毫意義。在我的分門別類中，我把它稱爲『無聲的巧合』。請設想我說：『正當第一片枯葉落到芝加哥城裏時，阿弗納琉斯教授進入水池，讓人按摩背部。』這個句子變得很憂鬱，因爲我們將阿弗納琉斯教授看作秋天的使者，他浸入其中的水在我們看來含有眼淚的鹹味。巧合給這件事注入意想不到的意義，因此，我把這個稱爲『詩意的巧合』。但是，正像我看到你時所做的那樣，我也能夠說：『正當阿涅絲在阿爾卑斯山某個地方將小轎車開上大路時，阿弗納琉斯教授浸在水池裏。』這個巧合不能說是有詩意的，因爲它對你進入水池沒有給予絲毫特殊的意義，然而這依然是一次非常寶貴的巧合，我稱之爲『對位法的巧合』。這如同兩個旋律結合在同一部創作中。我從童年起就瞭解這一點。一個男孩唱起一支小曲，另一個男孩唱起另一支小曲，這兩支

❸大仲馬的著名小說，舊譯《俠隱記》、《三劍客》。

小曲互相應和！不過還有另一種巧合：『正當一個拿著一隻紅色撲滿的漂亮太太，待在蒙帕納斯的地鐵裏時，阿弗納琉斯教授步入那裏。』我們得到一個『產生故事的』巧合，這種巧合對小說家尤其寶貴。」

這時我停頓下來，期望促使他對我談一點地鐵裏的邂逅；但是他只滿足於聳動後背，以便讓腰痛受到噴出的水流的沖洗，而且佯裝與我舉出的最後一個例子沒有絲毫關係。他說：

「我無法擺脫這個想法：在人類生活中，巧合不受可能性計算的支配。我的意思是說，我們往往面對千載難逢的偶然性，這些偶然性得不到任何數學上的證明。最近，我在巴黎一個毫不足道的街區裏一條毫不足道的街道漫步，遇上了一個漢堡女人，二十五年前，我幾乎天天看到她，後來我就完全見不到她了。我沿著這條街道走，因爲我出了錯兒，提前一站下了地鐵。至於那個女人，她到巴黎來度過三天，走錯了路。我們相遇只有十億分之一的可能性！」

「你運用什麼方法來計算人與人相遇的可能性？」

「你會運用哪一種方法？」

「都不會。我很遺憾，」我回答道：「這很有興味，但是人類生活從來不適合於數學上的調查研究。我們以時間爲例。我渴望做這個實驗：將電極安置在一個人的頭上，計算他將生命的多少百分比用於現在，多少百分比用於回憶，多少百分比用於將來。我們可以這樣來發現人同時間處於什麼樣的關係。人的時間是怎樣度過的。我們可以根據對每一個人來說將是決定性的時間觀念，有把握地確定三種基本類型的人。我回到偶然性上來。如果沒有數學上的探討，對於生活中的偶然性能夠說出什麼有分量的話呢？只不過當今沒有關於存在的數學。」

「關於存在的數學。絕妙的發現。」阿弗納琉斯說，陷入到沉思之中。然後他說：「無論如何，不管相遇有百萬分之一或者一萬億分之一的出現機會，都是絕少可能的，而這種絕少可能本身就形成全部價值所在。因為關於存在的數學雖然並不存在，卻幾乎會提出這個方程式：一個偶然之值等於不可能性的一次方程。」

我若有所思地說：

「在巴黎城區不期然地遇到一個多年未見的女人……」

「我在尋思，你有什麼根據宣布她是漂亮的。她在一個啤酒店管衣帽間，那時我每天光顧那個啤酒店；她同一羣退休老人來到巴黎，旅遊三天。我們互相認出時，尷尬地互相打量；甚至帶著某種絕望，就像一個年輕的雙腿殘缺者在搖彩中獲得一架單車時感到絕望那樣。我們倆都有這種印象：作為禮物得到，顯得非常寶貴，但是這種巧合一無用處。有個人似乎在嘲笑我們，而我們面面相覷，感到羞赧。」

我說：「這種巧合，人們可以稱為『病態的』。但是我徒勞地提出這個問題：貝爾納·貝特朗獲得『十足的蠢驢』的證書的偶然性分在哪一類？」

阿弗納琉斯帶著最專橫跋扈的神態回答：

「如果貝爾納·貝特朗晉升為十足的蠢驢，這是因為他是十足的蠢驢。偶然跟巧合毫無關係。這裏有一種絕對的必然性。甚至馬克思所說的，歷史的青銅律也不比這張證書更有提出的必要。」

彷彿我的問題激怒了他似的，他在水中挺起咄咄逼人的身軀。我也爬了起來，我們來到大廳另一端的酒吧坐下。

5

我們要了兩杯酒，一飲而盡。阿弗納琉斯又開了口：

「你可是淸楚，我的每一個行動都是向魔鬼的開戰行動。」

「當然我淸楚，」我回答道：「我的問題由此而來：爲什麼你激烈反對的恰恰是貝爾納•貝特朗呢？」

「你對此一竅不通，」阿弗納琉斯說，顯出倦於見到我總是抓不住他屢次向我解釋過的東西，「反對魔鬼，還沒有什麼有效的和合理的鬥爭。馬克思嘗試過，而到頭來魔鬼適應於一切原先旨在消滅它的組織。我作爲革命者的往昔導至幻滅，今日唯有這個問題對我至關重要：已經明瞭一切有組織的、合理的，和有效的反對魔鬼的鬥爭不可能成功的人，還會怎麼做呢？只有兩個解決辦法：要麼他隱忍下去，於是不斷保持自身；要麼他不斷培育反叛的內心需要，而且不時表現出來。不是爲了像馬克思從前正確而徒勞地所期待的那樣，要改變世界，而是出於內心精神的絕對需要。最近以來我時常想到你。對你來說，不僅通過決不能給你帶來滿足感的小說，而且通過行動，去表達一種反抗，那也是很重要的！我希望今天你終於同我滙合！」

「但是我始終不明白，」我回答道，「爲什麼內心精神的絕對需要，促使你去攻擊一個不幸的電台播音員。哪一種客觀的理由導至你這樣做呢？爲什麼你把他看作愚昧無知的象徵，寧可是他而不是別人呢？」

「我不允許你用象徵這個愚蠢的字眼！」阿弗納琉斯提高聲音說：「這正是恐怖組織的精神狀態！這正是當今政客的精神狀態，他們只不過是運用象徵的行吟詩人！我既蔑視那些在窗口懸掛旗幟的人，又蔑視那些在廣場上焚燒旗幟的人。在我看來，貝爾納只不過是一個象徵。對我來說，沒有什麼比他更具體的東西！我每天早上聽到他說話！揭開我的一天的正是他的講話！他用女性化的聲音、矯揉造作和愚蠢的玩笑來刺激我的神經！他所講的一切我覺得不能忍受！客觀的理由呢？我不知道這是什麼意思！我出於極端過度的、滿懷惡意的、心血來潮的自由想像，已將他提升爲十足的蠢驢！」

「這是我想聽你說的話。你並不是依據必然性的上帝，而是依據偶然性的上帝去行動。」

「不管偶然性還是必然性，我樂意在你眼裏作爲上帝出現。」阿弗納琉斯用緩和下來的聲調回答。「但是我不明白爲什麼我的抉擇令你如此的驚訝。愚蠢地同聽衆開玩笑，激烈反對無痛苦死亡的傢伙，毋庸置疑是一個十足的蠢驢，我確實看不出有誰可以反駁我。」

阿弗納琉斯的最後一句話使我目瞪口呆：「你把貝爾納・貝特朗同貝特朗・貝特朗相混同了！」

「我想到的是在廣播電台講話和反對自殺、土葬的貝爾納・貝特朗！」

「然而這是兩個不同的人！一是父親，一是兒子，你怎麼可以把電台的播音員跟一個議員混爲一人呢？你的錯誤正是我們剛才稱之爲病態的巧合的完美例子。」

阿弗納琉斯窘困片刻。但是他很快恢復過來，說道：「我耽心你自己被巧合的理論弄糊塗了。我的錯誤沒有什麼病態的東西。顯而易見，恰恰相反，這個錯誤勾起了你稱之爲詩意巧合的東西。父與子變成了雙頭驢。即令古老的希臘神話也沒有創造出這樣壯觀的動物！」

我們喝完酒以後，來到衣帽間穿上外衣，我在那裏給餐館打電話，定了一桌菜。

6

阿弗納琉斯教授正在穿襪子，這時阿涅絲回想起這個句子：「女人總是喜歡她的孩子，勝過喜歡她的丈夫。」阿涅絲十二、三歲時，聽到她的母親對她這樣說（後來忘卻了在什麼情景之下說的）。我們唯有思索一下，這句話的意思才會豁然貫通：所謂我們愛A，勝過愛B，這並非對比兩種等級的愛，意思是說，B得不到愛。因為，假如我們愛某個人，我們不能拿這個人去作比較。被愛的人是不可比較的。即使我們處在同時愛A和B的情況下，我們也不能去比較兩者，否則我們便馬上不再愛兩者之一。如果我們公開宣稱喜歡這一個，而不是另一個，對我們來說，這並非等於向大家承認我們對A的愛（因為我們當時只要說「我愛A！」，這就夠了），問題在於謹慎而明確地讓人明瞭，我們對於B完全漠然視之。

幼小的阿涅絲當然不能夠作出這樣的分析。她的母親顯然寄希望於此：她感到說知心話的需要，但是同時又想避免讓人透徹瞭解自己的話。孩子儘管不能全然瞭解意思，但是她捉摸出這句話對她父親不利。她愛父親！因此，她對自己成為偏愛的對象，絲毫不感到慶幸，有人損害她所愛的人，她反而感到難受。

這個句子銘刻在她的記憶中：阿涅絲盡力設想更愛某個人而不是另一個人具體含意是什麼：在床上，她待在毯子裏好暖和，她看到這個場面出現在眼前：她的父親筆直站著，把手伸給他的兩個女兒。對面行刑隊一字兒排開，就等待一聲令下：瞄準！開槍！母親去哀求敵人的將軍開恩，他給了她在三個被判決的人中赦免兩個的權利。因此，在司令官下令開槍之前，她跑了過去，從做父親的手裏拉走她的兩個女兒，匆匆忙忙，驚慌失措，帶走兩個孩子。阿涅絲被母親拖著走，向父親回過頭來；她扭得這樣執著，這樣頑強，以致她感到脖子一陣痙攣；她看到她的父親悲哀地目送著她們，毫無怨言：他甘心忍受做母親的選擇，明知母愛勝過夫婦之愛，赴死的是他。

有時，她設想敵人的將軍允許母親只救下一個被判決的人。她一刻也不懷疑，母親會救下洛拉。她想像孤零零站在父親身旁，面對士兵們的槍口。她捏緊父親的手。此時此刻，阿涅絲毫不掛慮她的母親和她的妹妹，她沒有凝視她們，心裏明白她們迅速地走開了，無論這個或那個都不回過身來！阿涅絲躺在小床上，待在毯子裏好暖和，熱淚湧上她的眼眶，她感到全身充溢著難以形容的幸福，因爲她的手捏緊了她的父親，因爲她同他在一起，因爲他們一起赴難。

7

如果那天兩姐妹看到她們的父親俯身對著一堆撕碎的照片，相互之間沒有爆發爭吵，無疑阿涅絲忘卻了這個行刑的場面。看見洛拉喊叫，她回想起就是這個洛拉讓她孤零零跟父親站在行刑隊前面，逕自走開，連頭也不回。她驟然明白，她們的不和比她以爲的更深；因此，她從來不再提及這次爭執，彷彿她深怕給不應該命名的東西命名，喚醒本該沉睡的東西似的。

當她的妹妹嚎啕大哭地走開，讓她孤零零和父親站在一起時，她頭一回感到一種古怪的倦意，同時吃驚地看到（最普通不過的證實總是最令人驚訝），她一生要擁有這同一個妹妹。她可以改換朋友，改換情人，如果她願意，她可以跟保羅離婚，但是無論如何不能改變姐妹關係。在她的一生中，洛拉是個不變的常數，對阿涅絲來說，尤其令人討厭的是，從一開始以來，她們的關係就酷似一場追逐：阿涅絲跑在前面，她的妹妹緊追不捨。

有時，她有這個印象：就像童年時代起，她知道的一個童話中的人物：這個公主力圖騎馬逃脫一個兇惡的迫害者；她手裏捏著一把刷子、一把梳子和一條絲帶。當她將刷子扔在身後時，一座濃密的森林便矗立在她和惡人之間。就這樣她贏得了時間，但是惡人隨即又出現了；她扔梳子，梳子立刻變成尖利的巉岩。待他重新追上她時，她解開絲帶，絲帶像一條大河那樣伸展開來。

後來，阿涅絲手裏只有最後一樣東西：墨鏡。她將墨鏡扔在地下，鋒利的玻璃碎片把她同迫害者分隔開來。

可是，隨後她就兩手空空了，她知道洛拉比她更強。洛拉更強是因爲她把自己的弱點變成一件武器和一種精神上的優勢：別人不公正地對待她，她的情人拋棄了她，她痛苦萬分，企圖自盡；而阿涅絲獲得幸福的婚姻，把她妹妹的眼鏡擲在地上，侮辱她，對她閉門不納。是的，自從將眼鏡打碎那件事以後，她們有九個月互不見面。阿涅絲曉得，保羅不贊成她的作法，不過沒有說出來。他爲洛拉難過。這場追逐接近終點。阿涅絲感到她的妹妹正好在她身後氣喘吁吁，明白自己敗北了。

她的疲倦越來越增長。她一點兒不想奔跑，她不是一個運動員。她從來沒有參加過競賽。她沒有選擇過自己的妹妹作爲競賽對手。她既不想做洛拉的楷模，也不想做洛拉的競爭者。在阿涅絲的生活中，這個妹妹就像她的耳朵的形狀一樣出於偶然。阿涅絲沒有選擇過她的妹妹，如同沒有選擇過她的耳朵的形狀一樣。她終身應該將偶然性的無意義置於腦後。

她在孩提時，她的父親教會她下棋。其中一招迷住了她，行家把這一招稱爲「車」、「王」易位：下棋的人同時移動兩隻棋子：他把車放在王的格子旁邊，讓位於車的另一邊的王通過。這一招令她好喜歡：敵方聚集所有力量攻王，王卻突然從他眼皮底下消失：王搬了家。阿涅絲這輩子就憧憬這一招，隨著疲倦增長，她愈來愈渴望用上這招數。

8

她的父親故世時，將錢給她留在瑞士，自此以後，她每年到瑞士兩三次，總是住在同一個飯店裏，並且竭力設想她要永遠待在阿爾卑斯山：沒有保羅和布麗吉特，她能夠生活下去嗎？怎樣才能知道呢？她按老習慣在飯店度過的三天所忍受的孤獨，這種「試驗性的孤獨」，她受益不大。「走吧！」這兩個字就像最強烈的誘惑在她心中迴響著。如果她確實一走了之，她會不會立即感到後悔呢？她渴望孤獨，這倒是眞的，不過，與此同時她愛丈夫和女兒，要爲他們心焦如焚。她會要求得到他們的消息，她會感到需要知道他們是不是身體健康。可是，怎樣做才能夠遠離他們，孑然一身，同時又知道他們所作所爲呢？怎樣組織她的新生活呢？尋找另一個職業？好困難哪。什麼事也不做？是的，這非常誘人，但是，她會不會突然萌生出退休的印象呢？經過再三考慮，「一走了之」的計畫在她看來越來越不自然，是被迫作出和不可實現的，就像那種烏托邦幻想，一個人在內心明明知道什麼事也不能做和一無所能時，便會孕育這種幻想。

後來，有一天，解決的辦法來自外部，既最最出乎意料，又最平淡無奇。她的雇主在伯爾尼創立了一個分公司，由於衆所周知，阿涅絲講德語同講法語一樣的好，老闆問她肯不肯接受那裏的領導研究工作。老闆知道她已婚不太指望她會同意；她使大家吃了一驚：她毫不遲疑的回答「好的」；她自己也很吃驚：她不假思索的說出這「好的」，說明她的願望不是一種裝模作樣演給自己看的、自己也不相信的假戲；而是一種實實在在嚴肅的東西。

這個願望貪婪地抓住了這一機會：從最浪漫的夢幻變成毫無詩意的東西，一種職業晉級的因素。在接受別人的贈予時，阿涅絲就像無論哪一個野心勃勃的女人一樣行動，以致誰也不能發現和懷疑她的眞正個人動機。自此以後，對她來說一切都明朗了；不再需要檢驗和試驗，再也不必要想像「一旦發生要出現的東西……。」她之所欲突然就在那裏，她因從中感到如此純粹、毫無雜質的快樂而十分驚愕。

這種快樂如此強烈，以致阿涅絲感到羞愧和有罪。她找不到勇氣向保羅談起她的決定。因此，她最後一次到阿爾卑斯山那座飯店去。（今後，她要有一套只屬於她的房間：要麼在伯爾尼市郊，要麼在更遠的山裏。）在這兩天中她在考慮一個方法，向布麗吉特和保羅和盤托出，在他們眼裏顯得像是一個雄心勃勃和開放的女人，由於她的職業和成功而熱情奔放，而她過去從來也不是這樣的。

9

夜幕已經降臨；汽車前的大燈開亮了，阿涅絲越過瑞士邊境，開上法國的高速公路；法國的高速公路總是使她害怕；善良的瑞士人循規蹈矩，遵守規則，而法國人面對任何企圖否認他們有高速行駛權利的人時，總是搖搖頭，表示憤怒，並把他們的出遊變成對人權的狂歡慶祝。

感到飢腸轆轆時，她決定駕車停在餐館或者高速公路邊的汽車遊客旅館前面，以便吃晚飯。在她的左面，三輛大型摩托車一片轟響，越過了她；在車燈的亮光下，摩托車手身穿的服裝就像宇宙航行員的密閉飛行服，這使他們看來像非人的古怪生物。

正當這時，一個侍者俯向我們的桌子，收拾我們的冷盆空碟，我正在對阿弗納琉斯講述：「恰好那天早上，我已經開始寫作我的小說的第三部分，我聽到廣播一條新聞，我永遠不會忘記。一個少女深夜來到一條公路上，背對著來車坐下。她的頭埋在雙膝之間，她等待著死亡。第一輛汽車的駕駛者在最後一秒鐘避開了她，同他的妻子和兩個孩子一起摔進溝裏一命嗚呼。第二輛汽車也在壕溝裏完蛋了。然後是第三輛。少女完好無損。她站起身走了，永遠沒有人知道她是誰。」

阿弗納琉斯說：「依你看來，什麼原因會促使一個少女深夜坐在一條公路上，以便讓汽車壓死呢？」

「我一無所知，」我說：「不過我打賭，她有一個可笑的原因。或者不如說，她有一個從表面看來我們覺得可笑、毫無道理的原因。」

「爲什麼？」阿弗納琉斯問道。

我聳聳肩：「我不能想像有任何重大原因，譬如無可救藥的疾病，或者一個至親好友的過世，足以促使她這樣可怕地自殺。在這種情況下，沒有人會選擇這樣可怕的結局，把其他人帶往死亡！只有失去理智的原因才能導至這種毫無道理的恐怖行爲。在所有來源于拉丁文的語言中，原因這個詞(ratio, reason, ragione)有兩個含意：表示事出有因之前的思考能力。因此，作爲原因來看，這個詞總是被看作有理性的。理性不明顯的原因是看來不能產生結果。然而，在德語中，這個詞作爲原因來理解，寫成Grund，這個字眼與拉丁文的ratio毫無關係，首先表示地面，然後表示基礎。從拉丁文的ratio的意思來看，坐在公路上的姑娘的行爲顯得荒謬、過分、毫無理智，但是，這一行爲有其原因，也就是說具有基礎，有其Grund。在我們每個人的心底裏鐫刻著一個Grund，這是我們行動持久不變的原因，是我們的命運所依賴的土地。我力圖在我筆下人物的身上抓住他的Grund，我越來越確信，這個詞具有隱喻的性質。」

「你的想法我是初次領教。」阿弗納琉斯說道。

「很遺憾，這是來到我的腦海裏最重要的想法。」

此時，侍者過來了，端來我們的一盆鴨子。肉味鮮美，令我們全然忘卻了我們剛才的談論。

過了一會兒，阿弗納琉斯才打破沉默：「確切地說，你正在寫什麼？」

「無法敍述出來。」

「眞遺憾。」

「爲什麼遺憾？這是一個機會。今日，凡是能夠描繪的事，大家都蜂擁而上，改編成電影、電視劇或者連環畫。一部小說的主要內容只能通過小說道出，而在一切改編作品中，只剩下並非主要的內容。有誰發神經，今日還要寫小說，如果他想維護這些小說，就要把這些小說寫成無法改編的，換句話說，別人無法敍述出來的東西。」

他也不贊成這種看法：「只要你願意，我可以懷著最大的興趣從頭到尾向你敍述大仲馬《三個火槍手》！」

「我像你一樣喜歡大仲馬，」我說：「但是，我感到遺憾的是，幾乎所有今日寫出的小說都過於服從情節整一的規則，我的意思是說，這些小說都建立在情節和事件唯一的因果關係的連接上。這些小說酷似一條狹窄的街道，沿著街道人們用鞭子去追逐人物。戲劇性的緊張是小說的眞正的不幸，因爲這樣會改變一切，甚至把最優美的篇章、場面和觀察變爲導至結局的一個普通階段，結局只不過集中了面前所有情節的含意。小說被本身緊張的情節之火所吞噬，像一捆麥草那樣燒光。」

「聽你這樣說，」阿弗納琉斯教授膽怯地說道，「我躭心你的小說枯燥無味。」

「那末，凡是沒有向結局狂奔的內容，就應該覺得枯燥無味囉？在品嘗這塊美味的鴨腿時，你感到厭煩嗎？你會匆匆奔向目標嗎？恰恰相反，你希望鴨肉盡可能慢地進入你的腹內，鴨子的美味長駐不散。小說不應該像一場單車比賽，而要像一場宴會，頻繁上菜。我焦急地等待著第六部分。一個新的人物將要出現在我的小說裏。第六部分結束時，他怎麼來就怎麼走，不留痕迹。他既不是任何東西的因，也絕不產生果。令我喜歡的正是這樣。這將是一部小說中的小說，是我所寫的最憂鬱的色情故事。」

阿弗納琉斯窘困地保持沉默，隨後柔聲地問我：「你的小說要用什麼名字？」

「《生命中不能承受之輕》。」

「這個名字已經用過了。」

「不錯，是我用的！但在那時，我弄錯了名字。這個書名本應屬於我現在寫的這部小說。」

我們保持緘默，聚精會神地品味著酒和鴨子。

阿弗納琉斯一面咀嚼，一面說：「照我看來，你寫得太勞累。你本該注意身體才是。」

我一清二楚阿弗納琉斯想說什麼，可是我佯裝不知，默默無言地品嘗著葡萄酒。

10

過了良久，阿弗納琉斯又重複說：「我認爲你寫得太勞累。你本該注意身體才是。」

「我是注意身體的，」我回答道：「我按時去舉重。」

「這很危險。你會挨上一下。」

「這正是我所害怕的，」我說，「我想起羅伯特・穆西爾❹(Robert Musil)。」

「你應該跑步，晚間跑步。我來給你看一樣東西。」他解開外衣，帶著神秘的表情說。我盯住他的胸脯和大腹便便的肚子周圍，看到一件古怪的裝束，令人聯想起一匹馬的鞍轡。在下方和右邊，腰帶上吊著一根狹長帶子，懸掛著一把咄咄逼人的大切肉刀。

我讚許他這樣裝備起來，爲了轉移話題，講我瞭若指掌的事，我把談話引到我所關心的唯一的一件事，而且我好奇地想多知道一點情況：「你在地鐵的的通道裏遇到洛拉時，她認出了你，你也認出了她。」

「是的。」阿弗納琉斯說。

「我很想知道你們怎麼相識的。」

「你對無聊的事很感興趣，而嚴肅的事令你厭煩，」他帶著相當失望的神態說，一面扣上外衣，「你酷似一個年老的看門女人。」

我聳聳肩。

他繼續說：「這件事沒有多大意思。在我把他的證書交給十足的蠢驢之前，人們把他的照片張貼在大街小巷。我想看到有血有肉的他，便到廣播電台所在地的敞廳等候他。當他從電梯走出來時，有個女人朝他跑

❹羅伯特・穆西爾(1880-1942)奧地利小說家，代表作品爲《沒有個性的人》。

去，抱吻了他。隨後我尾隨著他們，我的目光有時遇到那個女人的目光，以致我的面孔大概對她來說顯得很熟稔，即使那時她不知道我是誰。」

「你喜歡她嗎？」

阿弗納琉斯降低聲音：「不瞞你說，如果不是我對她有興趣，也許我永遠不會實現拿證書的計畫。這類計畫，我有幾千個，往往都停留在幻想狀態。」

「是的，我知道。」我表示贊成。

「當一個男子對一個女子感興趣時，他會竭盡所能，至少是間接地同她接觸，以便從遠處觸動她的社會圈子，動搖這個圈子。」

「總而言之，如果貝爾納變成一頭十足的蠢驢，這是因爲你喜歡洛拉。」

「也許你沒有弄錯，」阿弗納琉斯若有所思地說，他又補充道：「在這個女子身上，有樣東西使她變成指定的受害者。這正是使我受到她吸引的地方。當我看到她待在兩個醉醺醺的、滿身臭氣的流浪漢的懷抱裏時，我好激動呀！多麼令人難以忘懷的時刻呀！」

「好，至此我瞭解你的經驗，但是我想知道後來發生的事。」

「她有一個絕對美不可言的屁股，」阿弗納琉斯繼續說，並不在乎我的要求，「她上學時，她的同學們大概捏她的屁股。我想像得出，每次她都發出尖叫，用的是她的女高音。這些叫聲是她後來的尋歡作樂的美妙先聲。」

「是的，眞可以談談。請告訴我，你像救世主一樣把她拖出地鐵以後所發生的事。」

阿弗納琉斯假裝什麼也沒有聽見。「在一個審美家來看，」他繼續說，「她的屁股大約顯得太大，位置有點低，由於她的心靈想飛往高處，這就格外令人不舒服。對我來說，在這種矛盾中歸結了全部人類狀況：腦袋充滿幻想，屁股如同一只錨把我們留住在地上。」

阿弗納琉斯的最後一句話，天知道爲什麼，有一種憂愁的音響，也許因爲我們的盆子空了，再沒有鴨子的痕迹。侍者重新俯下身子，收拾桌子。阿弗納琉斯朝他抬起頭來：「你有紙嗎？」

侍者遞給他一張發票，阿弗納琉斯掏出鋼筆，畫了這幅圖：

然後他說：「這就是洛拉：她的充滿幻想的腦袋仰望天空。但是她的身體墜向地面：屁股和乳房——也是重甸甸的，往下凝視。」

「好古怪。」我說，在他的畫旁邊我畫了一幅圖：

「這是誰？」阿弗納琉斯問道。

「她的姐姐阿涅絲：她的身體像火焰一樣升起。但她的頭總是略微耷拉著：凝視地下的一隻抱懷疑態度的頭。」

「我更喜歡洛拉，」阿弗納琉斯用堅決的語氣說，然後他添上說：「勝過一切，我最喜歡的是晚上跑步。

你喜歡聖日耳曼—德—普雷教堂嗎?」

我點點頭。

「不過,你從來沒有眞正看過這座教堂。」

「我不理解你的意思。」我說。

「不久以前,我朝林蔭大道那邊,沿著雷納街走下去,計算著多少次我有時間朝聖日耳曼教堂抬起眼睛,而不致被過於擁擠的行人推推搡搡,或者被汽車撞翻。我一共瞧了七眼,左臂被撞靑一塊,因爲一個年輕的冒失鬼用手肘撞了我一下。當我頭往後仰,正好直立在教堂入口處時,我看了第八眼。但是,在大爲變形的仰視遠景畫面中,我只能看到教堂正面。這些短暫的或者導致物體變形的張望,在我的記憶中只留下一種近似的標記。就跟洛拉在我的小小的畫裏,由兩個箭頭組成一樣不像教堂。聖日耳曼教堂消失了,所有城市的所有教堂消失了,有如月亮被消蝕一樣。汽車侵入街道,縮小人行道,那裏擠滿了行人。行人想相對而視,在視網膜裏只看到汽車;行人想看看對面的房子,在前排卻看到汽車;只有一個角落,前後兩側都看不見汽車。汽車的喧囂聲無所不在,宛如一種酸,吞沒了所有凝視的時刻。由於汽車,城市以往的美看不到了。我並不像那些愚蠢的道學家,他們面對每年有一萬人在公路上死於非命,感到義憤塡膺。至少,這要降低小轎車的數量。但是我憤然反對這個事實,汽車使大教堂黯然失色了。」

阿弗納琉斯教授住了口,隨後說:「我來吃點奶酪。」

11

奶酪使我把教堂置之腦後，酒在我身上喚醒了兩個重疊的箭頭的肉慾形象：「我有把握，你陪送她回去以後，她邀請你上樓到她的套房裏。她告訴你，她是世上最不幸的女人。與此同時，她的身子在你的溫存之下癱軟了，毫無抗拒，再也止不住眼淚和尿。」

「止不住眼淚和尿！」阿弗納琉斯喊道：「好美的想像！」

「然後你同她作愛，她正視你，搖著頭重複說：我愛的人不是你！我愛的人不是你！」

「你說的話很有刺激性，」阿弗納琉斯說，「不過，你說的是誰呢？」

「是洛拉！」

他打斷我道：「你絕對需要鍛練。晚上跑步是唯一能夠使你擺脫色情幻覺的方法。」

「我不如你那樣裝備齊全，」我說，影射他的裝束，「你很清楚，沒有合適的裝束，投身到這樣的行動中是勞而無功的。」

「用不著躭心。裝備並不是這樣重要的。一開始，我自己也沒有這些裝備。這一切，」他說時指著自己的胸脯，「這種講究需要我好多年的調整，我不是出於實際的需要，而是出於某種純粹審美的、近乎毫無用處的完美願望。當前，你可以只滿足於一把口袋小刀。唯有遵守這條規則才是重要的：第一輛汽車在右前方，第二輛汽車在左前方，第三輛汽車在右後方，第四輛汽車……」

「……在左後方……」

「錯了！」阿弗納琉斯說，哈哈大笑，活像一個兇惡的小學教師，學生出錯使他高興：「第四輛汽車在所有四個方位！」

我同他笑了一陣，阿弗納琉斯繼續說：「我知道，不久以來，數學使你困擾不安，你不得不尊重這種幾何學般的規則性。我是把這種規則性當作無條件服從的規則強加於自身的，這規則有雙重意義：一方面，這條規則把警察帶往錯誤的線索上去，因爲扎破的輪胎的古怪位置表面看來具有特殊意義，就像一個信息，就像一種密碼，警方千方百計想破譯也是枉然；尤其是，在遵守這種幾何學的同時，我們把一種數學上的美的準則引入到我們的具有摧毀性的行動中，我們截然分淸用釘子劃破汽車和在屋頂上拉屎的破壞行動。很久以前，正是在德國，我制訂了我的方法的細則，那時，我還以爲可以組織起來抵擋魔鬼。我經常走訪一個生態學家協會。對於這些人來說，魔鬼引起的最大壞處是毀壞大自然。爲什麼不是這樣呢，人們甚至可以這樣來理解魔鬼。我贊同生態學家。我向他們建議成立一些小組，負責在夜間戳破輪胎。如果我的計畫付諸實行，我向你擔保，就會再也沒有汽車。一個月之後，五個三人小組就會讓一個中等城市無法使用汽車！我向他們提出我的計畫，直至細枝末節，大家都可以從我那裏學到怎樣從事一個完全有效、警方破獲不了的破壞行動。這些低能兒把我看作一個教唆者！他們對我吹口哨，舉拳威脅我！兩週以後，他們騎上他們的大型摩托車，坐上他們的小轎車，來到森林裏的某個地方遊行，反對建造一個原子能發電站。他們毀掉了許多樹木，在四個月中，在身後留下一股難以忍受的惡臭。於是我們明白，很久以來，他們屬於魔鬼不可分割的一部分，我想改變世界的努力完蛋了。今天，我求助於往日的革命實踐，只是出於純粹自私自利的樂趣。夜裏滿街亂跑，戳破輪胎，對心靈來說，這是一種天大的快樂，而對身體來說，這是一種極好的鍛練。我再一次竭力向你推薦這個行動。你會睡得安穩。你再不會想念洛拉。」

「有件事使我困惑不解。你的妻子眞的以爲你夜裏出去是爲了戳破輪胎嗎？她難道不懷疑，在你這種藉口下企圖追逐艷遇嗎？」

「你忘了一個細節。我打呼嚕。這使我能夠睡在靠邊的一個房間裏。晚上的行動我絕對自己作主。」

他微微一笑，我好想接受他的邀請，答應他給他作伴：一方面我覺得他的行動值得讚賞，另一方面我對朋友很重情誼，想讓他開心。但是他不讓我有時間張嘴講話，他大聲叫來侍者，要他開賬單，這樣，談話轉向另一個話題。

12

由於她覺得在高速公路邊所看到的餐館沒有一間吸引她，所以她超越而過，不作停留，她的疲倦隨著飢餓而增長。待她停在一間路邊遊客旅館前的時候，已經夜深了。

大廳裏除了一個母親和她六歲的兒子以外，再沒有人，他們時而入席坐下，時而跑著轉圈兒，一面發出尖叫聲。

她要了最簡單的菜，注意到桌子中央放著一個小塑像。這是一個橡皮老頭，一個做廣告用的小塑像。小老頭身軀粗壯，雙腿很短，鼻子綠色而可怕，一直垂到肚臍。好逗人，她思忖道，她手指間擺弄著小塑像，好長時間觀察它。

她設想人們給了小老頭生命。小老頭一旦有了靈魂，毫無疑問，如果有人，譬如現在阿涅絲，擰著它的橡皮綠鼻子取樂，它會感到劇痛。不用多久，它身上會產生對人的恐懼，因爲人人想玩玩這隻可笑的鼻子，而小老頭的生命將會只由恐懼和疼痛組成。

小老頭會對自己的創造者懷有神聖的敬意嗎？會感激給了自己生命嗎？會向創造者念禱告嗎？有朝一日，有人遞給它一面鏡子，於是它便會想用手掩住面孔，因爲它在人面前會羞愧難當。但是，它藏不住面孔，因爲它的創造者這樣創造它，它不能移動雙手。

阿涅絲思量：設想小老頭會羞恥多麼有趣。它要對自己的綠鼻子負責嗎？莫非它會無動於衷地聳聳肩？不會。它不會聳肩。它會羞愧。當一個人第一次發現肉體的自我的時候，他首先明顯感到的既不是無動於衷，也不是憤怒，而是羞愧：一種佔主導地位的羞愧，它有強有弱，甚至被時光磨鈍，但會伴隨他的一生。

阿涅絲十六歲的時候，她雙親的朋友讓她寄宿在家；半夜時分，她來了月經，床單上沾上了血污。一大清早，看到血污時，她驚惶失措。她輕手輕脚走到浴室，用一條在肥皂水裏浸濕的毛巾去刷床單；不僅血污擴大了，而且阿涅絲弄髒了褥子；她羞愧得要命。

她緣何羞愧？女人莫非都要有月經嗎？阿涅絲莫非創造了女人的器官？這些都要她來負責麼？當然不能負責。但是責任跟羞愧毫無關係。如果阿涅絲推翻了墨水瓶，譬如說損壞了主人的桌布和地毯，這會令人難堪和異常不快的，然而她不會感到羞愧。羞愧不以我們可能犯下的過失，而是以我們無法選擇、面對的處境而感到的屈辱作爲基礎，而且有一種不可忍受的感覺：這種屈辱處處顯而易見。

假若綠色長鼻子的小老頭羞愧於自己的面孔，那是毫不足怪的。但是，至於說到阿涅絲的父親呢？他呀，他可是美男子！

是的，他好漂亮。然而，從數學的角度來看，漂亮是什麼？一個樣品盡可能與原型相似，於是乎就美。請設想將身體各個部分的最小尺寸和最大尺寸放進電子計算機：鼻子長度在三公分至七公分之間，額角高度在三公分至八公分之間，如此推類。額角六公分而鼻子只有三公分的人是醜的。醜陋：偶然性心血來潮的詩篇。在一個美男子身上，偶然的作用選擇了各種尺寸的平均數。美麗：中庸的缺乏詩意。在美之中更甚於在醜之中，表現出面孔非個人的性質。美男子在自己的面孔上看到技術性的最初的方案，就像原型的作者所描畫的那樣，他很難相信，他所看到的是一個不可模仿的自我。所以，他就像綠色長鼻子的小老頭那樣感到羞愧。

她的父親奄奄一息的時候，阿涅絲坐在床沿上。在進入垂危的最後階段之前，他對她說：「不要再看著我。」這是她從他那裏聽到的最後一句話，得到的最後一個信息。

她聽從了：她的頭垂向地面，她閉上眼睛，僅僅捏住他的手，而且捏緊了：她任憑他慢慢地、不讓人看到，奔赴那再沒有面孔的世界。

13

她付了賬，逕直走向她的汽車。餐館裏那個大聲說話的小男孩跑到她面前。他蹲在她跟前，伸出手臂，彷彿握著一把自動手槍。他模仿開槍的聲音：「砰，砰，砰！」向她射出想像的子彈。

她在他身旁停下，用平靜的聲音說道：「你是白痴？」

他停止射擊，用稚氣的大眼睛打量她。

她重複說道：「是的，無疑，你是白痴。」

哭泣般的撇嘴扭曲了調皮鬼的臉：「我去告訴我的媽媽！」

「去吧！去告密吧！」阿湼絲說。她坐在駕駛盤前面，全速開走了。

沒有遇上孩子的母親，她很開心。她想像那個做母親的叫喊著，急速地左右搖頭，聳著肩膀和眉毛，爲的是保護受了冒犯的孩子。毫無疑問，孩子的權利高於其他一切權利之上。實際上，當敵方將軍只赦免三個被判決者中的一個時，爲什麼她們的母親偏愛洛拉，而不是阿湼絲呢？回答是明確的：她偏愛洛拉是因爲洛拉更年輕。在年齡的等級中，嬰兒處在頂峰，然後是孩子，再後面是青少年，接著才是成年人。至於老人，最接近地面，處在這個價值金字塔的底部。

死人呢？死人處在地底下。因此比老人還要低。老人仍然感到自己意識到人的一切權利。相反，死人在去世那一刻失去了這些權利。任何法律都再也保護不了他受到汚衊，他的私生活再也不是秘密的；他的情人寫給他的信，他的母親留給他的紀念册，所有這一切統統不再屬於他。

父親在他故世之前的幾年裏，逐漸毀掉了一切，身後一無所剩：他甚至沒有留下衣服在大櫃裏，沒留下任何手稿、任何課本筆記、任何信件。他抹去了他的痕迹，不讓別人發覺。僅有一次，有人偶然在那些撕碎的相片中發現了他。但是這並不妨礙他毀掉這些相片。連一幀相片也沒留下。

洛拉反對的正是這個。她爲活人的權利而鬥爭，反對死者的不正當要求。因爲明天在地底下或者在火中消失的面孔，不屬於未來的死人，而僅僅屬於活人，活人渴望和需要吃死人、死人的信、財產、相片、昔日的愛情和秘密。

但是阿湼絲思忖，父親擺脫了他們所有的人。

她想著他，微笑了。她猛然想到，他曾經是她唯一的情人。是的，這是明白無誤的：她的父親曾經是她唯一的情人。

與此同時，幾輛大型摩托車重新以發瘋的速度越過了她的汽車；前燈的亮光照亮了俯向車把的身影，身影充滿了挑釁性，連黑夜都爲之顫抖。這正是她想逃避的世界，永遠逃避，以致她決定在下一個叉口離開高速公路，開上一條不那麼擁擠的公路。

14

我們又來到巴黎一條通明雪亮、熙熙攘攘的林蔭道，我們走向停在幾條街以外的阿弗納琉斯的賓士(Mercedes)牌汽車。我們重新想到那個少女，有一夜她坐在車道上，頭埋在手裏，等待汽車的撞擊。

「我曾經竭力向你解釋，」我說，「在我們每個人的內心深處，作爲自身行爲的原因，存在德國人稱之爲Grund的東西，存在一個基礎；一種蘊含我們的命運本質的密碼；依我看，這密碼具有隱喻的性質。如果人們不求助於一幅圖像，我們提到的那個姑娘就不可理解。譬如說：她在生活中行走就像在山谷中行走一樣；每時每刻，她會遇到一個人，同他說話；但是別人望著她，卻不理解，繼續走他們的路，因爲她用非常微弱的聲音說話，別人聽不清。我就是這樣來描繪她，我確信她正是這樣看到自己的：她同一個行走在山谷中的女人，待在聽不清她講話的人們中間。或者是另一幅圖像：她到牙醫師那裏，候診室擠滿了人；又來一個病人，他筆直走向她所坐的那張扶手椅，坐在她的膝頭上；他不是故意這樣做的，而是非常簡單，他覺得這張扶手椅空著；她提出抗議，用手臂推開他，大聲叫道：『得了，先生！你沒有看到座位上有人嘛！是我坐在這裏！』但是那個人沒有聽到她說話，他舒適地坐在她身上，與高采烈地跟候診中的一個病人閒聊。這兩幅畫面說明了她的特點，讓我去理解她。她的自殺願望不是由任何外界因素引起的。這種願望植根在她的存在的土壤裏，慢慢地在她身上生長，像一朵黑色的花那樣盛開。」

「就算這樣，」阿弗納琉斯說：「不過，你剩下要解釋的是，爲什麼她決定在這一天而不是另外一天自殺於車下。」

「怎麼解釋一朵花在這一天而不是另外一天開放呢？這一時刻來臨了。自我毀滅的願望緩慢地在她身上滋長，到了這一天，她再也抗拒不了。我想，她遭到的不公道對待寧可說分量很輕：別人不理會她的問候；沒有人對她微笑；正當她在郵局排隊的時候，一個臃腫的太太撞了她一下，走到她前面；她在一個大商店當店員，櫃枱主任責備她對待顧客態度不好。她千百次想反抗，發出抗議的喊聲，可是一直委決不下，因爲她的聲帶在憤怒時會斷裂。她比別人更加軟弱，繼續逆來順受。惡落到一個人的身上時，這個人便將惡轉嫁到別人身上。這就是所謂爭執、毆鬥、報復。但是弱者沒有力量將落到自己身上的惡轉嫁他人，他自身的軟弱汚辱他、凌辱他，面對軟弱，他絕對毫無防衛。他唯有自我毀滅，才能消除自身的軟弱。這個姑娘正是這樣開始憧憬自己的死。」

阿弗納琉斯尋找他的賓士牌汽車，發現走錯了路。我們掉轉腳跟。

我接著說：「死亡就像他所期待的那樣，不像消失，而像轉移。像自身的轉移。她生活中的任何一天、她說過的任何一句話，都滿足不了她。她就像自己所憎恨的，卻無法擺脫的可怕重負那樣在生活中穿行。因此她渴望自我棄絕，就像扔掉一只爛蘋果那樣自我棄絕。她的渴望自我棄絕，彷彿拋棄東西的人與被拋棄的人是迥然不同的兩個人那樣。她設想，她會把自己從窗口推出去。但是這個想法很可笑，因爲她住在二樓，而她受僱傭的那個大商店設在底層，沒有窗戶。她渴望死去，被一記重拳擊倒而死去，這一拳發出響聲，宛如壓扁一只金龜子的鞘翅那樣。被壓扁是一種肉體上的願望，如同感到需要，將手掌重重壓在身體的痛點上。」

我們來到阿弗納琉斯那輛華麗的賓士汽車面前，止住了腳步。

「你把她描繪成那樣，」阿弗納琉斯說，「人們幾乎要同情她。」

「我明白你要說的意思：她有沒有引起別人的死。但是這已經表達在我關於她所作的那兩幅畫面中。她對別人說話時，沒有人聽得見她。她正在失去世界。我說這世界時，我想的是宇宙的這一部分，它回答我們的呼籲（哪怕僅僅通過剛剛可以聽到的回聲），我們也聽到它的呼籲。對她來說，世界逐漸變得沉默無言，不再成爲她的世界。她完全禁錮在自身和痛苦之中。她至少能通過別人痛苦的場面，擺脫自己的禁錮吧？不能。因爲別人的痛苦是在她已經喪失的、不再屬於她的世界中猝然發生的。即令火星只是痛苦的星球，即令火星的石頭痛苦得嚎叫，這也不能使我們感動，因爲火星不屬於我們的世界。擺脫了世界的人對世界的痛苦無動於衷。使她暫時擺脫痛苦的唯一事件，是她的小狗生病和死去。女鄰居十分氣憤：這個姑娘對別人毫無同情心，但是她哭泣她的狗。她之所以哭泣她的狗，這是因爲這隻狗屬於她的世界，而她的女鄰居根本不屬於她的世界；狗回答她的喚聲，而人不回答。」

我們保持沉默，想著那個不幸的女人，然後阿弗納琉斯打開車門，用示意鼓勵我：「來吧！我帶你走！我借給你籃球和一把刀！」

我知道，如果我不跟他一起去戳破輪胎，他會找不到別的同伙，只能獨自一人，彷彿從事他古怪的行動是被流放。我發狂地渴望陪伴他，但是我很懶惰，我感到想睡覺的隱約願望從遠處襲來，而用半個夜晚跑遍大街小巷在我看來就像難以想像的犧牲。

「我回家去。我想安步當車。」我說，向他伸出了手。

他走了。我目送著他的賓士牌汽車，想到背叛一個朋友，心中感到內疚。然後我踏上回家的路，不久我又想起那個姑娘，在她身上，自我毀滅的願望像一朵黑色的花那樣盛開。

我思忖：有那麼一天，工作之後，她不回家，走出城外。她在四周一無所見，她不知道現在是夏天、秋天還是冬天，她是不是沿著河岸走，還是沿著工廠走；事實上，她早就不再生活在這個世界上；除了她的心靈，她沒有別的世界。

15

她在四周一無所見，她不知道現在是夏天、秋天還是冬天，她沿著河岸走還是沿著工廠走。她在漫步，她之所以漫步，是因為焦慮不安煩擾著她的心靈，她的心靈要求運動，不能待在原來位置，因為她一動不動時，痛苦變得很劇烈。彷彿牙齒劇痛一樣：有某種東西促使你團團轉圈，從房間的一頭走到另一頭；這一點沒有任何合適的理由，因為運動不可能減輕痛苦，而你一無所知，牙痛在懇求你去運動。

因此她在漫步，來到一條高速公路，汽車一輛接一輛，川流不息，她行走路旁的人行道上，從這塊界石到那塊界石，一無所見，僅僅探索著自己的內心，她的心靈總是給她照出同樣的屈辱的形象。她無法把目光掉轉開；唯有偶爾摩托車轟隆隆地騎過，爆發的響聲傷害她的耳鼓時，她才不時地意識到存在外界；但是這個世界沒有任何意義，這是一個純粹空曠的空間，除了能讓她行走，讓她疼痛的心靈從一個地方轉到另一個地方，以期減輕痛苦以外，沒有任何趣味。

很久以來，她就考慮讓汽車壓死。但是汽車飛馳而過，她感到害怕，汽車的力量比她大一千倍；她看不到怎樣才能找到撲身輪下的勇氣。她必須撲向汽車，撞在汽車上，爲此，她缺少勇氣，如同櫃枱主任無理責備她時，她想抗辯，卻缺乏勇氣那樣。

薄暮時分她從家裏出發，後來夜幕降臨了。她的脚走得痛了，她自知體弱，走不了遠路。正當她疲憊時，她看到一塊發光的大牌上寫著「第戎」(Dijon)❺這兩個字。

疲累一下子忘卻了。似乎這兩個字勾起她的回憶。她竭力抓住一個短暫的記憶：這關係到一個第戎人，或者有人向她談起過在第戎發生的某件趣事。她突然說服自己，生活在這個城市裏是舒適的，第戎的居民不像她至今認識的人。這如同一曲舞蹈音樂在沙漠中響起那樣。這如同一股銀光閃閃的泉水在墓園中噴射而出一樣。

是的，她走向第戎！她開始向汽車打手勢。但是一輛輛汽車飛馳而過，沒有停下，汽車前燈晃得她眩目。此情此景重複不斷，她不由得想擺脫這種情景：她對人講話，呼喊他，大聲嚷嚷，可是沒有人聽得見。

---

❺法國黃金海岸省的首府，位於巴黎東南二百公里左右。

整整半個小時，她徒勞地舉起手臂：汽車就是不停。城市已經沒有燈光，歡樂的第戎城，在荒漠中的舞池，重新沉浸在黑暗中。世界重又拋棄她，她又回到心靈深處，唯有空虛籠罩著她的心。

後來，她離開高速公路，轉向一條比較小的公路叉口。她停住脚步：不，高速公路上飛奔的汽車毫無用處。這些汽車既不能壓死她，又不能把她送到第戎。她離開了高速公路，踏上那條更安靜的小公路。

16

在一個無法與之和諧的世界裏如何生活呢？不能把人們的痛苦和歡樂變爲自己的痛苦和歡樂，這樣如何跟他們生活在一起呢？明知不屬於他們的一員，如何跟他們生活在一起呢？

要麼是愛情，要麼進修道院，阿涅絲這樣想。愛情或者修道院：這是人類拒絕神聖的電腦，逃避它的兩個方法。

愛情：從前，阿涅絲設想過這種考驗：別人問你，死後你是不是期望甦醒後過上新的生活。如果你眞的戀愛，你只需接受跟你愛過的人重逢的條件。對你來說，生活之有價值是有條件的，其價值在於生活能夠讓你享受愛情。對你來說，被愛的人較之所有的創造物，較之生活更有代表性。當然，這是對神聖的電腦的嘲弄褻瀆，電腦認爲自身是一切事物的頂峰和存在的意義的掌握者。

但是大部分人沒有經歷過愛情，在那些自以爲經歷過愛情的人當中，很少人會成功地通過阿涅絲創造的考驗；他們追求來世的希望，卻不提出任何條件；他們更喜歡生活而不是愛情，心甘情願地重新墜入造物主的蜘蛛網。

如果人不能跟意中人生活在一起，不能全部附屬於愛情，那麼他只有另外一個方法逃避造物主：進修道院。阿涅絲回想起一個句子：「他躲到巴瑪修道院。」在行文中，至今沒有牽涉到任何一個修道院，但在最後一頁，這唯一的句子卻非常重要，以致司湯達❻從中抽出小說題名；因爲法布利斯・台爾・唐戈❼的所有冒險的結局是進修道院：這是擺脫塵世和人的地方。

從前，與塵世不協調，不能把人世的痛苦和歡樂變成自己的痛苦和歡樂的人，便進入修道院。但由於我們的世紀絕不承認人們具有與塵世不協調的權利，像法布利斯那樣的人能夠龜縮的修道院都不存在了。再也沒有能夠擺脫塵世和人的地方。唯有回憶留存：這就是修道院的理想，修道院的夢想。修道院。他躲進巴瑪修道院——修道院的海市蜃樓。正是爲了重新找到這海市蜃樓，七年來，阿涅絲來到瑞士，爲了再找到她的修道院，擺脫塵世的道路的修道院。

她緬懷起那天接近傍晚古怪的一刻，當時她在田野作最後一次散步。她來到一條小溪旁，躺在草叢中。她久久地躺在那裏，以爲感到溪流淌過她的身體，帶走所有的痛苦和污穢：她的自我。奇異的難以忘懷的時

❻司湯達（1783–1842），法國作家，著有《紅與黑》、《巴瑪修道院》。

❼《巴瑪修道院》的主人公。

刻：她忘卻了她的自我，她失去了她的自我，她擺脫了自我：那裏有幸福。

這段回憶在她身上產生一種模糊的、轉瞬即逝的，然而非常重要的（也許是最重要的）想法，以致阿涅絲想用語言來抓住它。

生活中不能令人忍受的，不是存在，而是成爲自我。造物主依仗電子計算機，使幾十億個自我和他們的生命進入塵世。但是在所有這些生命旁邊，可以想像一個更爲基本的存在，它在造物主開始創造之前便有了，造物主對這個存在過去不曾施加過，如今也不施加任何影響。阿涅絲躺在草叢中，帶走她的自我及其污穢的小溪單調的潺潺聲透入她體內，她具有這種基本的存在屬性，這存在瀰漫在流逝時光的聲音裏和蔚藍的天空中：從此以後，她知道沒有更美的東西了。

她離開高速公路，進入的那條省級公路是寧靜的：遙遠的，無限遙遠的繁星閃閃爍爍。阿涅絲心想：活著，沒有任何幸福。活著：在世界上拖著痛苦的自我。然而存在，存在就是幸福。存在：變成噴泉、間歇泉口小池，宇宙將熱雨傾注其中。

17

少女又走了很久，雙脚疼痛，踉踉蹌蹌，然後坐在公路右邊中央的柏油路上。她的頭縮進肩膀，鼻子頂在膝蓋上，弓起了背，想到要將背部去迎接金屬、鋼板、撞擊時，她感到背部在燃燒。她蜷縮成一團，將她的可憐而瘦的胸部更加彎成弓形，疼痛的自我妨碍她去想別的東西，除了她自己，這自我的烈火在她的胸膛中升起。她渴望在撞擊下被壓死，於是這火焰熄滅。

聽到一輛車駛近，她越發縮成一團，響聲變得不可忍受，但是，非但沒有期待中的撞擊，她只感到右面一股強風，使她略微旋轉了一下。只聽到輪胎的磨擦聲，然後是一下巨大的撞擊聲；她什麼也看不見，因爲她緊閉雙眼，面孔藏在兩膝之間，充其量她對自己還像以前那樣活著和坐在那裏感到愕然而已。

她又聽到一輛車駛近的聲音；這一次她緊貼地面，撞擊聲就在附近爆發出來，旋即是一下喊聲，難以形容的喊聲，恐怖的喊聲，使她跳了起來。她站在空寂無人的公路中間；在大約兩百米遠的地方，她看見火焰，而在較近的一個地方，從壕溝向黝暗的天空不斷發出那可怕的喊聲。

這喊聲持續不斷，如此可怖，以致她周圍的世界，她已經失去的世界，重新變得眞實、或多采的、炫人眼目、充滿聲響。她站在公路中間張開雙臂，驟然感到自己高大、強壯、有力；世界，這個拒絕傾聽她的失去的世界，又喊叫著回到她那裏，如此美，如此可怕，以致她也想喊叫，不過徒然，因爲她的聲音消失在喉嚨裏，她無法喚醒這聲音。

第三輛汽車的燈光晃得她炫目。她本想躲開，可是不知道該往哪一邊跳開；她聽到輪胎的摩擦聲，汽車躲開了她，發出了撞擊聲。於是，她喉嚨裏的喊聲終於甦醒了。又是從壕溝的同一個地方，升起連續不斷的喊叫，她開始回答這喊聲。

隨後她轉過身來逃跑了。她邊叫邊逃，感到迷惑的是，她那樣微弱的聲音怎麼會發出如此尖厲的喊聲。

在省級公路同高速公路匯合的地方，矗立著打電話處的柱石。她摘下電話筒：「喂！喂！」在線路的那一端，有個聲音回答。「出了事啦！」她說。那個聲音問她在哪兒，但是她說不準確，便把電話重新掛上，朝著她當天下午離開的那個城市跑去。

18

幾小時以前，阿弗納琉斯執著地給我解釋過戳破輪胎必須遵循的嚴格次序：先戳破右前輪，然後左前輪，然後右後輪，然後所有四只輪胎。但這只不過是理論，用來使生態學家的聽衆或者過於輕信的朋友吃驚。實際上，阿弗納琉斯不按照任何方式進行。他跑到街上，隨興之所至，不時掏出廚刀，插入最近的輪胎。

在餐館裏，他給我解釋過，每戳一下都要把刀放回外衣下，重新掛在腰帶上，空著雙手繼續奔跑。一方面，這樣奔跑起來更方便，另一方面，可以保證安全無虞：最好不要冒險讓人看到手裏拿著廚刀。因此，要戳得猛而快，不能超過幾秒鐘。

唉，阿弗納琉斯在理論上很教條，在實踐上同樣疏忽大意、缺乏方法，很危險地生性愛自由自在。在一條空無一人的街道上戳破了兩只輪胎（而不是四只）之後，他直起腰來，重新開始奔跑，一面舉起廚刀，無視一切安全規則。如今他奔向的汽車停在街角上。當他還處在離目標五六米遠的時候，他伸出了手臂，就在這時，他的右耳聽到一聲叫喊。有個女人在打量他，嚇得目瞪口呆。正當阿弗納琉斯撲向他的目標，把所有的注意力集中在行人道邊沿的時候，她大概出現在拐角上。他們相對而立，彷彿阿弗納琉斯被嚇得癱瘓了一般，他舉起的手臂凝住不動。那個女人目光離不開他舉起的刀子，又發出一聲驚叫。阿弗納琉斯終於恢復理智，把刀子掛回外衣下的腰帶。爲了讓那個女人平靜下來，他露出微笑，對她說道：「現在幾點鐘了？」

似乎這個問題比刀子還要嚇人，那個女人第三次發出驚叫。

這時有幾個夜間閒逛的人猝然而至，阿弗納琉斯犯了一個必然會帶來不幸的錯誤。假如他重新掏出刀子，惡狠狠地舉起來，那個女人會急中生智，奔跑起來，所有偶然遇上的路人也會跟隨在後。但由於他以爲並不要緊，他彬彬有禮地重複說道：「麻煩你告訴我現在幾點鐘？」

看到路人走近，而阿弗納琉斯居心叵測，那個女人第四次發出驚叫，然後大聲痛斥，要所有能夠聽見她講話的人作證：「他用刀威脅我！他想強姦我！」

阿弗納琉斯做了一個表示他完全無辜的手勢，伸開雙臂，說道：「我只不過想知道準確的時間。」

從圍成一圈的人群中，走出一個穿制服的小個子，這是個警察。他詢問事情經過。那個女人重複說，阿弗納琉斯想強姦她。

小個子膽怯地走近阿弗納琉斯，後者直起他魁梧的身材，響亮地宣布：「我是阿弗納琉斯教授！」

這句話由於說得理直氣壯，對警察產生了強烈印象；他看來準備要路人散開，讓阿弗納琉斯離去。

可是那個女人恐懼消失以後，變得咄咄逼人：「即使你是卡皮拉琉斯教授，」她叫道，「你也用刀威脅過我！」

幾米以外，一扇門打開了，有個人來到街上。他走起路來很古怪，彷彿一個夢遊病患者，正當阿弗納琉斯用斬釘截鐵的聲音解釋：「我沒有幹別的，只不過請這位太太告訴我時間。」這時他停住了脚步。

那個女人似乎感到阿弗納琉斯的頭銜得到了路人的好感，便對警察喊道：「他在外衣下揣著一把刀，他把刀藏在外衣下！一把很大的刀！只要搜他一搜就夠了！」

警察聳聳肩，幾乎用對不起的態度問阿弗納琉斯：「費心解開你的外衣，好嗎？」

阿弗納琉斯愣住了片刻。旋即他明白別無選擇。他慢吞吞地解開外衣鈕扣，敞開外衣，給大家顯露出束緊胸脯的巧妙的皮帶裝束，和那把用掛帶吊著的可怕的廚刀。

路人發出一聲驚叫，而夢遊病患者走近阿弗納琉斯，對他說：「我是律師。一旦你需要我的幫助，這是我的名片。只消一句話。你根本不需要回答他們的問題。從訊問一開始，你就可以要求一個律師在場。」

阿弗納琉斯接過名片，塞到口袋裏。警察抓住他的手臂，轉身對著人群說：「散開！散開！」

阿弗納琉斯不作抗拒。他知道自己被逮捕了。自從人群看到那把大廚刀掛在他的大肚子上以後，他們再也不同情他。他用目光尋找那個自稱律師，給他名片的人。可是那個人身也不回地走遠了：他朝停在一邊的汽車走去，將鑰匙插入鎖孔。阿弗納琉斯還有時間看到他遲疑一下，隨後跪在一只車輪旁邊。

這時，警察用力抓住阿弗納琉斯的臂膀，把他拖到一邊。

那個人在他的汽車旁邊嘆了一口氣：「我的天哪！」隨即他全身因嗚咽而抖動。

19

他熱淚盈眶，上樓到他的房間，逕直奔向電話機。他想叫一輛計程車。電話裏，一個異乎尋常地柔和的聲音對他說：「巴黎計程車，請你稍等，不要放下聽筒……」隨後，聽筒裏傳來一陣音樂聲，一曲女聲合唱和打擊樂器聲；良久，音樂聲停止，柔和的聲音又請他待在電話機旁。他想大叫，他沒有耐心等待，他的妻子奄奄一息，他曉得喊叫沒有意義，因電話線那邊的聲音錄在音帶盒上，沒有人會聽到他的抗議。隨後音樂變本加厲地響起來，女聲合唱、叫嚷聲、打擊樂器聲響成一片，長時間等待之後，他聽到一個女人眞實的聲音，他馬上聽了出來，因爲這個聲音一點兒不柔和，而是非常令人不快和不耐煩。待他說出他需要一輛計程車，開到離巴黎幾百公里遠的地方時，這個聲音立刻回答沒有車，他試圖解釋他迫切需要一輛計程車，這時歡樂的音樂聲、打擊樂器聲、女人的叫嚷聲在他耳鼓裏重新響起來，過了很久，錄下的柔和聲音請他耐心地等在電話機旁。

他掛上了電話，再按他的助手的電話號碼。但是在電話線的另一端，不是助手，而是助手錄音的聲音，一個詼諧的、淘氣的、因微笑而改變的聲音：「我很高興你終於記起我還活著。你無法知道，不能對你說話我多麼遺憾，如果你給我留下你的電話號碼，一有可能我就愉快地打電話給你……」

「混蛋！」他掛上電話說。

爲什麼布麗吉特不在家呢？她本該早就回家，他上百次這樣想，他走過去瞥了一眼她的房間，曉得他在臥房裏找不到她。

再打電話給誰呢？打給洛拉嗎？她肯定會毫不猶豫地把她的汽車借給他，但是她會堅持陪他去；他不會同意的：阿湼絲跟她的妹妹斷絕了來往，保羅絕對不想違拗她。

於是他想起貝爾納，他們爭吵的原因他突然覺得可笑和毫無意義。他按電話號碼。貝爾納在家。

保羅向他解釋，他剛接到急診單位的電話通知他阿湼絲發生意外，車掉到壕溝裏。他要借車。

「我馬上就到。」貝爾納說，這時保羅感到對老朋友充滿了愛。他想抱吻貝爾納，眼淚灑在他的胸脯上。

幸虧布麗吉特不在家。他不希望看到她回來，以便單獨同阿湼絲相會。突然間，他妻子的妹妹，他的女兒，整個世界，一切都消失了，只剩下阿湼絲和他；他不願意有第三者待在他們中間。他毫不懷疑，阿湼絲奄奄一息。如果她不是處在垂危狀態，別人不會在深夜從外省的一個醫院裏叫他趕來。他殫思竭慮要及時趕到。再一次抱吻她。抱吻她的願望煩擾著他。他想接吻，最後一吻，使他像在一張網裏俘獲行將消失，只留下回憶的那張臉。

只好等待。保羅開始整理他的書桌，隨即感到驚訝，此時此刻他能夠做這樣一件毫無意義的事。他的書桌是不是整理好難道很重要？爲什麼幾分鐘以前他在街上把自己的名片給了一個陌生人？但是他不能停下來：他把書籍放到桌子的一角，將舊信封捲成一團，扔到字紙簍裏。他忖度，當一個人遇到不幸的時候，就是這樣行動的：他像夢遊病患者一樣行動。在日報館工作的慣性力則千方百計把他維持在生活的軌道上。

他看一下錶。戳破輪胎已經使他失去了半個鐘點。快點，快點，他小聲對貝爾納說，我不想讓布麗吉特看到我在這裏，我想單獨走，及時到達。

但是他運氣不好。布麗吉特正好在貝爾納離開之前回到家裏。兩個老朋友互相擁抱，貝爾納返回家裏，保羅坐上布麗吉特的汽車。她把駕駛盤讓給他，他們全速開走了。

20

阿涅絲看到一個影子站在公路的中間，是個少女，被強烈的車燈猛烈照亮，雙臂張開，彷彿跳芭蕾舞一般；這如同一個舞女拉開帷幕，出現在舞台上一樣，因爲再沒有後續動作，先前的所有表演一下子被忘卻，只剩下這個最終的形象。然後她只感到疲倦，精疲力竭，宛如一口深井，醫生和護士以爲她失去知覺，而她則保持驚人的清醒，感到和明白她已行將就木。她甚至對終於感覺不到任何憂傷、悔恨和恐怖感而隱隱約約有點吃驚，她感覺不到一點至今跟死亡相關的想法。

然後她看到一個女護士俯下身對她小聲說：「你的丈夫在路上。他來看你。你的丈夫。」

阿涅絲微笑了。她爲何微笑？有樣東西回到她的腦際，使她想起這遺忘的景像：是的，她結了婚。然後又浮現出一個名字：保羅！是的，保羅。保羅。保羅。她的微笑屬於突然重新覓到一個失去的詞彙而發出的那種微笑。彷彿人遞一個玩具熊給你，你五十年沒有見到它，而你還是認得出來。

保羅，她微笑著重複說。微笑留在她的嘴唇上，即令她忘記了笑的原因。她好疲倦，一切都使她疲倦。尤其她沒有精力忍受別人的注視。她緊閉雙目，爲的是不是要看見任何人。在她周圍發生的一切都令她討厭和難受，她希望什麼事也不要發生。

然後她回想起：保羅。女護士說甚麼來著？出了甚麼事？回憶起被遺忘的景像，她的生活的景像，突然變得更加清晰。保羅。保羅。保羅來了！此時她強烈地、熱切地希望他不要再看到她。她好疲倦，不想看到任何目光。她不想看到保羅的目光。她不想讓他看到她死去。她應該趕快了結。

她的一生的基本狀態最後一次重複出現：她在奔跑，別人追逐她。保羅追逐她。今後，她手中一無所有。既沒有刷子、木梳，也沒有絲帶。她手無寸鐵。她赤裸裸，僅僅蓋著一種醫院的白屍布。她已經進入最後的直線跑道，誰也不再能夠幫助她，她只能依靠自己奔跑的速度。誰跑得最快？保羅還是她？她先死還是保羅先到達？

她變得越來越疲倦，阿湼絲感到在全速離去，彷彿有人將她的床往後拉。她睜開眼睛，看到穿白大褂的女護士。她的面孔像甚麼？阿湼絲再也分辨不清。這句話又回到她的腦際：「那邊沒有面孔。」

21

保羅走近病床，看到阿湼絲的軀體覆蓋著被單，將頭頂都遮沒。一個穿白大褂的女人對他說：「一刻鐘以前她已經死了。」

把他跟阿涅絲垂危時刻分隔開來的短暫時間，加劇了他的絕望感。他遲到了十五分鐘。除了這十五分鐘以外，他還缺乏自我生活的完整過程，他的生活突然中斷，荒謬地攔腰切成兩段。他覺得，在他們整個共同生活期間，她從來沒有眞正屬於他，他從來沒有佔有她；爲了完成和結束他們的愛情史，他缺少最後一吻；爲了通過嘴唇，留住活生生的阿涅絲的最後一吻；把她留在他的嘴唇上。

穿白大褂的女人掀起被單。他看到那張熟悉的臉蒼白而發藍，完全變了樣：嘴唇雖然依然是安詳的，卻勾畫出他從未見過的線條。他摸不透這張臉的表情。他無法向她俯下身去吻她。

布麗吉特在他旁邊嚎啕大哭，頭顱靠在保羅的胸脯上，顫抖起來。

他注視著這張眼皮緊閉的面孔：他從未見過的這古怪的笑容不是衝著他而來的；這笑容是對保羅不認識的人展露的；他不理解這笑容。

穿白大褂的女人猛然抓住保羅的胳膊；他幾乎昏厥過去。

第六部　鐘面

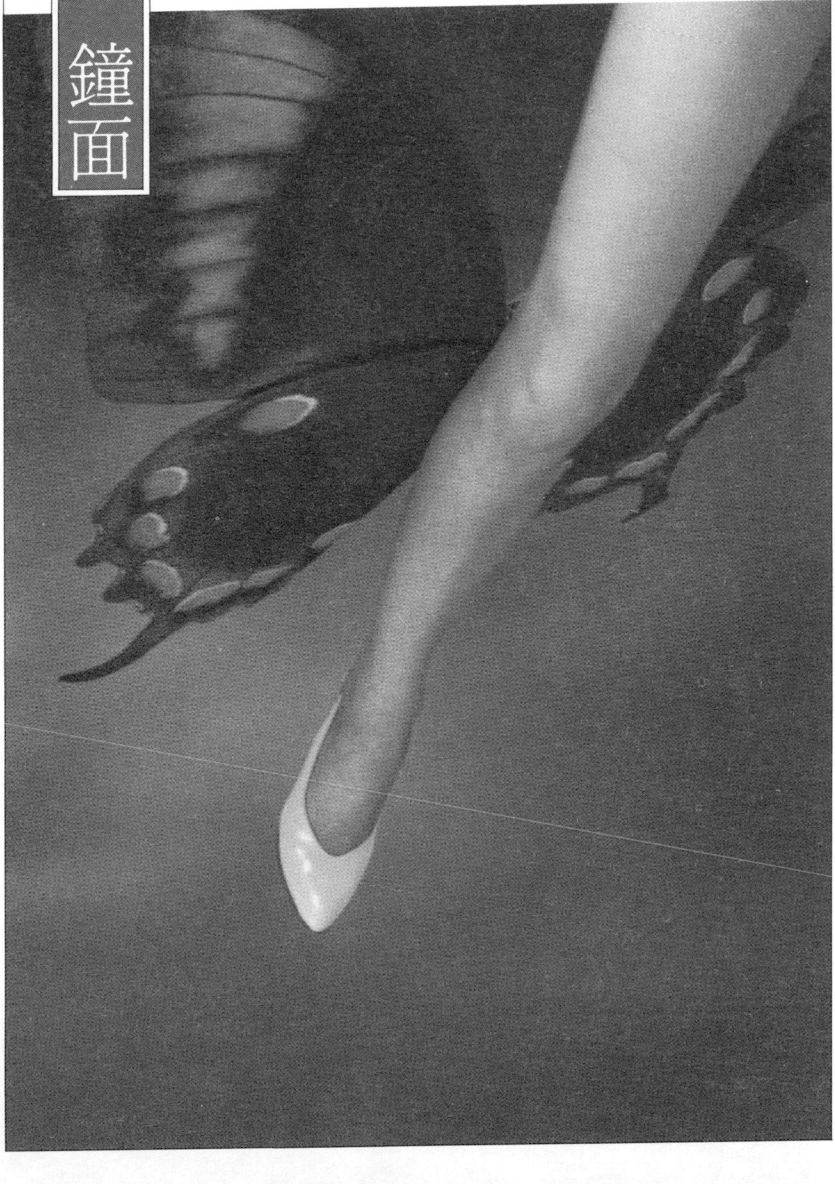

1

嬰兒一生下來，就開始吮吸媽媽的奶頭。媽媽給孩子斷奶時，他則吮吸大拇指。

有一天，魯本斯❶(Rubens)問一位太太：「爲什麼你讓兒子含大拇指？他已經十歲了！」她勃然變色：「我會小心不讓他這樣做。這會延長他接觸母親乳房的時間！你想使他受到精神創傷嗎？」

這樣，孩子吮吸大拇指一直到十三歲，到這個年齡，他舒舒服服地從含大拇指轉到吸香烟的美妙。

後來，魯本斯同這個維護她的小淘氣吮吸拇指的權利的母親作愛時，將自己的拇指放到她的嘴唇上；她慢騰騰地把頭左右轉動，開始吮吸他的拇指。她眼睛緊閉，設想被兩個男人佔有。

這個小故事對魯本斯來說標誌著一個重要日期，因爲這一天使他發現試驗女人的方法：他把大拇指放在她們的嘴唇上，觀察她們的反應。那些吮吸拇指的女人毋庸置辯受到多角戀愛的吸引。那些對拇指無動於衷的女人，充耳不聞淫亂引誘，別人無法可想。

有的女人縱情聲色的傾向可以由「拇指檢驗法」加以披露；其中一個眞正愛上魯本斯。作愛之後，她抓

---

❶魯本斯(1577–1640)：弗蘭德(Flanders)大畫家，力作有《瑪麗·美第奇的一生》、《掠奪里西普的女兒》等。從後文看，小說作者似乎借用他的名字作綽號。

住他的拇指，笨拙地一吻，意思是說：如今，我希望你的拇指重新變成拇指，因爲在我把一切都想像過以後，我覺得在這裏單獨跟你在一起好開心。

拇指的變形。或者還有：在生活的鐘面上，指針是如何移動的。

2

在鐘面上，指針繞圈轉動。黃道十二宮圖案也是這樣，如同占星家所描繪的，像一個鐘面。占星是一只鐘。不管人們是否相信占星預言，占星是生活的隱喻，因此，占星蘊含著巨大的智慧。

占星家是如何給你預卜的呢？他畫一個圓圈，這是天體的圖像，再把圓圈分成十二個扇形面，每個扇形面有一個標誌：公羊、公牛、雙子，等等。在這個黃道十二宮的圓圈中，他隨後寫上在你出生時太陽、月亮和七大行星所處準確位置的圖畫符號。如同在規則地分成十二時辰的鐘面上，他不規則地寫上九個補充數字。九根針在這鐘面上旋轉：這就是太陽、月亮和七大行星，就像在你的一生中它們在天空中運轉一樣。因此，每一星球指針不停地位於跟星球數字——你的占星圖中不動的點——的新關係中。

在你出世時這些星球形成的古怪位形，是你的生活持久的主題，這種位形難以理解的特性就是你的人格由數字顯示的標記；在你的占星圖中不動的星球互相之間形成一些角度，這些角度分等級的價值有一個準確的（正面的、否定的、中間的）意義：例如，請設想一下，你多情的金星與你好戰的火星❷發生衝突；又如代表你人格的太陽由於跟孔武有力和愛冒險的天王星❸重合而得到加強；再如月亮所象徵的性別特徵由發狂的星球海王星❹支撐著，以此類推。但是在運行中，星球指針要觸到占星圖中不動的每一個點，這樣使你的生命主題的不同組成部分起作用（削弱、加強、受威脅）。生命正是如此：它不能像寫騙子無賴的小說，在這些小說中，主人公每一章都遇到不斷更新的事件，卻沒有一個公分母；生命就像音樂家稱之爲「變奏主題」的樂曲。

天王星在天空中相對緩慢地運行。它每隔七年越過一宮。可以設想一下，今日它跟你的占星圖（就算星球之間相隔九十度）中不動的太陽處於戲劇性的關係中：這一年你的生活中困難重重；再過二十一年，這種情況會重複一次（天王星這時與你的太陽形成一百八十度，這就帶來同樣的不祥意義），然而，重複只不過是表面的，因爲正當天王星進攻你的太陽時，這一年，天空中的土星同你的占星圖中的金星將處於異常和諧的關係中，暴風雨踮起脚尖從你身邊掠過。彷佛同一種疾病襲擊你，但是這一次你將在一個神奇的醫院裏得到治療，會有一些天使代替不耐煩的護士。

看來，占星術教會我們相信宿命論：你將逃脫不了你的命運！依我看，占星術（請把占星術理解爲生活

---

❷金星與羅馬神話中的愛神維納斯同名，而火星與戰神同名，故前者用多情的，後者用好戰的來形容。

❸天王星與希臘神話中的天王同名，故用孔武有力和愛冒險的來形容。

❹海王星與羅馬神話中的海神同名，海洋易起風暴，且潮漲潮落與前面的月亮相呼應。

的隱喩）道出某些更爲微妙的東西：你逃脫不了「生命的主題」！例如，這意思是說，在你的生活中企圖建立一種「新生活」，與先前的生活毫無關係，像通常所說，從零開始，那是空想。你的生活將總是由同樣的材料、同樣的磚頭、同樣的問題構成的，你開初可能認爲的「新生活」，不久會顯現爲過去生活的簡單變異。

占星酷似一只鐘，鐘是局限在一定範圍之內的：指針畫完一個圓圈，回到當初出發的地方，這時一個階段結束了。在占星圖的鐘面上，九根針以不同的速度旋轉，隨時指明一個階段的結束和另一個階段的開端。人在青年時代無法看出時間如同圓圈，而是只像一條路，筆直把他引向總是不同的地平線：他意識不到他的生活只不過包含一個主題；一旦生活形成最初的變化，他以後就會意識到這一點。

魯本斯約莫十四歲時，一個大概只有他一半歲數的小姑娘在街上攔住他，問他道：「先生，請問您現在幾點鐘？」這是第一回一個陌生女性稱他爲您和先生。他好激動，認爲看到一個新階段在他生活中開始了。隨後他全然忘卻了這個插曲，直至至有一天，一個俏麗的女人對他說：「你年輕時，你莫非也是這樣想的嗎？……」這是第一次一個女人提到他的青年時代，就像人們提到過去那樣。此時此刻，從前問他幾點鐘的那個小姑娘的形象回到他腦海裏，他明瞭在這兩個女性形象中間存在親緣關係。這是偶然遇到的、本身並無意義的形象，但是他一開始接觸她們，她們就像兩個決定性的事件出現在他的生活的鐘面上。

換句話說：請設想一下魯本斯的生活在一只巨大的中世紀時鐘上，譬如說：我從前上千次經過的老城廣場上那只布拉格大鐘上形成的鐘面。大鐘敲響了，鐘面之上有一扇小窗打開；從中走出一只木偶，這是一個七歲的小姑娘，在問幾點鐘。多少年後，當同一根針走到下一個數字時，大鐘敲響，小姑娘又打開窗，走出另一個木偶，一個少婦說：「當你年輕時……」

3

當他非常年輕時，他從來不敢向女人承認自己的淫念。他認爲應該把自己的全部愛的毅力變爲對女性肉體令人驚愕的佔有勝利。況且他的同樣年輕的合作者也贊同這種見解。他隱約記得，她們當中的一個，我們就用A來指定，在作愛時突然支起手肘和脚踝，彎成拱形；由於他躺在她身上，他失去了平衡，差一點從床上摔下來。對魯本斯來說，這個運動員的姿勢富有激情的意義，爲此，他非常感謝他的女友。他生活在第一時期：「沉默寡言的田徑運動時期」。

這種沉默寡言，他隨後逐漸失去了；直到那一天，他第一次在一個少女面前高聲指出她的身體的某些部位，他認爲自己非常大膽。說實話，不如他所想像的那樣大膽，因爲所用的詞彙是一種溫柔的愛稱或者富有詩意的代用語。然而，他氣足膽壯，忘乎所以（他也驚訝地看到，少女沒有讓他住嘴），開始杜撰出矯揉造作的隱喻，通過詩意的迂迴說法，表示性交。這是他的第二個時期：「隱喻時期」。

那個時期，他同B一起出門。在俗套的寒暄（用隱喻來表達）以後，他們開始作愛。她感到即將享受快感時，突然說出一句話，在這句話中，她自己的性別用一個明確無誤的，而不是隱喻的字眼表述出來。他是破天荒第一遭從一個女人的嘴裏聽到這個字眼（順便說說，這是在鐘面上的另一個重要日子）。他驚訝得很，十分著迷，明白這個粗魯的字眼比以往創造的一切隱喻遠遠更有魅力和爆炸力。

一段時間以後，C邀請他到她家裏。這個女人比他年長十五歲。赴約會之前，他在朋友M面前翻來覆去說著一些別出心裁的淫言穢語，他打算在性交時對貴婦C說出來。可是他奇怪地失敗了：他還來不及找到必須的勇氣，她便先說了出來。他再一次目瞪口呆。他的對手的勇氣不僅比他先表現出來，而且更加古怪的是，她絲毫不差地使用了他化了好幾天去斟酌的表達方式。這個巧合使他激動不已。他把這種巧合歸於一種色情的心靈感應，或者神秘的心靈相近。他正是這樣逐步進入他的第三個時期：「淫蕩的眞話時期」。

第四個時期與他的朋友M緊密相連：「阿拉伯電話時期」。所謂阿拉伯電話，是指他在五到七歲時經常玩的一種遊戲：孩子們並排坐在一起，第一個孩子對第二個耳語一個長句，第二個向第三個耳語複述出來，第三個再向第四個複述這個長句，依此繼續下去，直至最後一個孩子，他高聲說出這個句子，由於最初的句子和最後的變化之間大相徑庭而引起哄堂大笑。成年人的魯本斯和M玩起電話的遊戲，他們低聲細語對情婦說出極其矯揉造作的淫言穢語；他們的情婦沒有懷疑到在參加遊戲，也加以轉述。由於魯本斯和M共有幾個情婦（或者他們小心地互相轉手情婦），他們可以通過中介人互遞有趣的友誼信息。有一天，一個女人在作愛時向他耳語一個非常矯揉造作和不可信的句子，魯本斯馬上聽出是他的朋友狡黠的發現，便忍俊不禁；那個女人把憋住的笑聲看成作愛的痙攣，受到鼓勵，又重複了一遍；她第三次大聲說出這個句子，以致在他們性交的軀體之上，魯本斯瞥見他的朋友的幽靈在捧腹大笑。

於是他回憶起年輕的B，在隱喻時期將近結束時，B不期然地使用了一個猥褻的字眼。隨著時光的回溯，一個問題來到他的腦際：這個字眼，她是第一次說出來嗎？當時他不加懷疑。他認爲她鍾情於他，他猜想她願意嫁給他，不熟悉任何別的男人。如今，他明白，她對魯本斯說出這個字眼之前，有個男人大概先教會了她（我甚至要說訓練她）。是的，隨著星移斗換，由於有了阿拉伯電話的經驗，他意識到她對他海誓山盟時，B肯定有另一個情人。

阿拉伯電話的經驗使他變了樣：他失去這種感受（我們都抵擋不住這種感受）：肉體的作愛是完全親密無間的時刻，此時兩個孤立的軀體緊緊摟抱在一起，消融在變成無邊荒漠的世界中。從今以後，他知道，這樣的時刻不會招致孤獨。即使待在香榭麗舍（Champs-Élysées）大街的人羣中，他也比在最秘而不宣的情婦的摟抱中更加由衷地感到孤身一人。因爲阿拉伯電話時期是愛情的社會化時期：由於有了幾個字眼，人人參加到兩個人的擁抱中；社會不斷維持淫畫的市場，保證它們的傳播和交易。於是，他提出民族這個概念的如下定義：集合個人的共同體，每個人的愛情生活由同樣的阿拉伯電話相聯結。

但他隨後遇到年輕的D，她是所有女人之中最善於辭令的。從他們第二次相遇開始，她就狂熱地承認自己有手淫，能夠在背誦童話時達到快感享受。「童話？哪些童話？說給我聽！」他開始同她作愛。她講起來：一個游泳池，更衣室，在隔板壁上鑿穿的洞眼，她脫衣服的時候在皮膚上感到目光，猝不及防地打開的房門，門口出現四個男人，如此等等，如此等等，童話是美的、平庸的，魯本斯只得恭維他的搭檔。

但是其間他遇到一件古怪的事：待他碰到別的女人時，他在她們的想像中也找到D作愛時講給他聽的這些長篇童話的片斷。他時常聽到同樣的字眼、同樣的表達方式，雖然這些字眼和表達方式是完全不常見的。

D的長篇獨白是一面鏡子，他認識的所有女人都映照在裏面，這是一部浩繁的百科全書，一部八卷本，附有淫畫和詞組的拉羅斯(Larousse)詞典。起初，他按照阿拉伯電話的準則來詮釋D的長篇獨白：通過成百上千個情侶的媒介，整個民族將全國各地搜集到的淫畫帶到他女友的頭腦中，就像帶到一只蜂箱裏，可是，後來他看到，解釋並不眞實。D的長篇獨白的某些片斷重新出現在某些女人口裏，他十拿九穩地知道，她們不可能間接地跟D接觸，任何共有的情人不可能在她們之間扮演當差的角色。

魯本斯於是回想起他與C的艷遇：他給她準備好淫邪的句子，但說出來的卻是她。那時，他思忖這是心靈感應。然而莫非C確實在魯本斯的頭腦裏看出了這些句子嗎？更有可能的是，早在認識他之前，她的頭腦中已經存在這些句子。可是，他們兩人怎麼可能在頭腦中有同樣的句子呢？這是由於這些句子大概有共同的根源。魯本斯於是想到唯一的、同一的流水穿越過一切男男女女，這同一條地下暗流順流沖走淫畫。每個人都收到他那分圖畫，不是像阿拉伯電話的遊戲中那樣屬於一個情夫或者情婦的，而是這不具人格的（人格以外的或者人格以下的）水流的圖畫。然而，所謂從我們身上穿越而過的河流是不具人格的，這是說，這條河流不屬於我們所有，而是屬於創造出我們，並將河流置於我們身上的人，換句話說，河流屬於上帝，甚至於它就是上帝，或者是上帝的一個化身。當魯本斯第一次提出這個想法時，他覺得這個想法褻瀆神明，隨後，褻瀆神明的外表烟消雲散，他帶著一種宗教的謙卑墜入這條地下暗流：他感到，我們大家結合在這流水之中，並非像同一民族的成員那樣，而是像上帝的孩子那樣；每當他淹沒在這流水中的時候，他感到自身跟上帝消融在一種神秘的結合中。是的，第五個時期是「神秘時期」。

4

魯本斯的生平莫非能夠歸結爲肉慾愛情的故事嗎？

確實可以這樣來理解：他領悟到這一點那一天，也標誌著鐘面上一個重要的日期。

還是中學生時，他在博物館流連忘返，觀看油畫，在家裏畫了成百上千幅水彩畫，由於他給老師們所作的漫畫，他在同學中間享有盛名。他是給學生的油印刊物畫這些鉛筆畫的，或者在課間休息時用粉筆畫在黑板上，全班同學看了都喜笑顏開。這個時期使他發現甚麼是榮耀：在中學裏，人人認識他，讚賞他，笑謔地稱他爲魯本斯。回憶起這些美好的年代（他僅有的滿載榮耀的歲月），他一生保留了這個綽號，並且（以出乎意料的天眞）硬要他的朋友們用這個綽號。

隨著中學畢業會考到來，榮耀也壽終正寢。他想在美術學校繼續攻讀，但是考試遭到失敗。他不及其他同學嗎？或者他時運不濟？很奇怪，對於這些如此簡單的問題，我不知回答甚麼才好。

於是他興味索然地投入到法律的學習中去，將自己的失敗歸咎於他的家鄉瑞士的狹隘。他期望在他鄉實現他當畫家的志願，他做了兩次嘗試：先是參加巴黎美術學校的考試，未獲成功，繼而把自己的畫投給各個刊物。這些刊物爲什麼拒絕他的畫呢？他的畫很蹩脚嗎？收到畫稿的人都很愚蠢嗎？還是這個時代對繪畫不再感到興趣？我至多只能重複說，我回答不了這些問題。

厭倦於一再失敗，他氣餒了。當然，概而言之，他也意識到，他對繪畫的熱情不像他所想像的那麼強烈：他在中學裏自認爲有藝術家的稟賦，那是弄錯了。這個發現起先使他大失所望，但是不久，彷彿挑戰一般，爲逆來順受所做的辯護在他的心裏迴響：爲甚麼他非要熱中於繪畫呢？這種熱情有甚麼值得大書特書的呢？大部分拙劣的畫和詩之所以沒有出現，不就僅僅因爲藝術家們把他們對藝術的熱情看作神聖的東西，一種使命、一種職責嗎（對他們自己，甚至對人類而言）？他的洩氣促使他把藝術家和作家看成野心勃勃的人，而不是有才能的人，此後，他避免與他們爲伍。

他的最強有力的對手N和他一樣年紀，出生於同一城市，是同一中學的校友，也進了美術學校，外加不久獲得了引人注目的成功。在中學時代，大家都認爲魯本斯比N更有才華。這是不是說大家都弄錯了呢？或者才能是不能半途而廢的素質呢？正如人們的猜想，這些問題沒有答案。況且，關鍵並不在此：正當他的一再失敗促使他最終放棄繪畫時（也就是N初獲成功的時期），魯本斯同一個年輕漂亮的姑娘來往，而N娶了一個富有的醜小姐，在她的面前，魯本斯難受得像斷了氣一樣。他覺得這個巧合就像命運的啓示，向他指出他的生活的重心所在：不是在公衆生活中，而是在私生活中，不是追求一種職業，而是交了桃花運。突然，昨天還顯得是失敗的東西卻變成令人驚訝的勝利：是的，他放棄了榮耀和爭得別人承認的搏鬥（徒勞的、可悲的搏鬥），以便投身於生活本身。他甚至不去思索，爲甚麼女人恰巧是「生活本身」。他覺得這是顯而易見和毋庸置疑的。不用說，他選擇了一條更好的道路，勝過有一個醜媳婦陪伴的他的同窗。在這種情況下，他的年輕標致的女友對他來說不僅體現了幸福的兌現，而且體現了他的勝利和他的驕傲。爲了證實這意外的勝利，打上不可變更的印章，他娶了這個美女，深信會引起大家的嫉羨。

5

對魯本斯來說，女人代表「生活本身」，但是沒有甚麼比娶這個美人兒更急迫的事了，因此，與此同時，他也就放棄其他女人。這是一個缺乏邏輯，然而完全司空見慣的行爲。魯本斯二十四歲，他剛剛進入淫穢眞話的時期（也就是他認識少女B和貴婦C不久的時期），可是他的經驗並沒有證實他這種想法：在肉慾愛情之上，有純粹的愛情，偉大的愛情，它的價值品位最高，他已經聽人談得很多，渴望得到，但是對此一無所知。他並不懷疑：愛情是生活的（他勝過自己的職業所熱愛的「生活本身」的）完美結局，因此必須張開雙臂、毫無猶豫地迎接這種愛情。

正如我上面所述，在他的性的鏡面上，指針當時正指著淫穢眞話的時刻。但是魯本斯墜入情網時，他隨即朝著先前的階段倒退：他躺在床上紋絲不動，要麼向他的未婚妻訴說甜蜜的隱喻，深信淫晦的話會使他們兩人越出愛情的領域。

換句話說：他對美女的愛情使他回復到童男狀態；因爲在說出「愛情」這個字眼時，正如我在另一個場合所說的，凡是歐洲人都乘著入迷狀態產生的翅膀，返回到性交前（或者過度性交）的狀態，返回年輕的維特忍受痛苦的地方，返回弗羅芒坦的小說中多米尼克險些從馬上摔下來的地方。魯本斯遇見那個美女時，正準備把情感放到鍋裏，置於火上去燒烤，並且準備等待沸騰的水將情感變爲激情。使事情變得有點複雜化的是，他在另一個城市與一個比他長三歲的女友（我們就稱她爲E吧）保持來往，他早在跟那個美女結識之前便認識這個女友，每隔幾個月造訪她一次。直到他決定結婚那天，他才不再去拜望她。他們的分手並非出於魯本斯對她自然而然地感情冷淡（不久就可以看到他愛她到了何種程度），而是出於他確信已經進入一個莊嚴的、隆重的生活階段，這時，忠貞不貳被認爲使愛情神聖化。可是，他預訂結婚之日前一週（選擇的時機畢竟引起他心中某種疑慮），他對不辭而別的E感到難以忍受的懷念。由於他從來不把自己與她的來往看做愛情，他對自己如此熱烈地、全身心地、沒頭沒腦地渴望見到她感到驚訝。他再也熬不住，前去見她。在一個星期中，他自作自踐，一心希望與她作愛，他請求她、哀求她、給她溫存，一副可憐相，堅持再三，而她對他擺出一副愁眉苦臉；她的身子，他連碰都不能碰。

他大失所望，愁腸百結，婚禮那天早上回到家裏。他在婚宴上喝得醉醺醺，入夜，他把新嫁娘帶到他們的新房。作愛時，醉意和懷念使他變得昏頭昏腦，他用以前女友的名字稱呼她。糟透了！他永遠不會忘記那雙驚恐地凝視他的大眼睛！正當一切都完蛋之際，他才想到他被遺棄的女友報了仇，從第一天起便破壞了他的婚姻。在這過駒之際，也許他也明白了已發生的事難以置信，他的口誤可笑愚蠢，這種愚蠢使他的婚姻不可避免的失敗，變得更加不能忍受。

有可怕的三四秒鐘他默不作聲；然後他陡地叫起來：「夏娃！伊麗莎白！卡特琳！」由於想不起其他女性名字，他重複說道：「卡特琳！伊麗莎白！是的，對我來說，你是女性化身！世上一切女子的化身！夏娃！

克拉拉！朱麗葉！你是女性化身！你是女性化身！波莉娜，皮埃蕾特！世上一切女子滙聚在你身上，你擁有她們所有的名字！……」他加快作愛的動作，顯示出他是個身強力壯的男子漢；過了一會兒，他看到他的妻子因驚恐而瞪大的眼睛恢復了平日的樣子，她發僵的身體也以使人安心的起伏恢復節奏。

他避免不幸的這種方式可能顯得難以置信，人們無疑會驚訝，新嫁娘認眞看待一齣如此不可思議的喜劇。但是，請不要忘記，他們兩個處在性交前的思維的控制之下，這種思維使愛情和絕對相結合。這種純潔無瑕的階段所固有的愛情標準何在？標準純粹是數量上的：愛情是一種非常、非常、非常、非常偉大的情感。虛假的愛情是一種卑劣的情感，眞正的愛情(die wahre Liebe!)是一種非常偉大的情感。然而，從絕對的觀點來看，凡是愛情難道不都是渺小的嗎？當然是的。因此，爲了證明愛情是眞實的，愛情便要擺脫理智，無視一切節制，脫離可信性，變成「激情的積極進取的狂熱」(不要忘了艾呂雅)，換句話說，要變得瘋狂！過分的動作的不可信性只能帶來好處。對一個客觀的觀察家來說，魯本斯擺脫困境的方法既不高雅，也不能令人信服，但在當時，這是唯一能使他避免不幸的方法；魯本斯像一個瘋子那樣行動，他要求得到絕對，愛情瘋狂的絕對；而這挽救了他。

6

如果魯本斯在他非常年輕的妻子面前重新變成一個熱情奔放的作愛老手，這並不意味著他永遠放棄了淫言穢語的遊戲，而是他想以淫言穢語來用於作愛。他設想自己只同一個女人生活在一夫一妻制的迷醉狀態中，領略他能同上百個其他女人所經歷的各種體驗。還剩下一個問題要解決：肉慾的艷遇應該以何種節拍在愛情的道路上發展？由於愛情的道路大約很長很長，要是可能，會沒有盡頭，他便以此作爲準則：減慢速度，絕不匆匆忙忙。

可以說，他把同那個美女過性生活的前景看作攀爬一座高山。如果他第一天就登上頂峰，第二天他有甚麼事可幹呢？因此必須作一個攀登計畫，使之佔據他整個一生。所以他跟妻子作愛時非常熱烈，當然是熱情滿懷，但可以說還是按照傳統，避免吸引他的墮落行爲（同她一起吸引的程度要超過同任何別的女人在一起），但他後來又墮落了。

他無法想像這種情況怎麼會發生的：他們不再相處融洽，而是互相激怒得火冒三丈，彼此爭奪夫婦生活的權力，她要求更多的空間發展個人，他生氣的是，她不肯爲他煮雞蛋，還沒有明白他們之間發生了甚麼事，他們便離婚了。他曾經力圖將自己的一生建立在偉大的情感之上，而這種情感消失得那麼快，魯本斯懷疑曾經感受過。情感的這種消散（突然的、迅速的、輕易的消散）對他來說是某種令人頭昏目眩的、難以相信的東西，比兩年前經歷的愛情迷醉狀態還要更使他迷惑。

如果他的婚姻在情感上總結不出甚麼，那麼在愛情上就更是這樣。由於他硬要自己放慢速度，他曾經跟這個妙人兒只玩過相當幼稚的、刺激性一般的色情遊戲。他不僅沒有達到頂峰，而且他甚至沒有爬上第一個亭子。因此，在離婚以後他想再見到那個美女（她不反對：自從他們不再爭奪權力，她對相會恢復興趣），至少，他保留在將來會輕微的墮落，如今他想快點付諸實行。但是他幾乎沒有這樣做，因爲這一次他選擇過快的速度，離了婚的年輕女人（他想一下子讓她過渡到淫穢眞話的階段）把他急不可耐的肉慾要求看作厚顏無恥和缺少愛情的證明，以致他們婚姻結束後的關係迅速告終。

在他的生活中，由於婚姻只不過是一段普通的插曲，我冒昧地說，魯本斯剛好回到他遇到未來妻子之前的地方；但這是虛假的表面。在愛情勃發之後，他經歷了難以想像地沒有疼痛的、像令人難受的揭發一樣毫無戲劇性的委頓：他最終處於「愛情之外」。

7

兩年前使他昏頭轉向的強烈愛情使他忘卻了繪畫。但是，一旦他的婚姻告一段落，他又愁又恨地看到自己處於愛情之外，他忽然覺得放棄藝術是無法辯解的屈服。

他又開始在筆記本上勾勒他想繪出的油畫稿。不久，他看到倒退回去是不可能的事。上中學時，他設想世界上所有畫家都在同一條大路上前進：這是一條王家大道，從哥特繪畫(peinture gothique)通到文藝復興時期偉大的義大利畫家，然後是荷蘭畫家，接著是德拉克洛瓦❺(Delacroix)，從德拉克洛瓦通到馬奈❻

---

❺德拉克洛瓦(1798-1863)，法國畫家，作品有《梅杜薩之筏》、《但丁的小舟》、《相鬥的馬》、《希阿島的屠殺》等。

(Manet)，從馬奈通到莫內❼(Monet)，從博納爾❽(Bonnard)（啊，他多麼喜歡博納爾！）到馬蒂斯❾(Matisse)，從塞尚❿(Cézanne)到畢加索。畫家們在這條道路上並不像士兵們一樣結隊前進，每個畫家都踽踽獨行，其中一些畫家的發現啓發了另外一些畫家，大家都意識到要向一個陌生的人打開一條通道，這個陌生的人是他們的共同目標，將他們聯結起來。隨後，道路突然消失了。這正如一個好夢結束：好一會兒你還在尋找變得蒼白的形象，然後才明白，夢是不能復返的。消失的道路卻隱沒在畫家的心靈裏，他們具有「向前走」的不可遏止的願望。可是，如果不再有道路，「向前」走到哪裏呢？朝哪個方向去尋找沒有希望的向前呢？在畫家們身上「向前走」的願望變得神經質了：畫家們四處亂跑起來，就像同一個城市裏同一個廣場上騷動的行人，互相不斷交臂而過一樣。大家都想出類拔萃，人人千方百計要重新發現，別人沒有重新發現的一種創造。幸虧不久出現了一些人（不再是畫家，而是商人、有經紀人和廣告顧問簇擁著的展覽會組織者），他們整頓混亂的秩序，決定這一年或者那一年必須重新發現哪一種創造。這樣整頓秩序有利於現代油畫的出

❻馬奈(1832-1883)法國畫家，作品有《草地上的午餐》等。

❼莫內(1840-1926)，法國畫家，作品有《日出——印象》等。

❽博納爾(1867-1947)，法國畫家，作品有《逆光裸體》等。

❾馬蒂斯(1869-1954)，法國畫家，作品有《生的歡樂》等。

❿塞尚(1839-1906)，法國畫家，善畫靜物。

售；油畫突然堆積在同樣的富人的客廳裏，他們在十年前卻嘲笑畢加索或者達利，爲此，魯本斯極端蔑視富人。富人已經決定成爲現代派，魯本斯由於不是畫家而輕鬆地吁出一口氣！

有一天，在紐約，他去參觀現代藝術博物館。二樓展出馬蒂斯、布拉克⓫(Braque)、畢加索、米羅⓬(Miró)、達利、埃爾恩斯特⓭(Ernst)的作品；魯本斯被迷住了；落在畫布上的筆法表達了一種狂熱的趣味。時而現實受到壯美的侵襲，就像一個女人受到牧羊神的侵犯一樣，時而現實與畫家對峙，如同一頭公牛衝向鬥牛士。但是最高一層樓留給更近的繪畫，魯本斯又回到孤寂之中；沒有歡快的畫法，沒有興味的痕跡；鬥牛士和公牛消失不見了；一旦畫幅不是以忠實到遲鈍和無恥的地步去模仿現實，便排除了現實。在這兩層樓之間，流淌著忘川⓮——死亡和忘卻的河流。魯本斯於是心想，如果他以放棄繪畫告終，也許這是出於更爲深刻的理由，而不是一般的缺乏才能或者缺乏恆心；在歐洲繪畫的鐘面上，指針指著午夜。

一個有天才的煉金術士要是轉生在十九世紀，會做什麼呢？時至今日，成百上千個經營運輸的企業家保證了海上往來，克里斯托夫．哥倫布會變成怎樣呢？在戲劇還沒有存在或者不再存在的時代，莎士比亞會寫

⓫布拉克(1882–1963)，法國畫家，野獸派成員。

⓬米羅(1893–　)，西班牙畫家。

⓭埃爾恩斯特(1891–1976)，法國畫家，超現實主義者。

⓮忘川是地獄之河，亡靈飲其水，即忘卻過去。

出什麼?

這些問題並非純粹是詭辯。一個人雖然在某種活動上有才能，但是他的活動的指針過了午夜（或者還沒有敲響一點鐘），他的才能又管什麼用呢?他要改變嗎?他要適應嗎?克里斯托夫·哥倫布會變成一個運輸公司的經理嗎?莎士比亞會替好萊塢寫電影脚本嗎?畢加索會創作連環畫嗎?或者所有這些才能卓著的人都會遁世，可以說蟄居在歷史的某個修道院裏，因生不逢時，離開了命運給他們造就的時代，越過了指定他們的時刻的鐘面而萬念俱灰嗎?他們會像藍波在十九歲時放棄詩歌創作一樣，摒棄他們不合時宜的才能嗎?

對於這些問題，無論你、我，還是魯本斯，也不會得到答案。我的小說中的魯本斯是一個虛構的大畫家嗎?或者他毫無才能?他放棄畫筆是因爲他缺乏勇氣呢?還是相反，是因爲他有本領，清晰地洞悉繪畫的虛榮呢?無疑，他時常想到藍波，他在內心喜歡同藍波相比（雖然是膽怯地和嘲弄地相比）。藍波不但徹底和無情地放棄了詩歌創作，而且他以後的活動也是對詩歌的嘲笑否定：據說他在非洲做軍火生意，甚至買賣黑人。即使第二種說法只不過是汚衊性的無稽之談，但通過誇張很好地表達了：藍波同自己詩人的往昔決裂的自我毀滅的暴烈、激情和狂熱。如果魯本斯越來越受到投機商和金融家圈子的吸引，也許也是因爲他在這種凌亂不堪的活動中，看到他藝術家的夢想的反面。他的同窗N成名的時候，魯本斯賣掉以前從N那裏作爲禮物收到的一幅畫。這次賣畫不單給他帶來一些錢，而且給他透露了一種謀生的好方法：將當代畫家（他評價不高）的作品賣給富人（他蔑視）。

許多人以賣畫爲生，毫不恥於從事這樣的職業。委拉斯開茲[15](Vélasquez)、弗美爾[16](Vermeer)、林布蘭特⓱(Rembrandt)莫非也是畫商?魯本斯無疑是知道底細的。即使他準備同奴隸商藍波相比,他也決不會同大畫家兼畫商相比。魯本斯決不會懷疑他的工作一無所成。起初,他為此愁容滿面,責備自己傷風敗俗。但是他最後這樣想:說到底,「有用」意味著什麼?自古至今,一切人的有用的總和完全包容在今天這樣的世界中:沒有什麼比無用更有道德了。

8

離婚後十二年左右,F來拜訪他。她把自己到一位先生家裏的拜訪講給他聽:這位先生請她在客廳裏等上十來分鐘,藉口在隔壁房間有一個重要的通話要打完。興許他假裝打電話,好讓她在這段期間裏坐在他指給她的扶手椅中,翻閱放在一張矮桌上的淫穢畫報。F最後發表了這個看法,結束她的敘述:「如果我更年輕一些,他會佔有我。如果我是十七歲的話。這是胡思亂想的年齡,什麼也抵擋不了……」

魯本斯不如說心不在焉地聽她說話,但是最後幾個字使他擺脫了無動於衷。今後,他始終會這樣:有人

⓯委拉斯開茲(1599-1660),西班牙畫家,作品有《教皇英諾森十世》、《侏儒賽巴斯蒂安》、《紡紗女》等。
⓰弗美爾(1632-1675),荷蘭畫家,作品有《讀信的少女》、《廚婦》等。
⓱林布蘭特(1606-1669),荷蘭畫家,作品有《夜巡》、《聖家族》、《基督向窮人說教》、《自畫像》等。

對他說出一個句子，令他大吃一驚，彷彿一句責備的話使他回想起他無可挽回地錯過的一件事。當F談到她十七歲和當時無能為力抵擋誘惑時，他想起他年輕的妻子，他們第一次邂逅時，她也是十七歲。他想起那個外省飯店，結婚前不久，他同她下榻在那裏。他們在一個朋友租下的房間隔壁作愛。「他聽得見我們的聲音！」未來的妻子好幾次對他耳語說。如今（坐在F對面，她向他講述十七歲時受到的誘惑），魯本斯意識到那一夜她發出的呻吟聲比平時要響，她甚至喊出聲來，故意喊得那個朋友聽見。隨後幾天，她一再提起這一夜：「你眞的以爲他聽不到我們的聲音嗎？」那時，他在這個問題中看到了她的羞恥心受到驚嚇的流露，他力圖使她平靜下來（這樣的幼稚行爲如今使他臉紅到耳根！），讓她放心，這個朋友一向睡得既香，時間又長。

他凝視著F，尋思他面對另一個女人或者另一個男人，不會特別想同她作愛。但是，在十四年前，他的妻子想到朋友睡在牆壁後面，卻呻吟著和發出喊聲，這是怎麼回事呢？事隔那麼多年，回憶起來使他的血液湧上頭部，這是怎麼回事呢？

他思忖：三角、四角戀愛只能面對一個被愛的女人時，才有刺激性。唯有作愛時面對一個被男人擠壓的女人身子，才會引起驚奇和恐懼的興奮。沒有愛情的男女接觸毫無意義，這一古老的有教訓含義的箴言突然得到了證實，具有新的意義。

9

第二天，他乘飛機到羅馬，他要到那裏處理事務。將近四點鐘，他辦完了事。想到他過去的妻子，他充滿了難以消除的懷念，但不僅僅想到她；他認識的所有女子在他眼前穿梭而過，他覺得自己都錯過了同她們來往的機會，他跟她們生活在一起遠遠未能像本該那樣盡歡。爲了擺脫這種懷念和這種不滿足之感，他到巴布里尼宮的美術館去（每到一個城市，他都參觀美術館），然後他朝西班牙廣場的石階走去，登上博爾熱茲別墅。沿著公園狹長的小徑，一座座意大利名人的大理石胸像矗立在底座之上。他們的臉保持最後的怪相，凝然不動，好似他們一生的縮影陳列在那裏。魯本斯總是對塑像可笑的外貌十分敏感。他露出微笑。然後他回想起童年時代的童話：一個巫師在宴會上用魔法迷住賓客；人人保持著此刻的姿態：嘴巴張開，面孔因魔法而扭曲，手中捏住啃過的骨頭。另一個回憶：上帝不許從罪惡之地逋逃出來的人返回家園，否則要把他們變成鹽做的塑像。這個《聖經》中的故事毫不含混地闡明：沒有比頃刻間變爲永久狀態，奪走人的光陰和連續不斷的動作更加嚴厲的懲罰、更加駭人的恐怖。他沉浸在這些思索中（旋即忘卻了）驟然間看到她！這不是他的妻子（那個發出呻吟，明知在隔壁房間裏的朋友聽得見的女人），這是另外一個女的。

在刹那之間能搬演一切。他直到最後一刻才認出她，這時她終於達到同他一樣的高度，下一步會使他們彼此最終分離。他以異乎尋常的敏捷戛然止步，回過身來（她馬上作出反應），向她說話。

他有這樣的印象：他多年來渴望的正是她，他在全世界尋找她。百米開外有一爿咖啡館，桌子放在樹蔭下，天空湛藍，令人爽心悅目。他們相對坐下。

她戴著墨鏡。他用兩只手指捏住墨鏡，輕巧地取下來，放在桌上，她聽之任之。

「正是由於這副墨鏡，」他說，「我差一點認不出你。」

他們喝礦泉水，彼此目不轉睛地凝視。她同她的丈夫待在羅馬，只有一個鐘頭的空閒。他知道，如果情況允許，他們當天，就在這一刻作愛。

她姓什麼？她叫什麼名字？他忘記了，認爲不能問她。他告訴她（完全眞誠地），他們分手以後，他一直有感覺在等待她。怎麼向她承認，他不知道她的名字呢？

他說：「你知道我們從前叫妳什麼嗎？」

「不知道。」

「詩琴彈奏者。」

「爲什麼叫詩琴彈奏者？」

「因爲你像詩琴一樣精巧。給妳杜撰這個名字的人是我。」

是的，杜撰這個名字的人是他。不是在他短暫地認識她的時候，而是現在，在博爾熱茲別墅的公園裏，因爲他需要她有個名字，以便對她說話；因爲他感到她像詩琴一樣精巧、典雅和溫柔。

10

他瞭解她多少情況呢？一星半點。他隱約記起在一個網球場上見到她（也許他二十七歲，她小十歲），有一天邀請她上夜總會。這時正在跳一種舞，男女相隔一步，扭來扭去，輪流朝舞伴摔出左右臂。她正是同這種動作一起，銘刻在他的腦子裏。她古怪在哪裏？尤其是這一點：她不看魯本斯。她看哪裏呢？茫無所見。所有跳舞的人都半彎手臂，輪流左右向前摔出去。她也做這個動作，但是方式有點不同：她將手臂向前摔出去時，讓手臂畫出一條弧線：用右臂朝左邊摔出去，用左臂朝右邊摔出去。彷彿她想閃開自己的臉。當時跳舞被看作相當下流的活動，而且好似少女力圖不知羞恥地跳舞，同時又遮蓋住自己的不知羞恥。魯本斯被逮住了！好像他從未見過更溫情脈脈、更俏麗動人、更有刺激性的東西。隨後是探戈舞，雙雙舞伴摟得緊緊的。他無法抵擋霍然而起的衝動，將一隻手按在她的乳房上。他懼怕萬分。她會怎麼對待？她若無其事。她繼續跳舞，直瞪瞪朝前看著，魯本斯的手始終按在她乳房上。他用近乎顫抖的聲音問她：「別人摸過你的乳房嗎？」她用不那麼顫抖的聲音（確實像彈奏詩琴的弦一樣）回答：「沒有人摸過。」他的手一直按在她的乳房上，直到這句話好像是世上最美的語言，激動異常：他彷彿看到了羞恥心；就近看到羞恥心，看到它存在；他有可以觸摸到這羞恥心的印象（況且他確實觸摸到，因爲這個女郎的羞恥心全部龜縮在她的乳房裏，包圍了她的乳房，變成了乳房）。

爲什麼此後他失去了她的踪影?他絞盡腦汁,想找出答案。他什麼也記不得了。

11

一八九七年,維也納的小說家阿瑟·施尼茨勒⑱(Arthur Schnitzler)發表了題爲《愛爾絲小姐》的出色中篇小說。女主人翁是個少女,她的父親一身是債,幾乎要破產。債主答應一筆勾銷她父親的債,條件是要這女兒赤身裸體站在他面前。經過長久的內心鬥爭,愛爾絲同意了,但是她羞愧得無地自容,展示她的胴體使她精神失常,她奄奄一息。讓我們排除一切誤會:這不是一個有教訓意義的故事,針砭一個兇狠邪惡的富翁!不,這是一篇色情小說,引人入勝;這篇小說使我們明白了從前裸體所具有的價值:對債主來說,裸體意味著一大筆錢,而對少女來說,意味著無窮的羞恥心,能使人產生輕生的衝動。

在歐洲的鐘面上,施尼茨勒的小說標誌著一個重要時刻:色情的禁忌在清教徒式的十九世紀末葉還看得很嚴重,而風俗的放蕩則引起克服這種禁忌的同樣十分強烈的願望。羞恥心和恬不知恥在勢均力敵的地方相交。這時色情處在異常緊張的時刻。維也納在世紀的轉換時期經歷了這一時刻。這一時刻一去不再復返。

羞恥心意味著己之所欲,拒之門外,而欲得禁臠則感到羞愧。魯本斯屬於在養成羞恥心的環境中長大的

---

⑱阿瑟·施尼茨勒(1862-1931),奧地利作家,作品有《阿納托爾》(一八九二)、《愛爾絲小姐》(一九二四)等。

最後一代歐洲人。因此，他將手按在少女的乳房上，這樣使她的羞恥心活動起來而感到非常激動。在中學時代，有一天，他偷偷潛入一條甬道，透過一扇窗戶，可以看到他班上的姑娘們袒露胸懷，等待通過肺部透視。她們當中的一個瞥見了他，發出喊聲。其他姑娘匆匆穿上大衣，衝到過道裏去追他。他驚恐萬分；突然，她們變得不再是同班同學，不再是準備和他開玩笑和調情的女伴了。在她們的臉上可以看到因人多勢衆而增加的眞正的惡意，一種決心追趕他的共同的惡意。他逃脫了，但是她們不放棄追逐，向校方揭露他。他在班上挨了一頓訓斥。校長懷著並非假裝的蔑視，把他稱為偷窺者。

他約莫四十歲時，女人把她們的乳罩留在抽屜裏，躺在海灘上，向全世界袒露她們的胸脯。他在岸邊漫步，避免看見他始料不及的她們的裸體，因爲這個古老的命令在他身上生了根：不得傷害女人的羞恥心。當他遇到一個相識的女人，譬如一個同事的太太時，看到她不戴乳罩，他吃驚地發現羞恥的不是她，而是他。他好尷尬，不知道目光朝哪兒看。他竭力不去看她的乳房，但是這辦不到，因爲即使在看一個女人的手或眼睛，也會覺察到她赤裸的乳房。因此，他力圖像看著額頭或者膝蓋那樣自然，去看她們的乳房。可是這樣並非易事，恰恰因爲乳房既不是額頭，也不是膝蓋。不管他怎麼做，他總覺得這些赤裸的乳房在抱怨他，指責他同它們的赤裸裸不夠協調。他有一個非常強烈的印象，就是他在海灘上遇到的女人正是二十年前向校長揭露他偷看光身姑娘的那些女同學：她們是一樣的惡狠狠，以同樣的人多勢衆、咄咄逼人來硬要他承認她們赤身裸體的權利。

最後，他馬馬虎虎同這些赤裸的乳房言歸於好，但是不能擺脫這種感覺，剛剛發生了一件嚴重的事：在歐洲的鐘面上，這一時刻敲響了，羞恥心已經消失。它不僅消失，而且在一夜之間非常容易地就消失了，以致可以認爲羞恥心從未存在過。它只不過是男人們面對一個女人的平凡創造。羞恥心僅僅是男人的海市蜃樓。是他們色情的夢幻。

12

正如上述，魯本斯離婚以後，最終又處於「愛情之外」。他喜歡這種說法。他時常重複說（有時悲哀地，有時快樂地）：我會在「愛情之外」過放縱的生活。

但是，他稱之爲「愛情之外」的地盤，不像一座美侖美奐的宮殿（愛情之宮）中暗影幢幢、被人遺忘的後院，不，這塊地盤是寬廣富饒的，變化無窮，也許比愛情之宮更廣濶、更華美。在居住其中的許多女人裏面，他對有些無動於衷，另外一些令他喜歡，還有一些他愛上了。必須瞭解這種表面的矛盾狀態：在愛情之外，仍然存在愛情。

事實上，如果魯本斯將他的豔遇推到「愛情之外」，這並非出於冷漠無情，而是因爲他想把豔遇限制在色情的一般範圍內，防止豔遇給他的生活進程帶來絲毫影響。愛情的一切定義總會有一個共同點：愛情是某種基本因素，將生活變爲命運；在「愛情之外」發生的故事，不管會多麼美麗，因而必然地具有揷曲的性質。

我重複說：魯本斯結識的某些女人儘管被排除在「愛情之外」，處於揷曲的地盤中，仍然在他心中激起柔情，另外一些女人糾纏著他，還有一些使他變得嫉妒。就是說，在「愛情之外」甚至存在愛情，由於在「愛情之外」，「愛情」的字眼是被禁止的，所有這些愛情事實上都是暗地裏的，因而格外攝人心魄。

在博爾熱茲別墅的咖啡館裏，他坐在他稱作詩琴彈奏者的對面，迅即明白，對他來說，她會在「愛情之外得到愛」。他知道，這個年輕女子的生活、她的婚姻、她的家庭、她的憂思都不會使他感興趣。他知道，他們見面次數很少，但是他也知道，他對她會有一種非同尋常的柔情。

「我記得，」他說道，「我給過你另一個名字。我叫你哥特人處女。」

「我是一個哥特人處女？」

他從來沒有這樣稱呼她。這個想法是剛才來到腦際的，那時他們正肩並肩地越過離開咖啡館的百米之遙。年輕女子勾起他對哥特式油畫的回憶，那是在他們見面之前他在巴貝里尼宮欣賞過的。

他繼續說：「在哥特風格的畫家的作品中，女人的肚子略微外凸，頭顱向地面耷拉。你擁有哥特人處女的體態。在天使組成的樂隊中詩琴彈奏者的體態。你的乳房聳向天空，你的肚子聳向天空，但是你的頭俯向塵埃，彷彿深悉萬物皆空。」

他們從兩人相遇的那條小徑往回走。已故名人那些截下的頭顱放在基座上，肆無忌憚地瞪著他們。

他們在公園入口處分手：兩人約定，魯本斯將到巴黎去看望她。她將姓氏（她丈夫的姓）、電話號碼給了他，講清她獨自在家的時間；然後她微笑著戴上墨鏡：「現在我可以戴墨鏡了吧？」

「可以。」魯本斯回答道。他久久地目送她愈走愈遠。

13

他們相遇的前一天，想到他年輕的妻子永遠離他而去，他感受到的痛苦如今變成對詩琴彈奏者執著的思念。往後幾天，他不斷想念她。他在記憶裏搜索一切她留下的印象，除了夜總會那一夜的回憶，再也沒有別的東西。他上百次想起同一形象：在一對對舞伴當中，她與他面面相對，離開一步的距離。她茫無所見，彷彿她不想看見外界事物，集中精力思索。又彷彿一步之外的不是魯本斯，而是一面大鏡子，她在鏡中自我端詳。她端看自己的臀部，臀部輪流往前挺出去。她端看自己的手，這雙手同時在她的乳房和面孔前面做出弧形動作，好像要遮住它們，或者將它們抹去。彷彿她在想像之鏡中自我端詳，在羞恥心的激發下，抹去乳房和面孔，又使之重新出現。她的舞蹈動作是一齣羞恥心的啞劇：這些動作不斷參考她遮住的裸體引起的啓發。

他們在羅馬相遇一週之後，在擠滿日本人的一座巴黎大飯店的大廳裏約會，日本人的在場給了他們匿名和離鄉背井的愉快印象。他關上房門以後，走近了她，將一隻手按在她的乳房上：「我曾經這樣觸摸你，就在我們去跳舞那天晚上。你記得嗎？」

「記得。」她說，彷彿在詩琴的木頭上輕彈一下。

她感到羞恥嗎，就像十五年前感到羞恥一樣嗎？在特普利采，當歌德觸摸貝蒂娜的乳房時，她感到羞恥嗎？貝蒂娜的羞恥只不過是歌德的一種幻念嗎？詩琴彈奏者的羞恥只不過是魯本斯的一種幻念嗎？因此，這羞恥心即使不是眞實的，即使化爲想像的羞恥心的追憶，也同他們一起存在於飯店的房間裏，用魔法迷住他們，給他們的所作所爲以一種意義。他脫掉詩琴彈奏者的衣服，好似他們剛剛離開夜總會。在作愛時，他看到她在跳舞：她晃動雙手，遮住自己的臉，在一面想像的大鏡中端詳著。

他們熱切地任憑波濤載沉載浮，這波濤穿越過男男女女，這是淫晦形象的神秘波濤，所有女人在淫晦形象中都有相同的氣質，但同樣的動作和同樣的詞語從每張古怪的臉上獲得古怪的魅力。魯本斯傾聽詩琴彈奏者說話，傾聽他自己的話語，凝望著哥特人處女嫵媚的面龐，她的吐出粗話的聖潔嘴唇，他感到越來越沉醉了。

他們的色情想像在語法上用的是將來式：你會使我，我們就要組織……這將來式把夢幻變成永恒的許諾（情侶一旦淸醒過來，這許諾便不再有價值，但是由於絕不會被遺忘，又不斷重新變成許諾）。因此，不可避免的是，有一天，在飯店的大廳裏，他在朋友M的陪伴下等候她。他們同她一起上樓到房裏去，喝酒談話，然後開始剝她的衣服。當他們脫下她的乳罩時，她用雙手遮住胸脯，竭力蓋住乳房。他們於是把她（她只穿著三角褲）帶到一面鏡子前（安裝在壁櫥的門上）：她站在他們兩人中間，手掌蓋住乳房，著迷地自我端詳。魯本斯看到，即使M和他只望著她（她的面孔，她遮住胸脯的雙手），她也看不見他們，就像入迷一般凝視她自己的映像。

14

插曲是亞理斯多德⑲(Aristote)的《詩學》中一個重要的概念。亞理斯多德不喜歡插曲。依他看，在各種各樣事件中，最糟的（根據他的詩學觀點）就是插曲。插曲由於不是在它之前的事的必然結果，又不產生任何效果，游離於故事這因果關係的聯接之外。如同毫無效果的偶然事件，插曲可以省略，而不致於使故事變得不可理解；在人物的生平中，插曲留不下任何痕迹。你到地鐵去會見你生平中的妻子，而在你下車的前一站，有個待在你旁邊的年輕陌生女人，突然感到不適，失去知覺，倒在地上。你在前一刻甚至沒有注意到她（因爲歸根結蒂你同你生平中的妻子約會，對其他女人你都不感興趣！），但是如今你不得不扶起她，把她抱在你的懷裏有一會兒功夫，等待她睜開眼睛。你把她安頓在別人剛空出來的軟墊長凳上，由於列車在接近你要下車的那一站時放慢速度，你便急不可待地擺脫她，以便奔往你生平中的妻子那邊去。從這時起，你前一刻抱在懷裏的那個少女被遺忘了。這是一段典型的插曲。生活就像一塊墊子塞滿馬鬃那樣充滿插曲，但是詩人（依亞理斯多德看來）不是一個製造床墊的人，他應該在故事中剔除一切墊料，雖然眞正的生活也許只是

⑲亞里斯多德（公元前384-公元前322），希臘哲學家，著有《詩學》、《修辭學》、《物理學》、《形而上學》、《政治學》、《倫理學》等。

由這樣的墊料組成。

在歌德看來，他同貝蒂娜相遇是一個毫無意義的插曲；不單這個插曲在他的生活中佔據一個微乎其微的位置，而且歌德殫精竭慮要阻止這個插曲在他的生活中起到動因的作用，小心謹慎地把這個插曲置於他的傳記之外。然而，插曲概念的相對性就在這裏顯現出來，亞理斯多德沒有掌握這種相對性：實際上沒有人能夠保證，插曲性的突發事件並不包含有朝一日甦醒、出乎意料地使一系列結果起作用的、因果相連和敏感的潛在力量。我說有朝一日，即使人物死去，這一天仍然會到來，貝蒂娜正是這樣取得勝利的，當歌德不在人世時，她成爲歌德一生不可分割的部分。

因此，我們可以這樣補全亞理斯多德的定義：任何插曲決不會預先注定永遠是插曲，因爲每一事件，即使最毫無意義的，都包含以後成爲其他事件起因的可能性，一下子變成一個故事、一件冒險經歷。插曲如同地雷。大半永遠不會爆炸，但是總有一天，最平凡的插曲對你將是不可避免的。在街上，一個少女向你迎面走來，老遠就瞥你一眼，你覺得這一眼有點恍惚。她逐漸放慢步子，然後會站住：「眞的是你嗎？我找了你許多年呀！」她會撲到你的脖子上。這個少女正是你要去見你生平中的妻子那一天，暈倒在你懷裏的女子，這段時間你結了婚，有了孩子。但是你在街上偶而遇見的少女早就下決心愛上她的救命恩人，你們的偶然相遇在她看來就像命運的啓示。她一天會給你打五次電話，會給你寫信，她會找到你妻子，解釋她愛你，她對你擁有權利，直至你生平中的妻子失去耐心，出於氣憤同一個清道夫作愛，帶走你的孩子，棄你而去。你的情婦其間在你的套房裏掏空她的大櫥裏的所有衣物，你爲了逃避她，會跑到大洋彼岸尋找棲身之地，你會在那裏死於絕望和貧困中。如果我們的生命像古代神祇一樣是永恒的，插曲的概念便失去意義，因爲在無限中，一切事件，哪怕最微不足道的，有一天也會成爲某種結果的起因，發展成故事。

他在二十七歲時同她跳舞的那個詩琴彈奏者，對魯本斯來說只不過是一個插曲，一個重大插曲，直至十五年後他偶而在博爾熱茲別墅再見到她。此時，從這被遺忘的插曲中倏地產生一個小故事，但是，在魯本斯的生平中，甚至這個故事也完全是插曲，毫無機會屬於可稱爲他的傳記的一部分。

傳記：是一系列事件，我們認爲對我們的一生來說是重大的事件。但哪些重要，哪些不重要呢？由於我們無法知道（我們甚至沒有想到提出一個這樣簡單和愚蠢的問題），凡是別人，例如讓我們塡寫調查表的僱主認爲重要的事，我們就同意是這樣的：出生年月、雙親職業、文化程度、從事過的職業、相繼變動的地址（可能屬於共產黨，在我以前的祖國要加上這一條）、結過幾次婚、離過幾次婚、孩子們的出生日期、成功與失敗。這很可怕，但就是如此：我們學會了通過行政的或者警察局的調查表去看待我們自己的生活。將一個別的女人而不是我們的合法妻子納入我們的傳記，這已經是小小的反叛；唯有這個女人在我們的生活中扮演特殊的戲劇角色，這樣的例外纔能接受，魯本斯就不能這樣提到詩琴彈奏者。另外，從外表和氣質來看，詩琴彈奏者跟那個插曲性的女人的形象十分相符；她是優雅的，但是小心謹愼，漂亮而不炫人眼目，傾向於肉慾的，同時是膽怯的愛情；她從來不透露她的私生活，使魯本斯討厭，但她也避免誇大，謹言愼行，變成撩人心魄的秘密。這是插曲中眞正的公主。

詩琴彈奏者和兩個男人在巴黎的大飯店相會是富有刺激性的。當時他們三個人是不是作愛？我們別忘了詩琴彈奏者對魯本斯來說變成了在「愛情之外得到愛的女子」，以前的命令甦醒了，要她放慢事件的進程，讓愛情不要太快失去性的負荷。在把她帶往床上之前，他向朋友示意要他悄悄地離開房間。

作愛時，將來式再一次把他們的話變成許諾，然而永遠不會付諸實現：過了一會兒，他的朋友M從他的眼前消失，兩個男人和一個女人激動人心的相會是一個沒有後文的挿曲。魯本斯每年見到詩琴彈奏者兩三次，只要他有機會到巴黎去。後來機會不再出現，詩琴彈奏者又一次幾乎從他的記憶中消失。

15

年復一年過去，一天，他和一個同事坐在城裏的一間咖啡館中，他就住在這座瑞士的阿爾卑斯山麓下的城市裏。在對面桌上，他注意到一個少女在觀察他。她很漂亮，嘴巴大而肉感（他很自然地比作一只青蛙嘴，如果可以說青蛙是漂亮的），他覺得她就是他一直夢寐以求的女子。即使隔開三、四米的距離，他依然覺得她的身體接觸起來富有快感，他好喜歡她的身體，此時此刻，要勝過其他所有女人的身體。她非常緊張地凝視他，以致他不再傾聽同事講話，束手就擒，而且痛苦地想到，再過幾分鐘，離開咖啡館，他就要永遠失去這個女人。

但是他沒有失去她，因爲他們從桌旁站起來的時候，她也站起身來，像他們一樣，朝對面的樓房走去，不久，那座樓裏要拍賣油畫。他們穿過街道，一會兒兩人靠得非常近，他禁不住要對她講話。她作出反應，彷彿她就等待著這個，她同魯本斯攀談起來，不去注意他的同事，這個同事十分困窘，默默無言地尾隨他們來到拍賣廳。拍賣結束時，他們又單獨待在同一間咖啡館裏。他們只有半個鐘點的時間，匆匆地說出他們要說的話。但是他們要說的話沒有多少內容，他覺得半個鐘頭長得驚人。這個姑娘是個澳大利亞女大學生，她有四分之一黑人血統（這種情況看不出來，但是她分外喜歡說出來），她在蘇黎世(Zurich)的一個教授指導下研究繪畫符號學，在澳大利亞她有段時間在一間夜總會跳上空舞，以此爲生。所有這些情況都很有趣，可是給了魯本斯一個好古怪的印象（在澳大利亞，爲什麼光著上身跳舞？爲什麼在瑞士研究繪畫符號學？究竟什麼是符號學？），以致這些情況非但沒有喚起他的好奇心，反而像需要克服的障礙一樣事先使他厭煩。因此，看到這半個鐘點終於結束，他好開心；他的熱情立即變得旺盛起來（因爲他始終喜歡她），他們講好第二天約會。

正在這時，一切都不如人意：他醒來時得了偏頭痛，郵差給他送來兩封令人不快的信，給一個辦公室打電話時，他不得不忍受一個女人不耐煩的聲音，她不屑理解他的要求。女大學生一出現在他的門口，他的不祥預感便得到證實：爲什麼她的穿著與昨天迥然不同？脚上穿著碩大的灰色籃球鞋；球鞋上面是厚襪子；襪子上面是一條長褲，使她古怪地顯得更小巧；長褲上面是一件茄克衫；在茄克衫上面，他終於看到青蛙的嘴唇，嘴唇總是一樣誘人，不過條件是去掉嘴唇以下的一切。

這身打扮的粗俗在她身上並不顯得臃腫（事實上絲毫不改變女大學生是漂亮的）；使魯本斯更爲不安的是他自己反而不知所措：一個要去會男友，並想同他作愛的少女，爲什麼不穿著打扮得讓他喜歡呢？她要讓人領會，衣著打扮是外表的事，毫不重要嗎？還是相反，她要使她的衣服顯得優雅，使她的大球鞋具有吸引力？還是她毫不重視她要會面的男友呢？

也許爲了防止萬一他們的會面未能使她心滿意足，他要得到她的原諒而向她承認度過了難熬的一天；他竭力使聲調變得詼諧，列舉從早晨以來發生的所有惱人的事。她咧嘴一笑：「愛情是不祥癥兆最好的解毒劑！」魯本斯對「愛情」這個字眼感到吃驚，他已經不習慣這個詞。愛情意味著什麼？肉體的作愛？還是愛慕的情感？正當他沉思凝想的時候，她在房間角落裏脫衣服，馬上鑽到床上，將布長褲扔在椅子上，將偌大的球鞋和厚襪子扔到椅子底下，這雙球鞋在澳大利亞幾個大學與歐洲的城市之間長途跋涉，如今在魯本斯房裏稍作停留。

這是一次美妙而平靜的、默默無聲的作愛。我要說，魯本斯突然回到沉默寡言的田徑運動階段，但是「田徑運動」這個字眼可能有點不合時宜，因爲以前處心積慮要證明：擁有體力和性交能力的年輕人的雄心壯志已蕩然無存；他們進行的活動具有的性質，似乎更是象徵性的而不是田徑運動。只不過魯本斯難道絲毫沒想到他們的行動可以說有象徵性：柔情？愛情？健康的體魄？生之歡樂？惡習？友誼？信仰上帝？也許這是祈求長壽？（姑娘鑽研繪畫符號學；而她難道不是本該在性交符號學上啓發他嗎？）他做的是毫無意義的行動，他生平第一次不知道爲什麼這樣做。

在間歇的時候（魯本斯想到，符號學教授在研究班的課上大概也一定休息十分鐘），姑娘說出（用始終一樣平靜悠然的聲調）一個句子，這個句子重新包含「愛情」這一不可理解的字眼。魯本斯陷入沉思：來自宇宙深處的美艷的女子將降落到地球上；她們的軀體也會像地球上女人的軀體，除此以外，她們的軀體完美無缺，因爲在她們出生的星球上，疾病聞所未聞，軀體毫無缺陷。她們在地球以外的過去將永遠不爲地球上的人所知曉，因此，地球上的人絲毫不理解她們的心理；他們永遠不能預料他們所說所做的事對她們產生的效果；他們永遠猜度不出隱藏在她們面孔後面的感覺。魯本斯思忖，同這樣陌生的人不可能作愛。隨後他振作起來：男性無疑能自動調節，使男子甚至能同來自天外的女人性交，不過這會是沒有刺激性的作愛，既缺乏感情又缺乏淫念的普通的體力運動。

休息結束了，研究班課的第二部分即將毫不停頓的開始，魯本斯想說點什麼，幾句非常粗魯的話，以便促使她失去平衡，但是他同時又明白，他下不了決心這樣做。他感到有一種外來的約束，他用一種他掌握很差的語言同別人爭論，他甚至發不出一聲咒罵，因爲對方天眞地問他：「你想說什麼？我一點聽不懂！」這樣，魯本斯不說一句粗魯的話，默默無言地、平靜地重新作愛。

待他和她又來到街上時（並不知道是不是滿足了她，還是令她失望，不過她顯得相當滿足），他已決定今後不再見她；毫無疑問，她會受到傷害，她會將這種突然的疏遠（無論如何，她大概注意到昨天她使他多麼目炫神迷！）看作一種由於不可解釋因此更加沉重的失敗。他知道，由於他的過錯，澳大利亞姑娘的籃球鞋今後會踏著更加悲哀的步子，走遍世界。他告辭了，正當她轉過街角的時候，他感到對平生佔有過的所有女人強烈的撕心裂肺般的懷念襲上身來。這好似沒有預兆，頃刻間爆發的疾病一樣，突如其來，其勢洶洶。

慢慢地他明白過來。在鐘面上，指針到達一個新的數字。他聽到鐘聲敲響，看到一隻中世紀的大鐘上一扇小窗打開了，在神奇的機械推動下，走出一只木偶：這是一個少女，穿著偌大的籃球鞋。木偶的出現意味著，魯本斯的願望剛剛來了個一百八十度的大轉變：他再也不想佔有新認識的女人；他只對佔有過的女人有慾望；今後他的慾望會受到往昔的煩擾。

他在街上看到漂亮的女人時，對不再注意她們感到吃驚。有幾個女人甚至尾隨他身後，但是我相信他沒有發覺。從前，他只想佔有新結識的女人。他對她們好不耐煩，以致他同其中幾位只作愛一次。為了補償這種喜新厭舊的頑念，這種對一切穩定、持續事物的忽略，這種使他撲向前去的狂熱的急不可待，他想回過身來，找回過去那些女人，再摟抱她們，一直走到底，凡是未加利用的都加以利用。他明白，強烈的衝動今後都將拋在他身後，如果他想有新的衝動，那就必須到往昔中去尋找。

16

起初，他很靦腆，總是安排好在黑暗中作愛。但是他在黑暗中睜大眼睛，以便至少有一線微弱的光透過窗帘射進來時，能看見一點東西。

隨後，他不僅習慣了亮光，而且要求有亮光。如果他發現對方閉上眼睛，他要迫使她睜開來。

有一天，他驚訝地看到，他在通明雪亮的房間裏作愛，而他的眼睛閉上了。在作愛時，他陷入了回憶之中。

在黑暗中，眼睛張開。
在通明雪亮之中，眼睛張開。
在通明雪亮之中，眼睛閉上。
生活的鐘面。

17

他面對一張紙坐著，力圖把他的情婦們的名字寫成一長列。他馬上遭到第一次失敗。他知道姓和名的女人少而又少，有的時候他既記不得姓又記不得名。女人變成（不引人注目的、難以察覺的）沒有名字的女人。如果他跟她們通過信，也許他會記得她們的名字，因爲他不得不常常在信封上寫上她們的名字；但是「在愛情之外」，人們不習慣寄出情書。假如他已習慣叫這些女人的名字，也許他會記得住，可是，自從婚禮之夜發生那件不稱心的事以來，他強制自己只使用庸俗的親熱的綽號，任何時候所有女人都會樂意接受。

因此，他用鉛筆塗了半頁紙（試驗要求不寫滿一張紙），時常用清晰的標記代替名字（「雀斑」或者「小學女教師」，諸如此類），然後他竭力恢復每個女人的履歷表。失敗得更慘！他對她們的生平一無所知！爲了簡化起見，仍只限於唯一的問題：她們的父母是誰？除了一個例外（他先認識父親，後認識女兒），他一點沒有概念。然而，雙親在她們的生活中必然佔據一個舉足輕重的位置！她們一定對他談過她們的父母親！因此，如果他連女友們最基本的情況都記不住，他又如何重視她們的生活呢？

他最終承認（並非毫無困惑），對他來說，女人只代表一種普通的情愛體驗。至少他竭力要回憶起這種體驗。他偶然在一個女人（沒有名字）上面停住了筆，他在紙上標明爲「女大夫」。他們第一次作愛時，事情怎麼經過的？他在想像中重新看到當時的那套房間。他們一走進房間，她就朝電話機走去；然後當著魯本斯的面，她對一個人表示歉意，今晚她有一件意外的事務，不能脫身。他們嘲笑過致歉，而且作過愛。奇怪的是，他總是聽到這笑聲，可是卻看不到性交的情景：在哪兒性交的呢？在地毯上？在床上？在沙發上？作愛時她什麼模樣？後來他們見過幾次面？三次還是三十次？在何種情況下他們不再見面？他只記得一小段他們的談話，大約有二十來個鐘點，還是有一百多個鐘點？他模模糊糊地記得，她常常提到一個未婚夫（至於她提供的情況，他顯然忘卻了）。古怪的是：他只記得這個未婚夫。對他來說，作愛遠不如給一個男人戴綠帽子這令人得意的微不足道的想法重要。

他艷羨地想到卡薩諾瓦⑳（Casanova）。並非想到他的艷遇，很多男人畢竟都做得到，而是想到他無可比擬的記憶力。將近一百三十個女人不致湮沒無聞，恢復了她們的名字、面影、姿態、言談！卡薩諾瓦：記憶力的烏托邦。互相對照，魯本斯的總結多麼可憐啊！他剛剛成年便放棄繪畫時，他這樣聊以自慰：對他來說，瞭解人生比爲權力而鬥爭更加重要。他所有的朋友追逐名繮利索的生活，他覺得既咄咄逼人，又單調空虛。

⑳卡薩諾瓦（1725-1798），意大利冒險家，他用法文寫作《回憶錄》（一九六〇——一九六三纔全文發表）。

他認為艷遇會把他引導到眞正的生活，眞正充實、豐富而又神秘、誘人而又具體的生活的中心，他渴望擁抱這種生活。他猛然看到自己的錯誤：儘管他交上桃花運，但是他像是在十五歲時一樣不瞭解人。他一直總是自我慶幸緊張地生活過；可是，「緊張的生活」這個詞組純粹是一種概括；在尋找「緊張」的具體內容時，他只發現一片狂風呼嘯的沙漠。

時鐘的指針向他宣告，今後他要被往昔所煩擾。然而，如果在往昔只看到狂風席捲破碎的回憶的一片沙漠，往昔怎樣煩擾他呢？這是不是意味著要他受回憶碎片的煩擾？是的。連回憶碎片也能煩擾人。再說，我們不用誇張：關於年輕的女大夫，他無疑記不得絲毫有趣的往事，而其他女人執著而又熱烈地出現在他的眼前。

我說她們出現，怎麼想像這種出現呢？魯本斯發現一種相當古怪的現象：記憶力不在攝錄電影，記憶力在拍照。他所保留的所有這些女人的印象，充其量只是幾幀精神照片。他看不到他的女友們連續動作；動作即使很短促，也不顯現為連續的過程，而是凝結在瞬間之中。他的情愛記憶力給他提供一小本色情照片簿，而不是色情電影。我說照片簿是誇張說法，因為總而言之魯本斯只不過保留了七、八張照片；這些照片是美妙的，令他著迷，然而照片數目畢竟少得遺憾，七、八秒鐘，在他的記憶中，色情生活縮小到這點時間內，而他從前是決心全部精力和才能投入這種色情生活的。

我想像魯本斯坐在桌旁，頭顱捧在手心裏，酷似羅丹㉑(Rodin)雕塑的思想者。他在思索什麼？他隱忍地想到他的生平只限於情愛的體驗，而這種體驗由七張凝然不動的圖像，七張照片組成，他至少希望他記憶的一角還在某個地方隱含著第八張照片、第九張和第十張照片。這就是爲什麼他坐在那裏，頭捧在手中。他重新想起那些女人，一個接著一個，力圖爲她們每一個再找到一張被遺忘的照片。

在這樣想像時，他得到另外一個有趣的發現：他有過一些特別大膽的情婦，她們首先做出肉體上非常誘人的情愛舉動；但是，她們在他的心靈裏只留下很少的刺激人的照片，或者根本沒有留下照片。如今他沉浸在回憶中，那些戀愛行動好像篩選過，表面謹小愼微的女人格外吸引他，甚至當時他很不看重她們。彷彿記憶力（和忘卻）此後使一切價值觀念起了驚人的嬗變，將他的愛情生活中一切他渴望的、故意顯露的、大加炫耀的、計畫過的東西加以貶值，而始料不及的、看來平淡無奇的經歷在他的記憶中反倒變得價值無法估量。

他想到經過自己的記憶所起的作用，如此提高身價的那些女人：其中一個大約過了要滿足情慾的年齡；另外幾個的生活方式使得與她們重逢變得困難了。但是其中有那個詩琴彈奏者，他跟她闊別已經八年了。在他眼前出現三張記憶中的照片。在第一張上，她站立著，離他一步遠，一隻手在似乎想遮住面孔的動作中凝固不動。第二張照片抓住了魯本斯將手按在她的乳房上，問她是不是有人曾經這樣觸摸過她，她直視前方，回答「沒有人」這一剎那。最後（這張照片是最迷人的），他看到她站在兩個男人中間，面對鏡子，用雙手掩住赤裸的乳房。奇怪的是，在這三張照片上，她的面孔漂亮，一動不動，目光是一樣的：盯住前面，從魯本

㉑羅丹（1840–1917），法國雕塑家，作品有《青銅時代》、《老娼婦》、《地獄之門》（包括《思想者》）、《巴爾扎克》等。

19

像從前一樣，他們每年見一、二或三次面。年復一年過去。一天，他打電話告訴她，兩個星期後他要到巴黎。她回答說，她恐怕沒有時間奉陪。

「我可以將旅遊時間延遲一週。」魯本斯說。

「我恐怕仍然沒有時間。」

「那麼，請告訴我什麼時候有空。」

「現在說不出。」她以明顯地令人觀察到的困窘回答，「不行，不久以後，我恐怕不能……」

「出了什麼事？」

「沒出事，沒出事。」

他們倆都感到很不自在。可以說詩琴彈奏者決定不再見他，但是不敢對他明說。同時，這個假設可能性很小（任何陰影都決不會擾亂他們美妙的約會），以致魯本斯向她提出別的問題，想瞭解她拒絕的理由。但由於他們的關係從一開始便建立在完全不講以勢壓人的基礎上，甚至排除一切固執要求，他不讓自己使她討厭，哪怕只提出普通的問題。

於是他結束談話，僅僅說：

「我可以再打電話給你嗎？」

「當然可以。爲什麼不可以？」她回答道。

一個月後他再打電話給她：「你一直沒有空閒見我嗎？」

「別生氣，」她說：「這與你無關。」

他向他提出同先前一樣的問題：「出了什麼事？」

「沒出事，沒出事。」

魯本斯沉默不語了。他不知道說什麼好。「算了。」他終於說，憂鬱地對著聽筒笑了笑。

「這與你不相干，我向你擔保。這與你無關。有關係的是我，而不是你！」

魯本斯似乎從最後一句話中瞥見某些希望。「那麼，這一切毫無意義！需要的是見面！」

「不行。」她說。

「如果我有把握，你再不想見我，我就不多說了。但你說這關係到的是你！你出了什麼事？我們需要見面！我需要對你說話！」

他剛說出這句話，心裏便想：不對，她知道分寸才拒絕告訴他眞正的、幾乎過於簡單的理由：她再不想跟他來往。正是她的正直才使她左右爲難。因此，他不應該堅持己見。他會變得令人討厭，違反他們的默契，這種默契不允許表達得不到彼此贊同的願望。

她重複「不行，對不起」，於是他不再堅持。

掛上電話時，他突然想起那個脚穿偌大的籃球鞋的澳大利亞女大學生。她也被遺棄了，但她無法理解原因。如果有機會，他會以同樣方式去安慰她：「這與你不相干。這與你無關。有關係的是我。」他明白，他跟詩琴彈奏者的交往結束了，他永遠不會知道原因。他會處於一無所知之中，正如那個嘴巴長得漂亮的澳大利亞姑娘。魯本斯今後要懷著比先前憂愁一點的心情周遊世界。就像澳大利亞姑娘邁出她的大籃球鞋一樣。

20

沉默寡言的田徑運動時期、隱喻時期、淫穢的眞話時期、阿拉伯電話時期、神秘時期，這一切都遠遠拋在他身後。指針繞過了構成他的性生活的一圈鐘面。他處於他的鐘面的時間之外。處於鐘面之外，這既不意味著終結，也不意味著死亡。在歐洲繪畫的鐘面上，子夜已經敲響也是徒勞，畫家繼續作畫。一旦處於鐘面之外，這僅僅意味著不再產生新穎的和重要的東西。魯本斯還常常拜訪有些女人，但是她們對他來說已失去一切重要性。他拜訪得最多的女人是年輕的G，她喜歡在談話中穿插髒話，以此引人注目。當時許多女人都這樣做。這是當時的風尙。她們說他媽的，這使我厭煩，媽的×，爲的是讓人理解，她們不屬於保守的、受過好教養的老一代人，而是自由的、解放的、摩登的。這並不妨礙只要魯本斯一碰她，G便向天花板抬起激動的眼睛，沉浸在神聖的緘默中。他們的摟抱總是很長，幾乎無休無止，因爲G必須經過長久的努力，纔能達到深切渴望的性慾高潮。她仰面躺著，額頭滿是汗珠，渾身大汗淋漓，使著勁兒。魯本斯幾乎把垂死掙扎設想成這樣：受到高燒折磨，人渴望著了結一生，但是斷氣的一刻避開了，執著地避開了。有兩三次他嘗試對G耳語一句淫話，快點了結，但由於她馬上轉過頭去，表示不同意，隨後也只得保持沉默。相反，她總是在二三十分鐘之後說（用不滿和不耐煩的聲調）：「再使勁，再使勁，再來，再來！」這時他意識到他已無能爲力了；他同她作愛時間太長，節奏太快，無法幹得變本加厲；他於是滑到一邊，尋求一種權宜之計，他覺得這種辦法是自認失敗，同時又是一種能獲得合格證書的高超技藝：他將手深深伸入她的腹部，用手指從下到上做著強有力的動作，噴射出大量液體，她抱吻他，對他訴說著綿綿情話。

他們的私生活時鐘可悲地不同步：當他達到纏綿悱惻時，她卻吐出粗話；當他想聽粗話時，她則固執地保持沉默；當他需要靜默和睡眠時，她又變得柔情蜜意和喋喋不休。

她是俏麗的，而且比他年輕許多！魯本斯（作一般的）猜想，只是由於他輕巧靈活，所以她纔呼之即來。他對她有一種感激之情，因爲她讓他從她的身上滑下來，好長一段時間身上出汗和保持悄無聲息的時候，他可以閉上眼睛，隨意幻想。

21

一天，魯本斯手中拿著一本約翰・甘迺廸(John Kennedy)總統的舊照片册：只有彩色照片，至少有五十來張，在所有照片上（所有照片，毫無例外），總統都在笑。他不是微笑，不，他在笑！他的嘴巴張開，露出牙齒。毫無造作之處，相片就像當天攝下來那樣，但是魯本斯看到甘迺廸在所有相片上喜笑顏開，他的嘴巴從來不閉上，仍然感到目瞪口呆。幾天以後，他前往佛羅倫薩。他站在米蓋朗奇羅（Michel-Ange）的《大衛》塑像前，把這大理石的面孔想像成甘迺廸的面孔一樣快活。大衛這個男性美的典範突然具有傻瓜的神態！從此以後，他沾上習慣，在想像中把一張笑口盈盈的嘴巴鑲到名畫的人物面孔上：這是一種有趣的試驗：笑的怪相能夠毀掉所有油畫！請設想代替蒙娜麗莎難以覺察的微笑，是使她露出牙齒和齒齦的嘻笑！

雖然魯本斯把大部分時間都用於美術館，對美術館非常熟悉，他要看到甘迺廸的相片才意識到這顯而易見的事實：從古代到拉斐爾（Raphaël），也許到安格爾㉒（Ingres），大畫家和大雕塑家都避免表現笑，甚至微笑。伊特魯立亞㉓的雕像的面孔確實都帶上笑容，但這笑容不是造作的，在特定情景下迅捷的反應，這是由於永恆的至福而煥發光彩的面孔顯露的持久狀態。對古代雕塑家和歷代的畫家來說，美麗的面孔只有在凝然不動時才可以想像。

唯有畫家想抓住惡時，面孔才失去凝然狀態，嘴巴才張開。要麼是痛苦之時：俯身對著耶穌屍體的婦女，面對蒲散㉔（Poussin）的《屠殺無辜者》，一位母親張大嘴巴。要麼是表現墮落：賀爾拜因㉕（Holbein）的《亞

㉒安格爾（1780–1867），法國畫家，作品有《土耳其浴室》、《大宮女》、《泉》等。

㉓意大利古代地區。

㉔蒲散（1594–1665），法國畫家，作品有《阿爾卡廸的牧人們》、《丹克列與海曼尼》等。

當與夏娃》。夏娃的臉浮腫，微張的嘴巴露出牙齒，牙齒剛咬過蘋果。亞當在她身旁，還是一個犯下罪孽之前的男子：他的面孔平靜，嘴巴緊閉。在柯雷奇奧㉖(Corrège)的《邪惡寓意圖》上，所有人都在微笑！爲了表現邪惡，這位畫家不得不使面孔無邪的平靜晃動起來，使嘴巴拉長，以微笑扭曲臉容。在這幅油畫上，只有一個人在笑：一個孩子！但他的笑不是幸福的笑，如同巧克力或者三角紙尿褲的商標，所使用的廣告照片上嬰孩展露的笑一樣。這個孩子之所以笑，是因爲他學壞了！

唯有在荷蘭畫家的作品中，笑才變得純潔無邪：哈爾斯㉗(Hals)的《小丑》或者他的《吉卜賽姑娘》。因爲荷蘭派畫家是頭一批攝影家：他們畫出的臉超越了美與醜。魯本斯在荷蘭畫家的展品大廳裏流連忘返，想到詩琴彈奏者，他尋思：詩琴彈奏者對弗蘭斯・哈爾斯來說不是一個模特兒：詩琴彈奏者是從前的大畫家的模特兒，這些大畫家在面孔凝然不動的表面中尋找美。隨後有幾個參觀者推搡著他：世界上所有的美術館都擠滿了人，就像從前的動物園一樣：有愛看新奇事物癖好的旅遊者凝視油畫，彷彿這是關在籠子裏的猛獸。魯本斯心想，本世紀的繪畫就像詩琴彈奏者一樣，不再自由無羈了：詩琴彈奏者屬於美不存在於笑之中那個早已逝去的世界。

㉕賀爾拜因(1497-1543)，德國畫家，作品有《青年婦女肖像》、《埃拉斯莫》等。

㉖柯雷奇奧(1489-1534)，意大利畫家，作品有《聖母昇天》、《牧童之愛》、《麗達》等。

㉗哈爾斯(1580-1666)，荷蘭畫家，善畫肖像，作品有《射手協會軍官的羣像》、《吉卜賽姑娘》、《彈琴者》等。

但是，怎樣解釋大畫家將笑從美的王國中排除出去呢？魯本斯忖度：面孔只有在笑的那一刻，人不在思索，卻反映思想的存在時才是美的。但眞的是這樣嗎？笑難道不是正在抓住滑稽的思索閃光嗎？不是的，魯本斯這樣想：正當人抓住了滑稽的時候，他不笑；笑緊接其後，就像一種肉體反應，就像排除一切思索的痙攣一樣。笑是臉部的一種痙攣，在痙攣中，人控制不住自己，而由某種既非意志，亦非理智的東西所控制。因此，古代雕塑家不反映笑。不能自我控制的人（超越理智和超越意志的人），不能被看作是美的。

如果我們的時代違背大畫家的精神，使笑成爲臉部特別受到喜愛的表情，這意味著缺乏意志和理智成爲人的理想狀態。人們可以反駁，在攝下的肖像上，痙攣是假裝的，因而是自覺的、故意的：面對攝影家的鏡頭在笑的甘迺廸，對可笑的情景決不會有反應，而是自覺地張開嘴巴，露出牙齒。但是這僅僅證明，笑的痙攣（超越理智和意志）被當今的人看作選擇來躲藏在後面的理想意象。

魯本斯心想：在面部的所有表情中，笑是最大衆化的：面孔的紋絲不動使我們之間截然分開的每根線條變得清晰可辨；但是在痙攣中，我們是一模一樣的。

朱勒・凱撒(Jules César)的一座胸像笑得扭曲了臉，那就難以想像。但是，美國的歷屆總統去世時是藏在笑的大衆化的痙攣後面的。

22

他回到羅馬。在博物館，他待在哥特風格繪畫大廳裏留戀不捨。有一幅油畫令他入迷：一幅耶穌受難像。他看見什麼？在耶穌的位置上，他看到一個女人，人們正準備把她釘上十字架。像耶穌一樣，她沒有別的衣服，只有一幅白布圍在腰間。她的雙脚支在木頭的突出部位，而幾個劊子手用粗繩把她的脚踝綁在木柱上。十字架豎立在山頂，到處都看得見。四周有一羣士兵、老百姓和看熱鬧的觀看著這個被示衆的女人。這是詩琴彈奏者。她感到所有人的目光凝視她的軀體，她用手掌遮住雙乳。在她的右面和左面，豎立著另外兩座十字架，每座十字架上都釘著一個竊賊。第一個竊賊俯身對著她，捏住她的一隻手，慢慢將手從她的胸脯移開，他向她伸出手臂，一直到橫板的盡頭。第二個竊賊捏住她的另一隻手，也做同樣的動作，最後，詩琴彈奏者雙臂分開了。其間，她的面孔一動也不動。她凝視遠處的某樣東西。魯本斯知道這不是天際，而是設置在她對面，位於天地之間的想像中的巨鏡。她在鏡中看到自己的映像，一個綁在十字架上、雙臂分開、袒露乳房的女人映像。她向廣大的人羣示衆，大喊大叫，像畜生一樣，如同所有觀看的人，非常興奮，而且像他們觀察她一樣在自我觀察。

魯本斯無法將目光從這樣一幅景像上移開。待他終於移開時，他想，這一時刻應該寫進名爲《魯本斯在羅馬的幻像》的宗教史册。直至晚上，他依然感受到這一神秘時刻的影響。他已經有四年沒有打電話給詩琴彈奏者，但是這一次他忍不住了。他一回到飯店，便掛了個電話。在電話線的另一頭，有個女人的聲音傳過來，他並不熟悉。

他有點猶豫地問道：「我可以跟太太說話嗎？」他說出她丈夫的姓氏。

「可以，就是我。」那個聲音說。

於是他說出詩琴彈奏者的名姓；那個女人的聲音回答，他要跟她說話的女人故世了。

「她去世了？」

「是的，阿湼絲去世了。是誰要見她？」

「一個朋友。」

「請問尊姓大名？」

「無可奉告。」他掛上了電話。

23

在電影裏，有了逝世，便會馬上奏起哀樂，而在我們的生活中，我們熟悉的人辭世時，卻聽不到任何哀樂。使我們悲痛欲絕的喪事是很少的：一生中有兩三次，不會更多。只不過像個揷曲的女人逝去，使魯本斯大吃一驚，十分悲哀，但是並沒有使他傷心斷腸，尤其因爲這個女人四年前已經離開他的生活圈子，當時他不得不逆來順受。

即使詩琴彈奏者的謝世並沒有使她變得比實際更加無影無踪，但她的故去卻改變了一切。每當他想到她時，魯本斯無法約束自己尋思，她的肉體化爲何物。別人把它放進棺柩，埋入地下？把它火化了？他回憶起她一動不動的臉和大眼睛，這雙眼睛凝視一面想像之鏡。他看到她的眼皮正在慢慢閉上：突然之間，這成了一個死人面孔。由於這張面孔非常平靜，從生命到無生命的過渡難以覺察，十分和諧、美妙。但是魯本斯隨即想像出這張面孔的突然變化。這好恐怖。

G來看望他。跟往常一樣，他們默默無言地擁抱，像往常一樣，在這些無休無止的時刻，詩琴彈奏者出現在他的腦海裏：像往常一樣，她站在鏡子前，袒露乳房，用呆定的目光自我欣賞。魯本斯倏地想起，她也許死去兩三年了：頭髮已經從腦殼脫落，眼窩深陷。他想擺脫這幅景像，否則他無法繼續作愛。他趕走對詩琴彈奏者的回憶，決心專注於G的身上，專注於她加速的氣息，可是他的思路不肯服從，而且彷彿故意似的，把他不願看到的情景呈現在他的眼皮底下。待到他的思路終於決定服從，不再向他顯示躺在棺柩裏的詩琴彈奏者時，卻又顯現她處在火焰中，那種姿勢正如他聽說的：被焚燒的軀體挺起身來（受到一種神秘的物理力量的作用），詩琴彈奏者竟然坐在焚燒爐中。在坐著被焚燒的屍體所展示的景像中，有個不滿的威嚴的聲音霍地響起來：「再使勁，再使勁，再來，再來！」魯本斯不得不中止緊抱。他請求G原諒他競技狀態不佳。

當時他想：我所經歷的只留下一張照片。也許這張照片顯示了最隱秘的，最深埋在我的情愛生活中的東西，包含了情愛生活本質的東西。最近以來，也許我只是爲了讓這張照片復活才作愛。如今這張照片在火焰之中，平靜的漂亮面孔扭曲了、萎縮了、變黑了，化爲灰燼。

G要到下週再來，魯本斯事先被作愛時纏繞他的景象搞得杌隉不安。他想把詩琴彈奏者從腦際趕走，他坐在桌旁，頭捧在手心裏，又開始在記憶中尋找別的照片，能夠代替詩琴彈奏者的照片。他再現了幾張，甚至愉快地發現這些照片很美、富有刺激性，因此驚愕不已。他在內心很淸楚，當他跟G作愛時，他的記憶力是不肯向他顯示這些照片的，代替這些照片的是，彷彿在開一個可怕的玩笑，她偷偷摸摸地將坐在炭火中的詩琴彈奏者的映像塞進來。他看得很準確。這次作愛時，他仍然請求G原諒他。

當時他想，在一段時間內跟女人中斷來往，這不會損害自己。像俗語所說，直至出現新情況。但是一週復一週，這段休息時間延續下去。有一天，他終於意識到，再也不會有「新情況」出現了。

第七部　慶祝

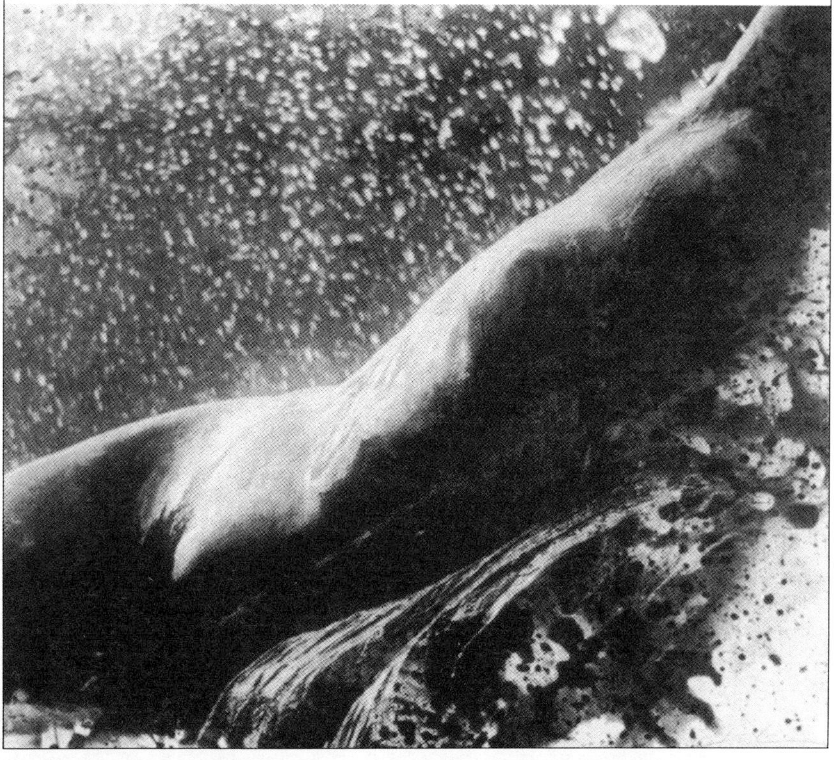

1

在體操廳裏，大鏡子一直映出舞動的手臂和大腿；六個月以來，在意象學家的壓力下，鏡子平均佔滿了游泳池的三面牆壁，第四面由一扇巨大的玻璃窗佔據，從這兒可以看到巴黎的樓房屋頂。我們穿著三角游泳褲，坐在游泳池的人喘息一下的池子邊的一張桌子旁邊。我們中間放了一瓶酒，我要來慶祝週年紀念日。

阿弗納琉斯甚至來不及問我慶祝什麼，便被一個新的想法拖著走：「請設想一下，在兩種可能性中間，你要選擇其一。跟一個絕代佳人共度良宵，她是碧姬．芭鐸那樣的姑娘，或者葛麗泰．嘉寶那樣的女郎，唯一的條件是絕對沒有人知道；要麼你攜同她在你的故鄉的大街上漫步，一條胳臂摟住她的肩膀，唯一的條件是絕對不跟她睡覺。我很想知道選擇這一種或那一種可能性的人準確的百分比。這要求運用統計方法。於是我向一些民意測驗所談了我的想法，但是沒有下文。」

「我始終不太清楚要在多大程度上認眞對待你的所作所爲。」

「凡是我所做的事都應當絕對認眞對待。」

我繼續說：「譬如，我想像你正在向生態學家陳述毀掉汽車的計畫。你至少不能相信，他們會接受這個計畫！」

我停頓一下。阿弗納琉斯保持沉默。

「你認爲他們會贊成你的設想嗎?」

「不會贊成,」阿弗納琉斯說,「我絕不這樣奢望。」

「那末,你爲什麼向他們陳述你的計畫呢?爲了揭穿他們的假面具?爲了向他們證明,儘管他們不同意地指手劃脚,他們仍然屬於你稱作惡魔的一類人嗎?」

「向傻瓜證明什麼,」阿弗納琉斯說,「那是白費心機。」

「只剩下一種解釋:你想跟他們開個玩笑。但是在這種情況下,你的行爲在我看來仍然不合邏輯:你畢竟沒有設想過,有人會理解你,而且笑起來!」

阿弗納琉斯搖搖頭,帶著一絲憂鬱說:「我沒有這樣設想過。惡魔的特徵是完全缺乏幽默感。滑稽的事物雖然始終存在,卻變得隱而不露。因此,開玩笑再也沒有意義。」然後他又說:「這個世界認眞對待一切。包括我在內,這太過分了!」

「我仍然有印象,沒有人事事認眞對待!大家都千方百計尋開心,如此而已!」

「這是一回事。當十足的蠢驢不得不在廣播電台宣佈:發動一場核子戰爭或者巴黎有一次地震時,他要顯得可笑而無所不爲。也許他從現在開始尋找,在這種場合美妙的用同音異義詞進行的文字遊戲。但是這與滑稽性毫不相干。因爲在這種情況下,滑稽的是尋找用同音異義詞進行文字遊戲,宣佈地震的人。然而,尋找用同音異義詞進行文字遊戲,宣佈地震的人,是認眞對待他的研究的,他絲毫不懷疑他滑稽可笑。幽默只能存在於人們還能分辨出重要的與不重要的界限之處。今天,這個界限難以分辨了。」

我很瞭解我的朋友，常常出於自娛，我模仿他的說話方式，把他的思想和看法變成自己的；然而，他避開我。他的舉止令我歡喜和入迷，但是我不能說我完全了解他。一天，我竭力向他解釋，一個人的本質只有通過隱喩纔抓得住。通過隱喩顯露眞相的閃光。自從我認識阿弗納琉斯以來，我徒勞地尋找能抓住他，並且讓我理解他的隱喩。

「要是這不是爲了開玩笑，爲什麼你向他們陳述你的計畫呢？爲什麼？」

在他回答我之前，一聲驚喊打斷了我們的話：「阿弗納琉斯教授！可能嗎？」

一個身穿浴衣的漂亮男子，大約有五、六十歲，從雙扉門那邊朝我們走來。阿弗納琉斯站起了身。他們倆看起來好激動，久久握著手。

然後阿弗納琉斯把他介紹給我。我才明白站在面前的是保羅。

2

他坐在我們桌旁；阿弗納琉斯對我用大動作比劃說：「你不知道他的小說？《生活在別處》！應該看看這一本！我的內人認爲寫得出色！」

我驟然間心裏亮堂了，於是明白，阿弗納琉斯從來沒有看過我的小說；不久以前，他硬要我給他捎一本來，這是因爲他患失眠症的太太需要躺在床上消耗論公斤計算的書籍。這令我好難堪。

「我是來泡在水裏讓腦子涼快一下。」保羅說。這時他看了酒，忘記了水。「你們喝什麼酒？」他拿起酒瓶，仔細看看商標。然後他又說：「今天從早上開始我就喝酒。」

不錯，這看得出來，我感到吃驚。我從未想像過保羅喝得酩酊大醉。我叫伙計端來第三只酒杯。

我們開始海闊天空地聊起來。阿弗納琉斯雖然沒有看過我的小說，卻多次提到，他慫恿保羅發表見解，保羅對我不留情面使我幾乎灰心喪氣：「我不看小說。回憶錄有趣得多，甚至很有教益。還有傳記！最近我看過關於沙林傑❶(Salinger)、羅丹、弗蘭茨‧卡夫卡❷(Fanz Kafka)的愛情的作品。還有一本寫海明威的出色傳記！啊！這個作家眞是個僞君子。好一個騙子手。眞的狂妄自大，」保羅發自內心地笑著說：「得了陽萎。是個性虐待狂。好強壯的男子漢。是個色情狂。多麼鄙視女人啊。」

「如果你作爲律師，準備好替殺人犯辯護，」我說，「爲什麼你不替這樣的作家辯護：他們除了寫書以外，不可能犯什麼罪？」

「因爲他們令我心煩。」保羅眉開眼笑地說，伙計剛把酒杯放在他面前，他便斟上酒。

「內人酷愛馬勒，」他繼續說：「她告訴我，《第七交響樂》首演之前半個月，他躲在一間吵吵鬧鬧的飯店客房裏，通宵改寫樂譜。」

---

❶沙林傑（1919-　），美國小說家，作品有《麥田捕手》、《九故事》等。

❷弗蘭茨‧卡夫卡（1883-1924），奧地利小說家，作品有《變形記》、《美國》、《訴訟》、《城堡》等。

「不錯，」我說，「那是一九○八年秋天，在布拉格。飯店的名字叫『藍星』。」

「我常常想像他待在這間飯店客房裏，埋首在總譜當中，」保羅緊接著說，不讓別人打斷，「他深信，如果在第二樂章中旋律由單簧管而不是由雙簧管奏出，他的作品就完蛋了。」

「確實如此。」我說，一面想到我的小說。

保羅繼續說：「我希望在非常內行的聽衆面前演奏這部交響樂：先演奏最後半個月改過的樂譜，然後演奏沒有改過的樂譜。我敢打賭，沒有人分得出這兩個版本。請理解我的意思：在第二樂章由小提琴演奏的主題，在最後的樂章由笛子重新奏出，一定令人讚賞。各得其所，一切都精心加工過、思索過、感受過，沒有什麼是隨手拈來的；可是這盡善盡美超越了我們，超越了我們的記憶力，我們的注意力，連最聚精會神、心醉神迷的聽衆也只能從這部交響樂中領會到它所包含的百分之一的內容，而且在馬勒看來最不重要的那百分之一！」

這個顯然非常正確的想法使他興高采烈，而我卻越來越惆悵：如果讀者漏看我小說中的一個句子，他就無法理解我的小說，然而，哪個讀者不漏看一行呢？我自己難道不是最愛整頁整行漏看的人嗎？

保羅繼續說：「我不否認所有這些交響樂的完美。我僅僅否認這種完美的重要性。這些至善至美的交響樂只不過是些廢物疊成的大教堂。人無法接受。這些交響樂與人格格不入。我們始終誇大它們的重要性。它們給了我們一種自卑感。歐洲使自身侷限在五十部天才作品中，歐洲從來不理解這些作品。好好領會這種令人惱怒的不平等：幾百萬毫無創作的歐洲人面對五十個表現一切的人的姓名！階級不平等比起這種把有些人變成沙粒，而給另外一些人賦予存在感的思辨差別，則是小巫見大巫。」

酒瓶倒空了。我叫伙計過來再要一瓶。因此，保羅中斷思路。

「你剛才談到傳記。」我提醒他。

「啊，不錯。」他想起來了。

「終於可以看到作古的人的私人書簡，你會很高興。」

「我知道，我知道，」保羅說，彷彿他想預見到對方的異議：「請相信我的話，在我看來，在私人通信中搜索，詢問以前的情婦，說服醫生透露處方秘密，這也是卑鄙的人。傳記作家屬於社會渣滓，我從來不能坐在他們桌旁，就像同你坐在一起那樣。羅伯斯庇爾(Robespierre)也不會同搶刼犯和酷愛行刑的人，愛好集體性慾高潮的社會渣滓共坐一桌。但是他知道，沒有社會渣滓一事無成。社會渣滓是革命正義和革命仇恨的工具！」

「有哪些革命者仇恨海明威呢？」我問道。

「我沒有提到對海明威的仇恨！我提到他的作品！我提到他們的作品！最後，必須大聲說，閱讀關於海明威的書比閱讀海明威的作品千百倍更有趣和更有教益。必須證明海明威的作品只不過是海明威僞裝過的生平，而這生平如同我們中間無論哪一個人的生平一樣微不足道。必須把馬勒的交響樂分割成碎塊，在做衛生紙的廣告時用作音響效果。必須一勞永逸地擺脫對不朽者的恐懼。打倒一切《第九交響樂》和一切《浮士德》的狂妄自大的權威！」

他從自己的講話弄得如醉如痴，站起身來，手中高擎酒杯：「我想同你們一起爲一個時代的結束而乾杯！」

3

在互相映照的鏡子中，保羅變成二十七個人，我們鄰桌的好奇地望著他高擎酒杯的手。有兩個人在游泳池旁邊那個噴水形成渦流的小池子裏冒出水面，他們也一動不動，目光離不開保羅懸在空中的二十七隻手。我起初以爲他這樣發呆，是爲了使得他的講話顯得格外莊嚴，但是我隨後看到一個穿著游泳衣的夫人，她剛剛走進大廳：這是個五十來歲的女人，面孔標致，腿有點短，但是線條優美，臀部富有曲線美，雖然有點過大，活像一個大箭矢指向地面。正是從這個箭矢我認出了她。

她沒有馬上看到我們，逕直朝游泳池走去。我們死死盯住她，我們的目光終於俘獲了她的目光。她的臉漲得通紅。一個女人漲紅了臉時，那是漂亮的；此刻，她的軀體並不屬於她；她控制不住自己；她任憑身子的擺佈；啊，沒有什麼比一個女人受到自己身子擺佈的景象更美的了！我開始明白爲什麼阿弗納琉斯對洛拉有偏愛。我端詳他：他的面孔仍然完美地無動於衷。我覺得這種自制力更加透露他的內心，勝過臉紅透露洛拉的內心。

她恢復過來，可愛地微笑，走近我們的桌子。我們站了起來，保羅將他的太太介紹給我們。我繼續觀察阿弗納琉斯。他知道洛拉是保羅的妻子嗎？我覺得他不知道。他就像我所知道的那樣，大約只同洛拉睡過一次覺，此後沒有再見過她。可是我一點兒沒有把握，歸根究柢，我毫無把握。她向他伸出手時，他彎了彎腰，彷彿他第一次遇見她。洛拉抽身走了（幾乎太快，我心裏想），跳入游泳池。

保羅突然失去了勁頭。「你們認識她，我很高興，」他沒精打彩地說：「像俗話所說，她是我生活中的女人。我本該自我慶幸。生命這樣短促，以致大部分人從來找不到他們生活中的女人。」

伙計端來另一瓶酒，當著我們的面打開瓶蓋，將酒斟到我們的杯子裏，這使得保羅再一次中止思路。伙計走開，我提醒他說：「你剛才講到你生活中的女人。」

「不錯，」他說：「我們有一個三個月的嬰兒。我還有前妻生的另一個女兒。我的女兒離家已有一年。不辭而別。我好痛苦，因爲我愛她。她長時期不給我信息。兩天前她回來了，因爲她的男友拋棄了她。讓她生了一個孩子，一個女兒。親愛的朋友們，我有了一個孫女！我周圍有四個女的！」這四個女人的景像使他充滿了活力，「因此今天早上我就開始喝酒。我爲我們的重逢乾杯！我爲我女兒和孫女的健康乾杯！」

在下面的游泳池裏，洛拉有兩個女人陪伴著游泳，保羅面露笑容。這是一個古怪的疲倦的笑容，使我產生憐憫。我突然覺得他衰老了。他的灰白的濃密長髮倏地變成老太太的髮型。似乎他想克服自己突如其來的意志薄弱，他重新站起來，手中擎著酒杯。

這時候，在游泳池裏，手臂擊水發出啪啪的響聲。洛拉的頭露出水面，她在划泳，笨拙然而興致特別高，甚至帶著狂熱。

我覺得每一下擊水彷彿都像增加一歲似的落在保羅的頭上：他看去越發衰老。他已經七十歲，隨後八十歲，然而他擎著酒杯站起來，好像在抵擋雪崩似的落在他頭上的歲月，「我想起一個名句，我年輕時大家口口相傳，」他用驟然變得微弱的聲音說：「女人是男人的未來。事實上，這是誰說的？我一無所知。列寧？甘迺廸？不是，是一個詩人。」

「阿拉貢❸(Aragon)。」我小聲說。

阿弗納琉斯毫不客氣地說：「女人是男人的未來，這是什麼意思？是說男人變成女人？我不理解這個愚蠢的句子！」

「這不是一個愚蠢的句子！這是一句詩！」保羅說。

「文學即將消亡，而愚蠢的詩句卻繼續在世界遊蕩嗎？」我說道。

保羅根本不理我。只不過他剛剛看到自己的臉在鏡子裏映成二十七張：他目不轉睛地望著自己的臉。他相繼轉向這些映出的臉，用老太太微弱而異常尖厲的聲音說：「女人是男人的未來。這就是說，從前按男人形像創造的世界，將以女人的形像爲模型來建造。世界愈是變得充滿機械和金屬，講究技術和冷冰冰，就愈是需要唯有女人纔能給予的熱力。如果我們想拯救世界，我們就應該以女人爲模型，讓女人領導我們，讓Ewigweibliche❹，讓永恆女性滲透到我們身上！」

---

❸阿拉貢(1899-1982)，法國作家，作品有《斷腸集》、《艾爾莎的眼睛》、《受難週》等。

❹德文：永恆女性。

彷彿被這些預言的字眼弄得精疲力盡，保羅又老了幾十年，如今這是一個一百二十歲或者一百六十歲的瘦小老頭。他連酒杯都拿不住，跌坐在椅子上。然後他眞誠而悲哀地說：「她事先不告訴我就回來了。她憎惡洛拉。而洛拉憎惡我的女兒。母性使她們變得更加好勇鬥狠。馬勒的交響樂在一個房間裏喧鬧，搖擺舞曲在另一個房間裏喧鬧，這種情況又重新開始。她們逼迫我作一選擇，她們向我下達最後通牒，這種情況又重新開始。她們撲向對方，扭打起來。女人扭打時，停止不下來。」然後他俯身對著我們，推心置腹地說：「親愛的朋友們，不要把我的話當眞。我如今所說的話不是眞的。」他降低聲音，好似要告訴我們一個絕密的消息：「戰爭由男人發動是非常幸運的。如果女人發動戰爭，她們會殘忍到底，地球上會一人不剩。」彷彿要讓我們馬上忘記他說過的話，他用拳頭擂著桌子，提高聲調：「親愛的朋友們，我但願音樂不曾存在過！我但願馬勒的父親在他的兒子正在手淫時抓住馬勒，重重地一記耳光摑在馬勒的耳朵上，以致小古斯塔夫變成聾子，永遠分辨不清小提琴和鋼鼓。最後，我但願人們改變所有電吉他的電流，讓這電流通過我親自指定吉他手所坐的椅子。」然後他用勉強聽得見的聲音補充說：「我的朋友們，我但願比我如今聾上十倍。」

4

他跌坐在椅子上，這幅景像好悽慘，以致我們無法忍受。我們站起來拍拍他的背。在拍他的背時，我們看到他的妻子離開游泳池，繞過我們，走到門口。她假裝沒有看見我們。

莫非她對保羅生氣，竟至於連一眼也不看他？要麼她不期然地遇到阿弗納琉斯感到很難堪？因此她的舉止非常有影響力和吸引力，以致我們不再拍保羅的背，我們三個人都朝洛拉那邊望著。

當她離雙扉門只有兩步遠時，發生了一件意想不到的事：她突然向我們的桌子轉過頭來，朝空中揚起手臂，動作非常輕巧、迷人、敏捷，我們彷彿看見一只金色氣球從她的手指間凌空而起，懸在門的上方。

保羅的臉上馬上出現一絲笑容，他捏緊阿弗納琉斯的胳臂：「你看見了嗎？你看見這個動作嗎？」

「看見了。」阿弗納琉斯說，目光盯住金色氣球，氣球彷彿洛拉的一件紀念品一樣，在天花板上閃閃發光。

我覺得非常清楚，洛拉此舉不是針對她丈夫的吃醉酒而來的。這不是每天表示再見時的機械動作，這是意味深長的、異乎尋常的動作。這個動作只能是向阿弗納琉斯示意。

然而保羅毫無覺察。好像出現奇蹟一般，歲月從他身上掉落下來，他重新變成一個五十來歲的美男子，對自己灰白的濃密長髮很自豪。他凝視門口，金色氣球在門的上方閃爍有光；他說：「啊，洛拉！是她放的！啊，好美的動作！把她整個人都概括在裏面！」隨後他給我們講了令人感動的一件事：「她第一次向我這樣致意時，我陪著她到婦產科。爲了有個孩子，她不得不忍受動兩次手術。想到產褥我們就害怕。爲了不讓我太激動，她不許我跟她到診所去。我留在汽車旁邊，她單獨朝門口走去，來到門口，正像她剛才所做的那樣，她轉過頭來，用手向我致意。我回到家裏以後，她不在身邊我感到惆悵得可怕，我好想念她，以致爲了重新看到她存在，我竭力模仿那個使我著迷的美妙手勢。如果有人此刻看到我，他會笑出來。他靠近一面大鏡子，看見自己的背影，我將手臂在空中揮舞，越過肩膀去看自己微笑。我也許這樣做了三、五十次，我想念她。我既是向我致意的她，又是看到她向我致意的我。但古怪的是，這個手勢對我並不適合。我做這個手勢無可補救地笨拙和可笑。」

他站了起來，背對著我們。然後保羅揚起手臂，同時越過肩膀朝我們瞥了一眼。是的，他說得對：他顯得可笑。我們哈哈大笑。這使他又重複做了幾次這個手勢。他顯得越發可笑。

後來他說：「你們知道，這個手勢對男人不合適，這是女人手勢。女人通過這手勢對我們說：來吧，跟隨我來，你們不知道她邀你們到哪兒去，她也不知道，但是她仍然邀請你們，確信值得跟隨她走。因此我們對你們說：要麼女人是男人的未來，要麼人類就要完蛋，因爲唯有女人纔能在自身保持無法論證的希望，促使我們嚮往不確定的未來，而沒有女人，我們早就不再相信這未來了。我這輩子都準備好聽從她們的話，即使這是瘋狂的話，那末我是一個完好無損的瘋子，沒有什麼比任憑瘋狂的話引導到陌生之境更加美妙的了！」於是他莊嚴地重複這幾個德文字：「Das Ewigweibliche zieht uns hinan！永恆女性引導我們往高處走！」

歌德的這句詩就像一隻驕傲的白鵝，在泳池的拱頂下拍打翅膀，而保羅映照在三面巨鏡中，朝雙扉大門走去，在門口上方，金色氣球一直在閃閃發光。最後，我看到保羅確實心滿意足。他走了幾步，朝我們轉過頭來，揚起一隻手臂。他在笑。他再一次回過身來；他再次向我們致意。最後一次笨拙地模仿這個美妙的女人手勢之後，他消失在門後。

5

我說：「他說到這個手勢眞妙。但是我以爲他弄錯了。洛拉沒有敦促別人跟隨她走向未來，她只不過想讓你記得她在那裏，她在等你。」

阿弗納琉斯一言不發，他的臉色不可捉摸。

我用責備的聲調對他說：「你不同情他嗎？」

「同情的，」阿弗納琉斯回答：「我眞誠地喜歡他。他是聰明的。他是滑稽可笑的。他是複雜的。他是悲哀的。尤其不要忘記：他幫助過我！」然後他俯下身來對著我，彷彿他不想不理睬我具有弦外之音的責備。「我剛才對你談起過我的民意測驗計畫：詢問男人，他們願意偷偷同麗泰・海華絲(Rita Hayworth)睡覺呢還是願意同她在大庭廣衆中露面。結果當然事先就知道了：所有人，甚至最卑劣的可憐蟲，都願意同她睡覺。因爲在他們看來，在他們的妻子兒女看來，甚至在民意測驗所的禿頂職員看來，男人都想做享樂主義者。但這是他們的幻象。他們的嘩衆取寵。今天，再也沒有享樂主義者。」他以莊重的態度說出最後幾個字，然後微笑著又說：「除了我。」他繼續說：「不管他們說什麼，如果他們眞的要選擇，我向你擔保，所有這些男人統統喜歡的不是一夜之歡，而是在大庭廣場上散步。因爲他們看重的是讚賞，而不是縱情聲色。看重的是表面，而不是實際。實際對任何人都毫無意義。對任何人都是如此。對我的律師來說，實際毫無意義。」然後他帶上某種溫情說：「因此我可以莊重地向你許諾，他不會出麻煩事；他不會受到任何損害：他頭上戴的角會隱而不見。晴天這角是藍色的，下雨天則會是灰色的。」他還補充說：「況且，任何丈夫都不會懷疑一個手中執刀、強姦女人的男子是他的老婆的情夫。這兩個形象不會並行不悖。」

「等一下，」我說：「他眞的相信你強姦過女人嗎？」

「我已經告訴過你。」

「我一直以爲這是開玩笑。」

「你也許相信我向他透露過我的秘密？」他又添上說：「即令我把眞相告訴了他，他也不會相信我。如果他最後相信了我，他也會立即放棄對我起訴。我是作爲強姦犯使他感興趣的。他對我產生這種神秘的愛，而大律師則把這種愛歸於罪大惡極的慣犯所有。」

「你作過解釋嗎？」

「從來沒有作過。由於缺乏證據，法庭宣告我無罪。」

「怎麼，缺乏證據？那把刀呢！」

「我不否認這一點曾經不太好辦。」阿弗納琉斯說，我明白他不會再對我多說什麼。

我讓長久沉默過去後才說：「你無論如何不承認用刀戳輪胎？」

他搖頭表示不承認。

一陣古怪的激動襲上我的心頭：「你準備好只作爲強姦犯被捕，而不暴露戳輪胎……」

我陡地理解了阿弗納琉斯：如果我們拒絕看重自認為重要的世界，如果我們在這個世界上找不到任何對我們的笑聲的反應，那末我們只剩下一個解決辦法：把世界看成一個整體，使之變成我們遊戲的對象；使之變成一個玩具。阿弗納琉斯在遊戲，而遊戲在一個毫無意義的世界上是他唯一看重的東西。但是這遊戲不使任何人喜笑顏開，他也知道這種情形。當他向生態學家陳述自己的計畫時，並不是為了取悅他們。這是為了取悅自己。

我對他說：「你就像一個沒有弟弟悶悶不樂的孩子，同世界遊戲。」

就是這個！我一直為阿弗納琉斯尋找的就是這個隱喩！終於找到了！

阿弗納琉斯就像一個悶悶不樂的孩子那樣面露微笑。隨後他說：「我沒有弟弟，但是我有你。」

他站了起來，我也站起身；似乎在阿弗納琉斯說出最後那句話之後，我們只得擁抱。可是我們意識到，我們穿著游泳褲，一想到肚子肉貼肉我們就害怕。我們尷尬地笑出聲，回到更衣室，那裏，一個女人尖厲的噪音，在吉他伴奏下，在揚聲器裏發出轟響，我們想說話的願望便消失了。我們走進電梯。阿弗納琉斯要到第二層地下室，他把他的賓士牌汽車停在那裏，我在底樓同他分手。在大廳懸掛的五幅大招貼畫上，五張不同的面孔一律噘起嘴唇，在注視我。我躭心這些面孔要咬我，來到了街上。

路上車輛擁擠，汽車不停按喇叭。摩托車爬上了人行道，在行人中打開一條通路。我想到阿湼絲。兩年來一天不多我第一次想像出她；於是我坐在俱樂部的一條長椅上等待阿弗納琉斯。因此今天我要了一瓶酒。我的小說結束了，我本想在產生第一個念頭的地方慶祝一下。

汽車在按喇叭，傳來憤怒的喊叫聲。從前，在同樣的環境裏，阿涅絲想買一株勿忘草，一朵勿忘草；她想把它置於自己眼睛前面，當作隱約可見的美的最後痕迹。

大師名作坊⑨

不朽 Nesmrtelnost

作　者——米蘭・昆德拉
譯　者——王振孫・鄭克魯
校　對——吳繼文
董事長
發行人——孫思照
社　長——莊展信
出版者——時報文化出版企業股份有限公司
台北市和平西路三段二四〇號四F
發行專線—(〇二)二三〇六六八四二
讀者免費服務專線—〇八〇—二三一—七〇五
(如果您對本書品質與服務有任何不滿意的地方，請打這支電話。)
郵撥——〇一〇三八五四～〇時報出版公司
信箱——台北郵政七九～九九信箱
電子郵件信箱——ctpc@ms1.hinet.net
網址——http://www.chinatimes.com.tw/ctpub/main.htm

主編——吳繼文
編輯——高桂萍
校對——劉淑君、錢珏玖、江玉杏、江召音
排版——正豐電腦排版有限公司
製版——源耕製版有限公司
印刷——盈昌印刷有限公司
初版一刷——一九九一年四月十五日
初版十八刷——一九九八年三月十五日
定價——新台幣二五〇元

◎行政院新聞局局版北市業字第八〇號

Printed in Taiwan
ISBN 957-13-0278-3

國立中央圖書館出版品預行編目資料

不朽 / 米蘭・昆德拉著 ; 王振孫,鄭克魯譯. --
初版. -- 臺北市 : 時報文化, 民80
面 ; 公分. -- (大師名作坊 ; 9)
譯自 : Nesmrtelnost l'immortalite
ISBN 957-13-0278-3(平裝)

876.57 81001088